böhlau

ROLAND GIRTLER

# DER VAGABUNDIERENDE
# KULTURWISSENSCHAFTLER

Eine Radtour durch Österreich, Tschechien
und Deutschland

2014

BÖHLAU VERLAG WIEN KÖLN WEIMAR

Für meine Enkelkinder Sigrid, Viktoria, Caroline, Freya, Laurin, Alwin, Emilia und Wendelin, die ebenso wie ich Freude am Vagabundieren haben

Bibliografische Information der Deutschen Nationalbibliothek:
Die Deutsche Nationalbibliothek verzeichnet diese Publikation in der
Deutschen Nationalbibliografie; detaillierte bibliografische Daten sind
im Internet über http://portal.dnb.de abrufbar.

Umschlagabbildung: © Roland Girtler

© 2014 by Böhlau Verlag GmbH & CoKG, Wien Köln Weimar
Wiesingerstraße 1, A-1010 Wien, www.boehlau-verlag.com

Lektorat: Gabriele Fernbach
Korrektorat: Kerstin Dresing
Einbandgestaltung: hawemannundmosch, Berlin
Satz: Bettina Waringer, Wien

Druck und Bindung: Finidr, Cesky Tesin
Gedruckt auf chlor- und säurefreiem Papier
Printed in the EU

ISBN 978-3-205-79537-7

# Inhalt

# Die Radtour und das Langzeit-Manuskript

Im Sommer 1993 fuhr ich mit dem Fahrrad von Österreich nach Kassel, wo ich an der Universität einen Vortrag halten und gleichzeitig am Rigorosum, in Deutschland spricht man von der Disputation, einer netten Studentin teilnehmen sollte. Diese Studentin hatte, da sie einige Semester an der Universität Wien studiert hat, mich gebeten, einer der Betreuer und Gutachter ihrer kulturwissenschaftlichen Dissertation zu sein. Ich kam ihrer Bitte gerne nach. Die Dissertation reichte sie schließlich an der Universität Kassel ein.

Ich kündigte an, mit dem Fahrrad zum Rigorosum nach Kassel zu kommen. Frau Bettina Becker, so der Name der betreffenden Studentin, war gespannt, ob ich diese Idee wahrmachen würde.

Von Kassel radelte ich weiter nach Hamburg und schließlich nach Rügen. Zurück ging es über Berlin und durch die Tschechische Republik nach Wien.

Das Besondere an dieser Radtour, die für mich zu einer spannenden, abenteuerlichen Fahrt wurde, ist, dass sie nach dem Wegfall des Eisernen Vorhanges zur DDR und zu Tschechien – noch vor dem Beitritt Tschechiens zur EU – stattfand. Diese Tour ist also auch von zeitgeschichtlicher Bedeutung.

Der vorliegende Bericht hätte schon lange erscheinen sollen, doch das Manuskript, das ich Ende 1994 fertiggestellt hatte, war eine Katastrophe, es war auf schlechtem Papier, auf einer alten Schreibmaschine geschrieben und mit vielen handschriftlichen Einfügungen, meist mit Bleistift, versehen. So war es kaum verwertbar. Immer wieder bastelte ich an dem Manuskript. Da es für mich bald selbst nicht mehr überschaubar war, ließ ich es einfach eine Zeit lang liegen, um später daran weiterzuarbeiten. Im Frühjahr 2011 machte ich mich daran, es erneut durchzusehen und zu ordnen. Meine liebe Frau Gemahlin Birgitt erklärte sich bereit, den Text in den Computer einzugeben. Im Dezember 2011 war das schöne Manuskript fertig – als Vorlage für dieses Buch, das ich nun der freundlichen Öffentlichkeit übergebe. Vorab sei jedoch meiner Frau Gemahlin mit einem ergebenen Handkuss ganz herzlich gedankt.

Als ich bereits um 1987 mit dem Fahrrad entlang österreichischer, italienischer und deutscher Grenzen unterwegs war, versuchte ich vor allem, mit Schmugglern in Kontakt zu kommen. Meine Absicht war, das Leben jener verwegenen Leute zu studieren, die in schwierigen Zeiten Dinge über Grenzen brachten, die die kleinen Leute benötigten, wie Zucker, Saccharin, Schnaps, Zigaretten und sogar Bücher (R. Girtler, Über die Grenzen – ein Kulturwissenschafter auf dem Fahrrad). Ich erlebte Erzählenswertes, verband es mit kulturwissenschaftlichen und soziologischen Gedanken, die ich beim Radfahren entwickelte, und schrieb ein Buch. Jemand meinte in einer Zeitschrift zu diesem Buch, es sei sowohl ein spannender Bericht über eine Radtour als auch eine Art heiteres Lehrbuch der Soziologie geworden. Ich fühlte mich geehrt. In meinem Buch „Die Lust des Vagabundierens – eine Pilgerreise nach Assisi" (Wien, Böhlau-Verlag 2001) mache ich mich auf, um vor allem den Spuren der Römer, der Goten und der Pilger, die zum heiligen Franz nach Assisi führten, zu folgen und die damit verbundene Geschichte darzutun.

Das vorliegende Buch, das auf dieser Radtour im Sommer des Jahres 1993 beruht, will etwas Ähnliches, nämlich eine kulturwissenschaftliche Betrachtung über das Reisen, Wandern und Vagabundieren, gemeinsam mit Hinweisen auf die Geschichte der rebellischen Studenten des 19. Jahrhunderts, der Dirnen und anderes mehr – stets in Verbindung mit den jeweiligen Tagesetappen.

# Die Wette

Zwei Tage bevor ich mich mit dem Rad nach Kassel begab, saß ich mit Freunden im ehemaligen „Spatzennest", einem freundlichen Wirtshaus gegenüber der Ulrichskirche im 7. Wiener Gemeindebezirk, das es leider heute nicht mehr gibt. Ich erzählte meinen Freunden von der geplanten Radreise nach Kassel, die dann weiter nach Rügen und zurück über Berlin durch Tschechien nach Wien führen werde. Sie lächelten über mein Vorhaben, denn es schien ihnen wenig glaubhaft, dass ich so eine Tour durchhalten würde. Aber ich blieb dabei und fügte noch an, dass ich die Absicht habe, jeden Tag mit kulturwissenschaftlichen Gedanken zum Vagabundieren und Wandern zu verbinden, je nachdem, wie sie sich aus der Tagesetappe ergäben. In zwanzig Tagen könnte ich das im Stile eines Fahrradtouristen schaffen, war ich mir sicher.

Keiner der Burschen, die gemütlich beim Bier um den Tisch saßen, wollte das glauben. Einer von ihnen, Richard ist sein Name, behauptete, eine solche Tour würde mir zu viel werden und ganz sicher könne ich mir nicht auch noch kulturwissenschaftliche Gedanken dabei machen. Er besiegelte seine Überzeugung mit einem großen Schluck Bier. Ich antwortete ihm gelassen: „Guter Freund, in zwanzig Tagen bin ich wieder da und ganz sicher nicht nur geradelt. Vielmehr wird dann einiges, das für mich und meine Wissenschaft interessant ist, aufgeschrieben oder zumindest durchdacht und in Schlagworten notiert sein. Ich werde euch davon erzählen, wenn ich zurück bin."

Richard schüttelte ungläubig den Kopf, während er sich bei der Kellnerin ein weiteres Glas Bier bestellte. Ich würde mehr als drei Wochen benötigen, überhaupt wenn ich über Menschen und deren Kulturen etwas erfahren wolle. Nach diesen Worten sprach ich die klassischen zwei Worte, die wohl jeder kennt:

„Wetten wir?"

Ich fügte noch hinzu: „Nach zwanzig Tagen bin ich wieder hier und werde euch von meiner Radtour und zwei kulturwissenschaftlichen Themen pro Tag erzählen."

Um die Wette zu besiegeln, streckte ich Richard die Hand hin. Er ergriff sie und beharrte auf seiner Vorstellung, mit einer solchen Tour hätte ich mein Ziel zu hoch gesteckt. Wir einigten uns auf ein großes Glas Bier, das der Verlierer der Wette nach meiner Rückkehr nach Wien auszugeben hätte, und legten dann Route und Bedingungen fest.

Ich müsse die Tour in einer österreichischen Landeshauptstadt auf dem Fahrrad beginnen und dürfe höchstens 80 Kilometer mit dem Zug fahren und das nur, um Kassel rechtzeitig zu erreichen. Ich könne also in Linz beginnen und auf dem kürzesten Weg über Tschechien nach Kassel radeln. Den weiteren Weg auf dem Fahrradsattel, von Kassel nach Hamburg und schließlich zur Insel Rügen und über Berlin nach Wien zurück, hatte ich noch nicht exakt geplant. Die jeweiligen Wege würde ich mir erst suchen, so werde das Radeln zu einer spannenden Angelegenheit.

Wichtig wird jedenfalls sein, dass ich nicht bloß durch die Gegend radle, sondern mir Gedanken kulturwissenschaftlicher Art mache, vor allem zum Thema Wandern und über die Vielfalt der Wandersleute.

Es war eine spannende Thematik, auf die ich mich einließ. Der Reisebericht würde sich nicht auf die einfache Beschreibung zu Städten und Dörfern, über ihre Denkmäler, Kirchen und andere Heiligtümer beschränken, sondern eben eine Hinwendung zur Poesie der Straße und jener Leute sein, die auf dieser zu Hause sind oder waren.

Am Ende der Radtour winkt ein Symposion im wahrsten Sinne des Wortes, denn das griechische Wort Symposion heißt nichts anderes als „gemeinsames Trinken". Mit diesem verbanden die griechischen Philosophen kluge Gespräche.

Ein gemäßigtes Zuprosten beendete auch das Gespräch mit meinen Kumpanen. Jeder trank auf das Wohl des anderen, und mir wünschte man noch eine gute Fahrt. In zwanzig Tagen würden wir einander wiedersehen. Ich verließ frischen Mutes und voller Optimismus das nette Lokal.

# Kleine Einführung in die Kunst
## des Vagabundierens

Bevor ich den geneigten Leser bitte, mich auf meiner Radtour zu begleiten, gestatte ich mir ein paar Gedanken zum Wandern und Reisen, da ich davon ausgehe, dass die menschliche Kulturgeschichte auch eine des Wanderns und Reisens ist.

Das Wort „Wandern" ist bereits im Mittelhochdeutschen bekannt und bedeutet so viel wie „unterwegs sein". Es bezieht sich auf die „Zurücklegung eines Weges".[1] Das Zurücklegen von Wegen, also das Wandern und Reisen, gehört zur menschlichen Kultur. Erst durch das Wechseln von Ort zu Ort, gemeinsam mit dem Übertragen von Dingen, entsteht Kultur schlechthin.

Es waren die herumziehenden Händler, die über die Kontinente hinweg zu Kulturträgern wurden, und manche Reisende sind auch nur des Abenteuers wegen unterwegs. So gibt es viele Gründe, die Menschen bewegen, ihre Sesshaftigkeit zumindest eine Zeit lang aufzugeben, um zu anderen Ufern zu gelangen.

Das Reisen ist etwas typisch Menschliches. Wohl zieht auch das Tier umher, aber dabei steht das Aufsuchen von Futterplätzen im Vordergrund. Das Tier bringt keine Waren zu seinen Artgenossen, um dafür etwas einzutauschen. Es schafft also keine Kultur mit all ihren Symbolen und Ritualen, wie Sprache, Kleidung und diverse Formen des Handelns. Menschliche Kulturen sind wesentlich dadurch bestimmt, dass sie voneinander stetig beeinflusst werden. So werden neue Wörter eingeführt, alte aufgegeben und es werden Dinge übernommen, von denen man meint, man brauche sie zum Leben. Stets waren es Händler und andere Herumziehende, die dabei fruchtbar wirkten.

Ich nehme mir die Freiheit, den Menschen als ein „animal ambulans" zu bezeichnen, nämlich als ein Wesen, das ständig unterwegs ist und mit dem Herumziehen auch Kultur schafft. Das kann die Entwicklung von Reisemitteln sein, wie dem Fahrrad und der Eisenbahn, oder nur dazu dienen, um durch Gaukeleien und andere Strategien auf Märkten Geld zu verdienen.

Die Märkte sind wichtige Symbole für die menschlichen Kontakte, sie sind charakteristisch für die menschliche Geschichte, denn zu Märkten und Messen streben nicht nur Geschäftemacher, sondern auch diejenigen, die sich vergnügen wollen. Es ist daher typisch, dass mit Handelsmärkten stets auch Vergnügungsmärkte verbunden sind. Auf die Spezifika von Reisenden und Wanderern werde ich im Anschluss meiner Reise in einer Typologie noch ausführlicher eingehen.

# 1. Tag — Von Wien an die Moldaustauseen

Ein Glas Bier wird also mein Gewinn sein, wenn ich in zwanzig Tagen wieder in Österreich bin und dann einiges erzähle über das Wandern und über jene Leute, die als Fahrende und Vagabunden in die Geschichte eingingen. Freilich müssen meine Überlegungen einen Bezug zu meinen jeweiligen Stationen haben.

## DIE AUSRÜSTUNG — DAS RAD

Darüber denke ich nach, als ich gegen Mittag in Wien bei strahlendem Sonnenschein meine Radtaschen packe. Ich stecke Waschzeug hinein, eine dunkle Hose, ein weißes Hemd, eine Krawatte für das Rigorosum in Kassel und für die Abende nach den Radtouren einen warmen Pullover. Dazu kommen eine Windjacke, Socken, T-Shirts, die früher Leiberl hießen, Werkzeug, ein Reserveschlauch, ein Paar Laufschuhe, für die Zeit, die ich nicht auf dem Fahrrad verbringe, sowie Landkarten und Unterlagen für den Vortrag an der Universität Kassel. Für die Radtour selbst wähle ich grellgelbe oder -rote Oberbekleidung. Als Beinkleid dient mir eine enge, spezielle Radhose mit einer weichen Polsterung. Darüber trage ich eine dunkle, etwas weitere Bermudahose, die mir das Aussehen eines vornehmen Herrenfahrers verleiht, der sich durchaus in der Tradition der alten Herrenreiter befindet, auch wenn diese anders gekleidet waren. Meine Füße stecken beim Fahren in modernen, festen Radfahrschuhen, die mit den Pedalen durch eine Art Scharnier fix verbunden, aber auch leicht wieder lösbar sind. Ich muss dabei an die alten Reiternomaden, wie etwa Dschingis Khan, denken, die mit ihren Stiefeln fest in den Steigbügeln steckten und so einen engen Kontakt zu ihren Pferden hatten. Der Steigbügel ist übrigens eine Erfindung dieser verwegenen Leute. Vielleicht waren es die Awaren im 6. Jahrhundert, die zum ersten Mal Steigbügel verwendet haben, zumindest wurden sie von Archäologen in awarischen Kriegergräbern gefunden. Römer und Germanen kannten dies Beiwerk dagegen noch nicht. Der Steigbügel brachte eine Revolution, denn nun konnte der Reiter stehend Pfeile abschießen. Von Dschingis Khan heißt es übrigens, er sei mit den Reitstiefeln in das Bett seiner Konkubine gestiegen. Solche Absichten hege ich nicht, sehe mich aber in der Tradition der alten Reiter, und mein Fahrrad erinnert mich an ein edles Ross.

Mein Rad ist ein zu einem Tourenrad umgebautes Rennrad mit schmalen Rädern und Gepäcksattel.

So ausgerüstet beginne ich nun meine Radtour.

## ÜBER DIE GRENZE AN DIE MOLDAU

Das Abenteuer beginnt am 4. Juli 1993 auf dem Linzer Hauptbahnhof, wo ich gegen 16 Uhr mit dem Zug ankomme. Ich hole mein Rad aus dem Gepäckwagen und belade es mit den beiden Radtaschen. Bevor ich starte, versuche ich noch, an einem Automaten Visitenkarten mit meiner Adresse zu fabrizieren. Solche Karten könnten nützlich sein.

Ich radle durch Linz, überquere auf der Nibelungenbrücke die Donau und nehme die Straße in Richtung Bad Leonfelden. Hier beginnt das Mühlviertel und die Straße führt hinauf zur Grenze nach Tschechien. Entlang der Donau steigt sie langsam an und führt in das berühmte Böhmische Massiv. Kaum zu glauben, wie steil es bergauf geht. Mein Schulfreund vom Gymnasium Kremsmünster, Gerald Rollé, der hier im Mühlviertel mit seiner Frau Friedl ein Bauernhaus besitzt, hat mir des Öfteren erzählt, dass Radfahren im Mühlviertel eine harte Angelegenheit sei.

An diesen Freund denke ich nun, denn er saß in den beiden letzten Jahren neben mir. Ihm verdanke ich, dass ich in Mathematik eine positive Note im Zeugnis erhielt. Er war ein glänzender Mathematiker und rechnete, aus reiner Sympathie zu mir, dem faulen Schüler, auch meine Aufgaben bei den Schularbeiten. Um nicht vom Nachbarn abschreiben zu können, gab es bei den Schularbeiten zwei Gruppen, mit unterschiedlichen Rechenbeispielen. Die mir gestellten Rechnungen waren somit andere als die meines Freundes. Dennoch rechnete er, nachdem er seine Aufgaben gelöst hatte, auch meine. Auf einem Zettel überreichte er mir die Ergebnisse unter der Bank. Ich musste sie nur mehr in mein Schularbeitsheft übertragen. Meinem Freund Gerald Rollé, er wurde Diplomingenieur, sei ewig gedankt. Ohne ihn hätte ich wahrscheinlich die siebente Klasse nur mit allergrößter Mühe geschafft, wenn überhaupt. Das Schwindeln bedeutete mir ohnehin Mühe genug.

An Erlebnisse in der Klosterschule zu Kremsmünster, in der ich acht Jahre verbringen musste, und an Gerald Rollé, der mich vor dieser Strecke in das Mühlviertel gewarnt hatte, denke ich nun, während ich gleichmäßig in die Pedale trete. Es macht Spaß, trotz Anstrengung, so bergauf in eine prächtige Welt zu radeln, wie sie schon von Adalbert Stifter romantisch beschrieben wurde. Wichtig ist die Gleichmäßigkeit des „Pedalierens", wie ich diese Tätigkeit des In-die-Pedale-Tretens poesievoll taufe. Unaufhörlich steigt die Straße an, vorbei an Kirchschlag, dem Ausflugsort der Linzer, die mir in ihren schnellen Autos entgegenkommen. Oft denke ich: „Hoffentlich sehen sie mich, hoffentlich passen sie auf mich auf!"

Die wahren Helden der Landstraßen sind jene, die sich auf dem Fahrrad und mit Gepäck durch die Gegend plagen und nicht die, die auf ihren Autodächern Fahrräder transportieren, um dann irgendwo einige Kilometer zu radeln.

Solche Schein-Radfahrer begegnen mir heute am Sonntag besonders oft. Das ist nicht der echte Sport, wie ich ihn begreife. Der wahre Radfahrer fährt vom Haus mit seinem Rad weg oder nutzt, für ein Stück des Weges, ein öffentliches Verkehrsmittel. Es ist heute kein Problem mehr, als Radfahrer die Eisenbahn zu benutzen. Die Damen und Herren Autofahrer, für die ihr Vehikel etwas Besonderes und Sakrales zu sein scheint, nehmen solche Möglichkeiten gar nicht wahr oder ignorieren sie. Leider, denke ich mir und bedaure Lärm und Dreck, den ihre Autos hinterlassen. Ich besitze kein Auto und bin stolz darauf, auch jetzt, während ich mich die Straße hinaufplage.

Ab Hellmonsödt geht es leicht bergab. Das Mühlviertel mit seinen Hügeln, seinen breiten, gelben und grünen Feldern und den dunklen Waldgruppen begeistert den Radfahrer, der noch Zeit hat, den Schmetterlingen nachzublicken.

In Bad Leonfelden bei einer Tankstelle, einer der letzten vor der Grenze, nehme ich ein Vitamingetränk zu mir und kaufe als Kraftnahrung einen Müsliriegel, der angeblich den müden Körper wieder munter macht. Ich glaube daran, verzehre ihn und radle zur Grenze von Tschechien, einer ehedem starren und gefürchteten Grenze, die Welten voneinander schied und für viele das Ende unserer westlichen Welt bedeutete. Eigentlich müsste es „südliche Welt" heißen, da ich mich nach Norden bewege und Österreich im Süden Tschechiens liegt, auch wenn es zur „westlichen" Welt gehört hat wie vordem die Tschechoslowakei zur „östlichen". „Westlich" bedeutete bis zum Fall der starren Grenze so viel wie „frei", „demokratisch" und „kapitalistisch". „Westlich" und „östlich" waren also nicht nur geografische Begriffe, sondern bezogen sich auf eine ganze Ordnung, die die Menschen und ihre Welt in zwei Teile spaltete. Diese alte Weltordnung gibt es nicht mehr, das wird mir symbolisch klar, als ich mich der Grenze mit ihren Balken, Zollhäusern und Grenzbeamten nähere. Die Österreicher verlangen meinen Pass, den ich höflich überreiche. Sie beäugen mich ungläubig, denn ich mache ihnen wohl nicht den Eindruck von einem Professor, der an der Universität lehrt. Man sieht in mir offensichtlich eher einen Vaganten, der landstreichend auf dem Fahrrad durch die Gegend zieht, doch man lässt mich passieren. Von großer Freundlichkeit sind die Herren vom tschechischen Zoll, sie lächeln. Neben ihnen steht ein Zivilist, schwarz gekleidet. Er ist Geldwechsler, wie ich gleich merke und bietet seine Dienste an. Er spricht Deutsch und erinnert mich mit seinem Charme an einen kleinen Wiener Ganoven der Vorkriegszeit. Als er mir das gewechselte Geld überreicht, lächelt er dem Zollbeamten zu. Die Öffnung der starren Grenzen und die neue Liberalität bringen allen Leuten hier an der Schwelle zur ehemaligen Tschechoslowakei einige Vorteile, aber auch Geld, denn der Schmuggel, sowohl von Waren als auch von Geld, führt direkt an ihnen vorbei. Tschechien benötigt noch so manches aus dem sogenannten Westen und viele Leute sind unterwegs, um es zu bringen. Die Herren vom Zoll, wohlgenährt und zufrieden lächelnd, machen sicher ihre Geschäfte. Man winkt mir und ich radle nach Tschechien hinein.

Es hat sich viel verändert in den letzten Jahren. Die Straßen sind erneuert und die Luft riecht besser. Das Erste, was man nach dem Fall der Grenzen tat, war offensichtlich die Reparatur der Straßen zum Wohle der Wirtschaft, der Touristen und der Schmuggler. Dem Radfahrer kommt dies zugute.

Ich radle in das erste Dorf. Junge Leute stehen am Straßenrand und beobachten mich, den Radfahrer, neugierig. Sie sind verwundert, dass da einer auf dem Fahrrad, dem Symbol der armen Leute, im bunten Dress radelt. Umständlich, der Sprache nicht fähig, frage ich nach Cesne, das früher Schwarzenbach hieß. Ein Bursche zeigt mir den Weg Richtung Moldau, an der ich mich die nächste Zeit orientieren werde, um, wenn alles gut geht, erst nach Deutschland und dann nach Kassel zu gelangen. Ich sehe mich schon an der Moldau, es ist etwa halb sieben. An die dreißig Kilometer will ich noch „pedalieren", um dann in einem Hotel einzukehren. Während ich mir den Genuss der Muße und ein gutes Abendbrot ausmale, lenke ich das Rad in eine Kurve auf der schlechten Straße. Plötzlich zischt es, und ich habe einen Patschen im Vorderreifen. Ärger kommt hoch, über die Panne, den drohenden Zeitverlust und die schlechte Straße. Im Gegensatz zu den Überlandstraßen, deren Ausbau vorangetrieben wird, sind die Ortsdurchfahrten in den Händen der jeweiligen Gemeinden und daher in sehr schlechtem Zustand. Ich steige mit einem Fluch auf den Lippen vom Rad und lehne es an eine Bank neben der Straße.

Hier herrscht reger Fremdenverkehr. Boote für Fahrten auf der Moldau liegen am Ufer und ein kleines Gasthaus lädt zu Pommes frites mit Ketchup ein. Ich hole mein Klebezeug aus der Tasche und beginne die Reparatur. Das Loch im Schlauch ist unmittelbar neben dem Ventilrohr und daher schwer zu kleben. Ich umwickle umständlich das Rohr an dessen Beginn, um damit auch das Loch zu bedecken. Es gelingt nicht, und die Luft pfeift leise aus dem Schlauch. Dem Ärger zum Trotz zwinge ich mich zur Ruhe. Junge Leute, vielleicht Urlauber, betrachten mich mitleidig und wenden ihre Blicke ab. Ich arbeite weiter an meinem Rad, hole den Ersatzschlauch aus der Satteltasche und hoffe auf eine frohe Weiterfahrt. Doch nur kurz, denn ich habe den falschen Schlauch eingesteckt, den breiten von meinem Wanderrad, das heute Trekkingbike genannt wird. Ich fluche erneut, montiere den alten Schlauch, aus dem langsam die Luft entweicht, und steige zaghaft auf mein Fahrzeug. Oberösterreicher, die hier Station machen, sehen mir neugierig zu. Wir wechseln ein paar Worte, sie kommen aus dem Mühlviertel und rufen mir zu: „Hopp auf!", als wäre ich ein Fußballer und: „Gemma, gemma!" Ich winke, trete in die Pedale und tauche ein in die aufkommende Dämmerung entlang der Moldau. Hier ist viel Betrieb, entlang von Campingplätzen mit lustig lärmenden jungen Menschen, rauchenden Feuerstellen und bunten Zelten. Hier scheint die Zeit in den 1950er-Jahren stehen geblieben zu sein, wie auch ich sie als junger Bursche ausgekostet habe, die Freude am Zelten, an den Abenteuern, die damit verbunden sind, und die Freude am Träumen im Mondschein. Das alles hat seinen eigenen Zauber, und den scheint es hier noch zu geben. Er hat sich auch in der Zeit der Zwangsherrschaft in diesem Land, an diesen Plätzen erhalten. Wohnwägen sind kaum zu sehen. Einige reiche Tschechen mögen einen haben, um den Zeltbewohnern zu zeigen, was Fortschritt und modernes Leben bedeuten.

Ich radle flott weiter und lege dazwischen kurze Pausen ein, um Luft nachzufüllen. Mit aufgepumpten Reifen geht die Fahrt rasant dahin, aber nur kurz, dann spüre ich wieder das Fehlen der Luft im Vorderreifen und schimpfe vor mich hin. Am Ufer der Moldau stehen einzelne Pensionen und Hotels, in denen wahrscheinlich zu früheren Zeiten die kommunistischen Machthaber residiert haben. Nun hängen Schilder mit der deutschen Aufschrift an den Hotels: „Zimmer frei". Man wirbt um den österreichischen und deutschen Gast und hofft auf harte Währung. Ich radle jedoch weiter, will nach Schwarzenbach, einen Ort, der Abschluss der ersten Etappe auf meiner Tour nach Kassel ist. Es ist schon dunkel, als ich ihn, am Stausee der Moldau gelegen, erreiche. Ein wenig erinnert mich das Ufergelände mit seinen Hotels und Buden an einen italienischen Strand. Aber hier gibt es Strandpromenaden und große Parkplätze. Einige Hotels haben Lichtreklamen, neues touristisches Leben regt sich.

Ich suche nach einem Hotel und hoffe, als Radfahrer freundlich aufgenommen und nicht als Vagabund angesehen und abgelehnt zu werden, wie es mir vor Jahren auf meiner Radtour nach Straßburg passiert war. Angetan mit rotem Leiberl und Bluejeans, abgeschnitten in Höhe der Knie, hatte ich in der Nähe des Rheins, noch auf deutschem Boden bevor der Weg in das Elsass führt, in einem Gasthaus, in dem freie Zimmer angeboten waren, höflich gefragt, ob ich ein Nachtquartier haben könne. Der Wirt maß mich mit durchdringendem Blick von oben bis unten und meinte dann, die Zimmer wären belegt. Müde, hungrig und verärgert verließ ich dieses wenig gastliche Haus. Ich nahm dann das Telefonbuch des kleinen Ortes und suchte die Telefonnummer eines anderen Hotels, rief dort an und fragte nach einem freien Zimmer. Man hätte eines, ich solle nur kommen. Ich erwähnte noch, ich sei mit dem Fahrrad unterwegs. Das wagte ich, da mir ja bereits das freie Zimmer zugesagt war. Seit diesem Erlebnis sehe ich mich als Radfahrer, wann immer möglich, telefonisch nach einem Quartier um. Am Telefon kann mich niemand aufgrund meines Äußeren ablehnen. Seit damals habe ich den Komplex, als Radfahrer von Hoteliers als zahlungsunfähig eingeschätzt zu werden. In deren Augen würde mir eher ein Platz unter Heckenrosen oder neben der Landstraße zustehen. Allerdings hat sich seit meiner Radtour nach Straßburg einiges geändert. Es sind mehr noble Radfahrer unterwegs, und auch ich bin heute in einer doch salonfähigen Radlerkleidung unterwegs, die ja nicht billig ist. Ich hoffe, das sieht man. Das bunte Radleiberl, das ich im Ausverkauf erstanden habe, erscheint in seinen grellen Farben als ein wertvolles Stück, ebenso die vornehme Beinkleidung mit den beiden breiten, weißen Streifen seitlich an der Hose. Auf einem Streifen ist in schwarzer Schrift zu lesen: „Sailing with the wind". Das wirkt sehr vornehm.

Vor einem großen Hotel mit dem Namen „Razek" halte ich, lehne mein Rad an die Mauer und betrete die Halle dieses, aus kommunistischen Zeiten stammenden Hotels. Wahrscheinlich logierten hier die besseren Kommunisten. Ich frage ein hübsches Mädchen nach einem freien Zimmer. Sie versteht etwas Deutsch und sagt, sie hätte eines. Das Fahrrad darf ich in einer wild aussehenden Garage, in der Zementsäcke und anderes Zeug herumliegen, unterstellen. Das Gittertor wird sogar abgesperrt. Den Schlauch des Vorderreifens nehme ich mit, will den Patschen gründlich beheben.

Das Zimmer ist geräumig, die Waschanlage erinnert an meine Klosterschule in den 1950er-Jahren. Das Klo ist am Gang. Hier gibt es noch keine Komfortzimmer mit WC, hier herrschen noch alte Traditionen, zu denen es gehörte, dass der Weg zum WC lang ist. Dem Hotel ist ein Restaurant angeschlossen, und da der Abend warm ist, nehme ich auf der Terrasse Platz, mit Blick in Richtung Moldaustausee, den man nicht sieht, aber erahnt. Am Nebentisch sitzen zwei Ehepaare. Sie kommen aus der ehemaligen DDR, wie ich ihrem Gespräch entnehmen kann. Es sind junge Leute, die sich freuen, hier Gäste zu sein. Sie trinken Bier und lachen. Ich esse Erdäpfelsalat und trinke gutes tschechisches Bier. Als Rad fahrender Kulturwissenschaftler und im Sinne der eingangs geschilderten Wette bin ich an diesem fröhlichen Leben interessiert, grüße hinüber und erzähle kurz, ich sei aus Wien und mit dem Fahrrad unterwegs. Die vier werden neugierig. Dass jemand mit dem Fahrrad unterwegs ist, imponiert, und sie bitten mich an ihren Tisch, wollen wissen, wohin die Reise geht. Nach Kassel will ich, über Eisenach. Aus der Nähe dieser Stadt kommen sie, und einer von ihnen rät mir, eine bestimmte Route zu nehmen, die besonders schön sei. Wir plaudern und einer der Herren erzählt: „Ich bin Polizist, mein Freund hier arbeitet als Maurer am Bau."

„Warum ist er nicht auch Polizist?", frage ich neugierig.

„Er war vor der berühmten Wende in der ehemaligen DDR als Beamter an der Grenze tätig. Man hat ihn jetzt nicht mehr eingestellt", erwidert der Herr. Sein Freund, der still zugehört hat, ergänzt nun: „So ist es halt, ich bin nicht mehr zuverlässig. Aber mir geht es nicht schlecht. Ich verdiene und kann mir ein Auto leisten."

Wichtig ist also das Auto. Bei diesen Leuten aus der ehemaligen DDR besteht ein großes Bedürfnis, dieses Heiligtum des Westens besitzen zu können. Das Auto adelt den Menschen, so scheint es, und man ist stolz darauf, mit dem Wagen hierhergefahren zu sein. Ich beharre auf meiner Vorstellung vom Zauber des Radfahrens und gestatte mir eine leise Kritik am Auto, mit dem fleißig Gegenden ruiniert, zersiedelt und verstunken werden. Doch diese Kritik, die auch andere vorbringen, wird nicht angenommen. Das Auto bietet angeblich Freude und Freiheit. Ich verstehe auch das und will nun das Auto nicht weiter infrage stellen. Die jungen Leute sollen ihre Freude haben. Sie werden schon daraufkommen, dass es kein Vergnügen ist, sich an das Auto zu binden. Sie sind auf dem Weg in den sogenannten Wohlstand, den sie jetzt erst kennenlernen.

Der Kapitalismus, lange bekämpft, wird hier im Osten mit offenen Armen empfangen. Das Auto ist das liebste Objekt einer „wohlständigen", aber nicht wohlanständigen Gesellschaft. Eine der beiden Ehepartnerinnen meint nun: „Es ist schon ganz gut, dass wir frei sind und uns jetzt alles kaufen können, aber früher war der Zusammenhalt untereinander größer." Ihr Mann nickt und fügt hinzu: „Das stimmt schon, in DDR-Zeiten war die Solidarität unter den Leuten größer." Wehmütig erinnert er sich an sein Leben zu dieser Zeit. An die großen Nachteile, wie die Verschmutzung der Umwelt oder die dauernde Kontrolle durch den Staat, denkt er im Moment nicht. Alle vier schwelgen im Gedenken an alte Freundschaften und die alte Bescheidenheit. Sie erinnern sich, dass sie früher bescheiden waren, und das sei nicht schlecht gewesen. Man hätte zusammenhalten müssen. Sie sagen: „Das ist der Grund, warum wir hierher in die Tschechei an die Moldau gefahren sind. Hier erinnert uns vieles an die alte Zeit." Sie bestellen Sekt und laden mich auf ein Glas ein. Der Sekt, als Symbol des wohlhabenden Bürgers, wird in tiefen Zügen genossen. Die Damen und Herren, an deren Tisch ich nun einiges über die ehemalige DDR und das Radfahren in den Hügeln um Eisenach erfahren habe, freuen sich, auf noble Weise den Urlaub verbringen zu können, mit Autos und knallenden Sektkorken, wichtigen Symbolen nobler Leute. Hier an der Moldau, unter Leuten aus der ehemaligen Tschechoslowakei, die in einer ähnlichen Situation sind wie die Bewohner der ehemaligen DDR, lässt es sich gut leben, und das zeigt man mir. Andererseits denkt man wehmütig an vergangene Zeiten in der DDR, als Menschen noch miteinander in engem Kontakt standen und man hinter vorgehaltener Hand über das Regime schimpfte. Damals war der Zusammenhalt notwendig. Ein Zusammenhalt, der einem nun nach der Wende fehlt, als sich westliches Leben in den Staaten des Ostens zu regen beginnt. Hier zeigt sich ein merkwürdiger Widerspruch: Man ist recht froh, die neue Freiheit und fröhliches Gasthausleben zu genießen. Früher, in alten Zeiten, war es nicht so einfach, wie ich mich erinnere, in einem DDR-Gasthaus einen Platz zu bekommen. Man lebt auf, aber erinnert sich wehmütig an das Vergangene und schimpft ganz gerne über die Leute im Westen, die mit ihrem Kapital den Osten überziehen. Ich verstehe den Ärger, man will nicht als der einfältige „Ossi" gesehen werden, der zu bevormunden ist. Die Sache ist kompliziert. Wir trinken einander zu, man wünscht mir viel Glück für meine Radtour und einander eine gute Nacht.

Müde falle ich in dem spartanisch eingerichteten Zimmer ins Bett. Es waren ungefähr 65 Kilometer, die ich am Nachmittag geradelt bin. Ich kann zufrieden sein. Bereits dieser eine Abend eröffnete mir eine neue Welt, die Welt jener Menschen, für die es nicht einfach ist, ihre Lebensart vollkommen ändern zu müssen. Ich bin froh, auf ihr Wohlsein ein Glas Sekt getrunken zu haben. Nun erhebe ich mich noch einmal und versuche, den kaputten Schlauch, den ich in mein Zimmer mitgenommen habe, zu reparieren. Ich überklebe das hinterlistige Loch, das, weil es sich fast direkt am Ventilröhrchen befindet, nur schwer zu kleben ist. Ich überklebe daher auch das Röhrl, aber vergebens. Beim Aufpumpen des Schlauches zischt es fürchterlich und die Luft ist dahin. Zum Kleben habe ich nun nichts mehr, hoffentlich kann ich morgen einen Schlauch erstehen.

## EINSAMKEIT UND POESIE DES FELDFORSCHENDEN RADFAHRERS UND PILGERS

Bevor ich einschlafe, überdenke ich noch einmal die Idee, als Rad fahrender Feldforscher durch die Gegend zu ziehen. Der Radfahrer auf Tour ist für mich das Symbol des Forschers schlechthin. Er knüpft an die alte Tradition der herumziehenden Vaganten des Mittelalters und jener Leute an, die sich auf Pilgerfahrt befinden. Der wahre Radfahrer hat auch etwas von einem Pilger, wie er sich in aller Bescheidenheit und mit offenem Herzen daranmacht, fremde Welten zu erleben, mit dem Segen von oben.

Eine Radtour hat tatsächlich große Ähnlichkeit mit einer Pilgerfahrt, denn nach Mühen und Plagen, nach dem Ertragen von Hitze, Staub und Kälte erwirbt man sich den Lohn des Himmels. Dieser Lohn kann ein Krügerl Bier sein, das einem nach langer Fahrt winkt.

Die alten Pilger, die durch Europa zogen, erwarben, genau wie die fahrenden Scholaren, ein tiefes Wissen von fremden Kulturen und Randkulturen.

Der Radfahrer – auf Tour als wahrer Wandernder – erfährt auf seiner Pilgerreise viel und vermag über das Erfahrene später, beim Zechen mit Kumpanen oder eben in seiner Niederschrift, Freunden und anderen netten Personen zu erzählen. So richtet sich auch dieser vorliegende Bericht meiner Radtour an liebenswerte Personen, die mir die Ehre geben, das hier Niedergeschriebene zu lesen.

Gedanken zur Forschung gehen mir ständig durch den Kopf, während ich in die Pedale trete. Bei meiner Radtour vor drei Jahren, entlang der Tiroler Grenzen, machte ich mir Gedanken zum Forschen. Bereits damals wurde mir klar, dass der gute Forscher einsam einherkommen muss, denn als Einsamer wird er von anderen in Gespräche einbezogen. So habe ich es auch heute erlebt. Wäre ich in Begleitung unterwegs, wäre es schwieriger gewesen, mich zu den freundlichen Leuten aus der ehemaligen DDR zu gesellen. Der gute alte Riehl wusste das bereits, als er um 1850 aufforderte, allein als Forscher des Weges zu ziehen.

Der Feldforscher ist einer, der allein, in aller Einsamkeit, aber auch in Freiheit, vor allem was den Umgang mit den Methoden anbelangt, in der von ihm zu untersuchenden Welt vorgeht. Die Einsamkeit hat den Vorteil, sich, ohne die mitunter belastenden Kontakte zu Mitarbeitern und anderen Leuten, einer Forschung zu widmen. Ich meine, dass die klassischen und berühmt gewordenen Studien der Ethnologie und Soziologie von Wissenschaftlern verfasst wurden, die sich allein auf ein bestimmtes Feld gewagt haben. Wenn man allein unterwegs ist, wird man leichter in ein Gespräch gezogen. Nicht nur am Gasthaustisch, an dem man nach langer Tour müde auf ein gutes Bier wartet, sondern auch in den noblen städtischen Rathäusern, in denen man ebenfalls ab und zu verkehrt. Wohl mag eine Zusammenarbeit mit Kollegen von einigem Vorteil sein, doch nach meinen Erfahrungen fühle ich mich bei meinen Forschungen in meinen Aktionen „im Feld" eher behindert und kontrolliert als frei.

Es ist eine abenteuerliche Aufgabe, in einer Kultur zu forschen, überhaupt als Radfahrer. Diese Aufgabe hat ihre Reize und ihre Schönheit, da bin ich mir sicher. Die Einsamkeit verschafft jene Freiheit, die Forscherinnen und Forscher befähigt, zu ansprechenden Ergebnissen zu gelangen.

Dabei beinhaltet diese Freiheit auch den Gedanken, anderer Menschen Freiheit zu achten und diese nicht, im Stile frommer Missionare, für irgendeine Glaubensidee zu fanatisieren. Es ist nicht die Aufgabe eines forschenden Ethnologen, der von ihm untersuchten Gruppe und Kultur zu raten, wie sie zu leben oder was sie zu tun habe. Das ist ganz im Sinne des großen Kulturwissenschaftlers Max Weber, der in seinem Aufsatz „Wissenschaft als Beruf" von der intellektuellen Rechtschaffenheit des Wissenschaftlers spricht und meint, der Prophet und Demagoge gehöre nicht an den Katheder eines Hörsaals. Schließlich stellt er fest, „... dass, wo immer der Mann der Wissenschaft mit seinem eigenen Werturteil kommt, das volle Verstehen der Tatsachen aufhört".[2] Das heißt also, der Wissenschaftler, wie zum Beispiel der Historiker, Ethnologe oder Soziologe, soll sich redlich auf sein Forschungsgebiet einlassen, unabhängig davon, ob er durch seine Arbeiten indirekt auf die Wirklichkeit einwirkt. Wesentlich ist lediglich, dass er nichts unternimmt, um seine Wertvorstellungen einer anderen Lebenswelt aufzuzwingen.

In diesem Sinn sprach Baruch Spinoza die Worte:

„Ich habe mich nach Kräften bemüht, des Menschen Tun weder zu belächeln, zu beweinen noch zu verabscheuen, sondern es zu begreifen."

Der Forscher hat jeden Akt des Kolonialisierens zu vermeiden.

Genau dieser Gedanke ist es auch, der den Rad fahrenden Kulturwissenschaftler beflügelt, an fremdem Leben mit offenem Herzen teilzunehmen.

Mit meiner Art des Forschens genieße ich nicht unbedingt das Wohlwollen all meiner Kollegen. Unter ihnen gibt es Vertreter, die waghalsig am Schreibtisch über Wissenschaftstheorien und Forschungsmethoden schreiben und dabei vergessen, dass wahre Wissenschaft erlebtes Abenteuer sein kann.

Würde man sich an diese Zeitgenossen halten, käme man vor lauter „Schreibtischsitzen" nicht zum Forschen. Unter ihnen findet man wahre Meister einer Sprache, die nur wenige verstehen, weil sie so kompliziert oder mit Fremdwörtern gespickt ist. So heben sie sich vom „gewöhnlichen" Menschen ab und lassen sich feiern. Früher schrieb ich Aufsätze, deren Verständnis schon von mir große Konzentration verlangte und war ein geachteter Kollege. Seit ich jedoch versuche, so zu schreiben, dass jedermann mich versteht, habe ich oft Ärger und muss mir manchmal den Vorwurf gefallen lassen, „nicht wissenschaftlich" zu schreiben.

Ich meine, der wahre Forscher entwickelt Poesie und schlägt Brücken zum Leser, im Gegensatz zu den Spezialisten, bei denen der Mensch und sein kulturelles Schaffen hinter Theorie oder bloßen Zahlen verschwinden. Ähnlich dachte mein väterlicher Freund, der große deutsche Soziologe und Kulturwissenschaftler René König. In seinen Briefen an mich äußerte er sich einige Male in diese Richtung und beklagte jene Kollegen, die Methoden der Feldforschung hochgestochen beschrieben und den „Diskurs" pflegten, selbst aber nicht wirklich geforscht haben. König meinte sogar, sie würden kaum über Belanglosigkeiten hinauskommen. Diese Spezialisten, die sich geheimnisvoll „Phänomenologen", „objektive" oder „strukturale Hermeneutiker", „interpretative Soziologen" oder ähnlich nennen, genießen hohes Ansehen und entfernen sich dabei von der Farbigkeit menschlichen Lebens. Dem wirklich forschenden Soziologen bieten sie keine echten Stützen.

## PARACELSUS, DER VAGABUNDIERENDE GELEHRTE ALS VORBILD FÜR DEN RADFAHRER

In gewisser Weise sehe ich mich in der Tradition des vagabundierenden Arztes Theophrastus Bombastus Paracelsus von Hohenheim. Dieser große Mann verabscheute jene Gelehrten, die an den Universitäten „vertrockneten". Aufgrund dieser Haltung musste er es sich gefallen lassen, wild beschimpft zu werden. Man bezeichnete ihn als Alkoholiker, der seine Schriften im Rausch schreibe, sich furchtbar aufführe und als Marktschreier herumziehe. Daher bezog sich Paracelsus ausdrücklich in der vierten seiner „Sieben Verteidigungsreden", die er im Jahre 1538 in St. Veit in Kärnten schrieb, auf das Wandern:

„Ich glaube also, dass ich bisher mit Recht gewandert bin, dass es für mich ein Lob und keine Schande ist. Das will ich mit der Natur bezeugen. Wer sie durchforschen will, der muss mit den Füßen ihre Bücher treten. Die Schrift wird durch ihre Buchstaben erforscht, die Natur aber, indem man von Land zu Land wandert, jedes Land ist ein Blatt. So ist der Kodex der Natur und so muss man ihre Blätter wenden."

In demselben Zusammenhang sagt er noch etwas, das mich fasziniert, nämlich: Wenn man „verschiedene Personen, ihr Gebaren und ihre Sitten" kennenlernen will, sollte man „Schuhe und Hut abnützen, um dies zu sehen".[3] Der wahre Gelehrte ist für Paracelsus also ein Pilger, ein Wanderer auf Erden. Ich füge dem hinzu, dass nicht nur der Arzt, sondern auch der Kulturwissenschaftler vagabundierend herumzuziehen hat, um seinen Geist zu erweitern.

Paracelsus plädierte übrigens auch für eine Sprache der Medizin, die kein Kauderwelsch sei, sondern medizinische Dinge so erfassen solle, dass man wisse, worum es gehe. Dasselbe gilt auch, wie ich es meinen Freunden zurufe, für die Ethnologen und Soziologen.

Paracelsus, durch seine Werke unsterblich, begleitet mich sogar in meine Träume, in denen ich ihm mit einem Schluck Bier zutrinke.

Ihm widme ich diesen ersten Tag, an dem ich mich redlich mit der Wichtigkeit des Wanderns für den Forscher beschäftigt habe.

## 2. Tag – Von der Moldau nach Zwiesel

Ich habe gut geschlafen im alten, an kommunistische Zeiten erinnernden Hotel. Ich wasche mich und schlüpfe in die Kleider. Auf dem Boden liegt meine Radtasche, daneben mein Schlauch, den ich jetzt in aller Ruhe zu reparieren hoffe. Ich klebe und klebe, bastle, umwickle das Ventilröhrl in der stillen Hoffnung, die Luft, die ich nun einpumpe, zu bannen. Leider zischt sie wieder aus dem Schlauch, und der falsche Reserveschlauch von meinem Trekkingbike ist nicht zu gebrauchen. „Festina lente", zu Deutsch: Eile mit Weile, hatte meine gebildete Mutter, des Lateinischen mächtig, stets gesagt, wenn ich eiligst meine Sachen zusammenpackte, um das Haus zu verlassen. Sie hatte so recht und der Himmel, wo sie nun weilt, möge sie für diese schönen Worte segnen. Aber ich Unglücksrabe hatte mich nicht daran gehalten und in Eile ohne Weile vor meiner Abreise in Wien meine Radtaschen mit dem falschen Schlauch bepackt. Meine Mutter hatte immer Sprichwörter bereit, mit denen sie mich zur Ordnungsliebe anspornen wollte. Typisch war auch jenes: „Was du heute kannst besorgen, das verschiebe nicht auf morgen." Viel Weisheit steckt in diesen alten Ermahnungen. Nun ist für mich guter Rat teuer. Hier in Tschechien ist Feiertag und die Geschäfte sind geschlossen.

Vielleicht hat eine mitleidige Seele einen passenden Schlauch für mich. Irgendjemand in dieser Fremdenverkehrsgegend wird mir doch einen Schlauch für mein Rennrad verkaufen können. Ich bespreche mich mit einer Angestellten des Hotels, die sich bereit erklärt, mir zu helfen. Sie meint, in der Nähe würde einer campieren, der ein Radgeschäft habe. Wir suchen ihn und sie erzählt ihm auf Tschechisch von meinem Problem. Der Mann lächelt nur, weist aber darauf hin, dass heute Sonntag sei, und trifft keinerlei Anstalten zu helfen. Im Gegenteil, mir kommt vor, er delektiert sich an meinem Unglück und geht. Solche Menschen gibt es leider überall. Ich ärgere mich und fluche. Die liebenswürdige Dame bedauert und weist mich noch darauf hin, dass es in der Nähe jemanden gebe, der an campierende Urlauber Fahrräder verleihe. Zu diesem Herrn, der vielleicht mein Retter in der Not werden könnte, pilgere ich nun. Inmitten des Campingplatzes hat er ein kleines Holzhaus, in dem Räder zur Vermietung angeboten werden. Ich hoffe, eine Lösung für mein Problem zu finden, und trage ihm, der Deutsch spricht, meine Sorgen vor. Doch der Mann winkt ab und lächelt. Er besitze weder einen Schlauch, noch könne er mir etwas von seinem Klebezeug geben, denn er habe nicht viel davon. Ein kleines Fleckerl könne er mir doch abtreten, frage ich höflich, poche aber an ein hartes Herz. Er argumentiert bereits durchaus kapitalistisch: „Ich habe nur vier Räder, die mir pro Tag einige Tausend Kronen bringen. Für die Reparaturen am Schlauch brauche ich das Klebezeug. Wenn ich Ihnen einen kleinen Fleck gebe und der geht mir ab, so ist mein Verlust groß. Schauen Sie, dass Sie woanders etwas bekommen."

Das kann ich nicht verstehen, bekunde ihm meinen Unmut und ziehe dann ab. Die einzig verbliebene Möglichkeit ist, den breiten Schlauch des Trekkingbikes auf die Felgen des Rennrades zu zwingen.

Mit Rad und Schlauch sitze ich traurig vor dem Hotel und probiere das Ventilröhrchen durch das entsprechende Loch in der Felge zu bohren, aber es passt nicht. Ein älterer Herr in blauem Arbeitsdress schaut mir interessiert zu und spricht mich an. Er kann kein Deutsch und ich kein Tschechisch, aber wir verstehen einander. Der Mann ist sympathisch und scheint mir helfen zu wollen, statt dem Kapitalismus zu frönen, der nach langen Jahren einer unglücklichen, kommunistischen Zwangsherrschaft schnellen Fußes gekommen ist, um wie ein Wirbelwind von den Menschen Besitz zu ergreifen. Das Geschäft ist wichtig, haben sie gehört. Dem liegt eine neue Wertigkeit zugrunde, die den

Menschen nur nach dem Vorteil, den man von ihm haben kann, einstuft.

Doch dieser Mann, in seinem blauen Schlossergewand, erinnert weniger an ein Blatt im Wind als an einen festen Stamm, dem der Wechsel der Winde so wenig anhaben kann wie der Wandel von Ideologien. Für ihn scheint der Mensch zu zählen, noch dazu wenn er so einen unglücklichen Vertreter mit einem kaputten Fahrradschlauch auf den Stufen des Hotels sitzen sieht.

Er erkennt das Problem, entfernt sich kurz und kommt mit einem Stahlstift zurück, mit dem er das Loch in der Felge durch kreisende Bewegungen erweitert. So kann ich das Ventilröhrchen des Schlauches hindurchdrücken. Mühsam zwinge ich den Schlauch unter den Radmantel. Es funktioniert, doch der Mantel hat in der Höhe des Ventils eine leichte Erhebung. Das Hinterrad ist nun etwas eiförmig, aber das stört mich nicht. Ich bedanke mich bei dem Herrn im blauen Anzug, aber er will keinen Dank, und ich sehe, dass er sich freut, dass mein Rad wieder in Ordnung ist. Er war mein Retter in der Not, denn was hätte ich tun sollen an einem Tag, an dem die Geschäfte wegen eines Feiertags geschlossen sind. Ich setze mich auf das Rad, und die netten Trinkkumpane vom gestrigen Abend winken mir zum Abschied. Beim Fahren spüre ich die Wölbung des Hinterreifens nur leicht und nicht unangenehm. Das hat etwas Heiteres, Unvollkommenes an sich, das sogar Freude macht.

Ich radle entlang des Stausees in das Ortszentrum, vielleicht kann ich hier einen Schlauch kaufen. Ein Auto mit Salzburger Kennzeichen fährt vorbei. Auf dem Dach sind zwei Räder befestigt, deren Reifenbreite der meines Rades ähnlich ist. Ich überlege, ob ich vielleicht von diesen Landsleuten einen Schlauch erwerben kann, und winke hoffnungsfroh, damit sie anhalten. Dafür ernte ich fragende, eher misstrauische Blicke, erscheine wohl als wenig vertrauenerweckend. Sie erwidern nicht einmal mein Winken und brausen vorbei, wobei sie Staub auf dem Weg und Ärger bei mir hinterlassen.

Ich will nun versuchen, die Tschechei zu verlassen und nach Deutschland zu einem Fahrradgeschäft zu kommen. Über Horní planá führt die Straße in den Bayerischen Wald. Auf dieser Straße werde ich radeln, denke ich mir, und fahre über die nächste Kreuzung, ohne auf die Straßenschilder zu achten. Es ist eine schöne Gegend, durch die ich ziehe. Zwischen sanften Hügeln radle ich vorbei an alten Bauernhöfen und finde Gefallen an dieser Landschaft am Rande des Böhmerwaldes. Nach etwa zwanzig Kilometern, gerade ging es bergab, wundere ich mich über den Stand der Sonne. Es ist zwei Uhr am Nachmittag, da ich bis knapp nach Mittag am Rad herumwerkte, und ich befinde mich, wie ich annehme, auf dem Weg nach Westen. Die Sonne müsste eher vor mir sein, wenn ich westwärts fahre, aber dem ist nicht so, denn sie lächelt seitlich vom Himmel. Ich wundere mich und frage in der Nähe einer Schenke einen alten Mann, der vor seinem Haus steht. Er hat nur einen Zahn im Mund, den ich sehe, als er mir zulächelt. Ich frage bloß: „Horní planá?", wie es auf meiner Straßenkarte zu lesen ist. Er schüttelt den Kopf, spricht kein Deutsch, aber murmelt etwas von „Krumau". Dort will ich jedenfalls nicht hin, kann nicht glauben, dass ich auf dem falschen Weg bin, und bestehe darauf, in Richtung Horní planá zu radeln. Der Gedanke, umdrehen zu müssen, ist zu ärgerlich. Der freundlich lächelnde Herr schüttelt nochmals den Kopf, und ich muss einsehen, dass die Rückkehr unausweichlich ist. Ich bedanke mich und kehre widerwillig um. Ein Pferdewagen, beladen mit Heu, kommt mir entgegen und erinnert an alte Zeiten. Ich weiß nur nicht, ob hier jemand aus Gründen des Tourismus mit Pferden herumfährt oder bewusst bäuerliches Erbe gepflegt wird, zu dem das Pferd einmal gehörte.

An einem Brunnen lese ich eine deutsche Aufschrift, die an einstige Dorfbewohner erinnert. Ich radle weiter und bin endlich wieder in

Schwarzenbach. Jetzt erkenne ich meinen Fehler: Ich bin in die falsche Richtung geradelt. Wieder geht es am Hotel, in dem ich nächtigte, vorbei. Jetzt steht die Sonne richtig, und ich fahre ihr entgegen.

Bald bin ich in Horní planá, einem Ort, mit dem ich nichts verbinde. Ich kann mich nicht erinnern, schon von ihm gehört zu haben, wenn sich auch heute mein Leben um ihn zu drehen scheint. Ich radle durch den Ort, und als ich ein Schild mit der Aufschrift „Café Adalbert" entdecke, fällt es mir plötzlich wie Schuppen von den Augen. Ich kenne nur einen Adalbert, der, wie ich, ein Schüler des Gymnasiums zu Kremsmünster war, nämlich Adalbert Stifter.

Ich bin also in Oberplan und sehe nun ein altes Haus, an dem zu lesen ist, dass hier der ehrenwerte Adalbert Stifter geboren worden sei. Seine Schriften, von manchen als langweilig empfunden, tragen so viel Ruhe und Freude am allerkleinsten Detail in sich. Ich habe seine Werke gern gelesen und halte nun auf dem leicht ansteigenden Marktplatz. Im Schatten der Bäume sitzen einige alte Männer, die leider kein Deutsch verstehen, aber freundlich grüßen. Ich entdecke ein Fahrradgeschäft, das aber geschlossen ist. Ein Angestellter, der zufällig in der Nähe ist, will mir zu einem Schlauch verhelfen, aber das Geschäft ist versperrt und der Chef nicht da. Inzwischen habe ich mich damit abgefunden, mit dem zu großen Schlauch und einem gewölbten Reifen zu fahren. Das hat auch seinen Reiz. Durch den ausgebuchteten Reifen wird die Gleichmäßigkeit des Radelns jeweils von einem kleinen „Hopser" oder „Stoßer" begleitet. Die Monotonie des Rollens erhält eine aufmunternde Unterbrechung.

In einem Eisgeschäft, in dem junge Leute sitzen und Mädchenlachen erklingt, lese ich über einem Eisbehälter mit rosarotem Eis: „Ribiza". Es gibt also Ribiseleis, das ich mir bestelle. Eine ganze Kulturgeschichte des Essens offenbart sich hier.

Unser schönes österreichisches Wort Ribisel kommt aus Böhmen, was mir hier wieder so richtig bewusst wird. Ich bin stolz auf dieses

Wort Ribisel, denn es unterscheidet uns von unseren deutschen Nachbarn. Dieses Wort hat für mich einen hohen symbolischen Wert. Der Deutsche kennt es nicht, für ihn gibt es die Johannisbeere. Wie viel mehr Poesie bergen doch unsere Ribiseln. Als ich vor Jahren in München lebte, machte ich mir einige Male den Spaß und fragte in der Konditorei nach einer Ribiseltorte. Man verstand mich nicht und schüttelte verneinend den Kopf. Nur einmal, so erinnere ich mich, lächelte die Verkäuferin heiter und erzählte von ihrer österreichischen Großmutter, von der sie das Wort Ribisel des Öfteren gehört hatte. Sie kannte also den alten österreichischen Begriff, der aus dem Tschechischen zu uns kam. Hier in Oberplan gedenke ich auch der Ribiseln, die böhmische Köchinnen mit den Topfenkolatschen und den Palatschinken zu uns brachten. Aus Hochachtung vor diesen weiblichen Pionieren der Kochkunst bestelle ich mir ein solches rosafarbenes Ribiseleis und genieße es, während ich mein Rad schiebe. Ein Blick noch hinauf zu dem Marktplatz mit seinen schattigen Bäumen, ein Gruß an Adalbert Stifter, und ich radle weiter in Richtung Nationalpark, den ich möglichst schnell durchqueren will, um in einem deutschen Ort, in Haidmühle, einen Schlauch zu kaufen. Es ist heiß und schwül. Ich biege von der Hauptstraße ab und gelange auf asphaltierten Wegen in den Nationalpark.

Hier sind massenhaft Leute unterwegs, die den Feiertag genießen. Mir werden die Probleme des Nationalparks klar: Menschenmassen, überfüllte Schenken, Andenkenläden am Rand und Schilder vor gemütlich einladenden Wiesen, mit dem Hinweis, dass das Betreten verboten sei. Wie gerne würde ich mich in die Wiese legen. Fast überall wäre das möglich, nur nicht hier im Nationalpark. Die Nationalparks, die angeblich der Erhaltung der Natur dienen, erinnern an ein Walt-Disney-Land, das dem Besucher etwas vorgaukelt. Bei einem Stand, an dem es Ansichtskarten und Getränke gibt, lösche ich meinen Durst. Ein Mann aus Deutschland, der offensichtlich ein Getränk kaufen will, stellt sich dazu und verwendet bei dem Versuch, sich verständlich zu machen, allerlei Wörter, die er aus anderen Urlaubsländern mitgebracht hat. Ich höre: „Mantschare, bibere ..." Der tschechische Verkäufer versteht kein Wort. Ich deute nun auf eine Mineralwasserflasche. Der Deutsche nickt und der Verkäufer gibt sie ihm.

Ich fliehe aus diesem Gebiet und erreiche auf schönen Waldwegen die kleine Grenzstation. Tschechische Zöllner lächeln freundlich, ebenso die deutschen. Das Straßenstück zwischen den Hütten der Zöllner ist von Kinderhänden bunt bemalt, Friedenssymbole leuchten auf. Im nächsten Ort, bei einer Tankstelle, erhalte ich, was ich brauche, und kaufe gleich zwei Schläuche. Einer wird sofort von mir montiert. Den Schlauch vom Trekkingbike packe ich ein, zur Erinnerung an einige Kilometer „hüpfenden" Fahrens.

Ich will heute noch nach Zwiesel und ziehe auf schönen Straßen meiner Wege, durch einen anderen Nationalpark, den bayerischen. Hier ist man besonders raffiniert vorgegangen. Statt freie, asphaltierte Parkplätze zu bauen, hat man Plätze im Wald für Autos geschaffen. Der Autofahrer kann also, um seine innige Beziehung zur Natur zu dokumentieren, auf schönem Waldboden zwischen Ameisen und Blätterwerk parken. Ich radle weiter. Die Landschaft hat ihren Reiz, mit Wäldern und kleinen Ortschaften. In einem Geschäft kaufe ich mir eine Kakaomilch. Aus irgendeinem Grund habe ich gerade einen Gusto auf Kakaomilch, die ich sonst nie zu trinken pflege. Sie schmeckt und erinnert an Kindertage, als der Genuss von Schokolade noch etwas Seltenes für uns Kinder war, ebenso wie Orangen.

Über hügeliges Land, an schmucken Dörfern vorbei, nähere ich mich Zwiesel, einem berühmten Städtchen, das nicht nur wegen seiner Skiangläufer bekannt ist, sondern auch weil es hier saukalt sein kann. Im Hotel Kopfhammer erhalte ich ein nettes Zimmer, dusche mich, ziehe mir passables Gewand an und bummle durch den Ort. Kaufhäuser reihen sich an internationale Restaurants, dazwischen gibt es Eisgeschäfte.

In einer Pizzeria nehme ich Platz, esse eine Pizza und unterhalte mich mit einem Herrn aus Norddeutschland, dem ich die Geschichte von meinem Schlauch erzähle. Auch er macht sich Gedanken über den neuen Kapitalismus im Osten, der seine Blüten treibt. Der Herr scheint gebildet zu sein, zumindest kommt er sich gescheit vor. Ich lasse ihn erzählen, trinke genüsslich mein Bier, verabschiede mich und gehe in mein Hotel. Obwohl ich erst gegen Mittag losgefahren bin, habe ich doch, einschließlich des Umweges, ungefähr 150 Kilometer mit dem Fahrrad zurückgelegt.

Das Zimmer im Hotel Kopfhammer ist gemütlich, das Bett behagt meinem müden Körper.

## DER FREMDE, DER GAST UND DIE GÖTTLICHKEIT DES BETTLERS

Das Problem des Fremden, der, wie ich heute, auf der Suche nach einem neuen Schlauch zum Bittsteller oder Bettler werden kann, geht mir nicht aus dem Sinn.

Als Mensch, als Kulturwissenschaftler und als Radfahrer wurde mir heute bewusst, dass ich ein Fremder bin, der von der Gunst der Einheimischen abhängig sein kann. Ich fühlte das Dilemma des Fremden, der sprachliche und andere Schwierigkeiten hat, sich zurechtzufinden. Der Fremde ist stets auf der Suche, will er einigermaßen aufrecht in einer ihm nicht vertrauten Lebenswelt bestehen. Das kann schwierig sein, wie ich an mir selbst erlebt habe.

Allerdings genießt der Fremde in beinahe allen Kulturen auch Schutz und hat ein Recht, aufgenommen zu werden. Davon gingen in früheren Zeiten die Vaganten aus, die deshalb einen Spruch oder eher Vers, einen Hexameter, parat hatten, den mich ein netter Lehrer in der Klosterschule Kremsmünster lehrte.

*„Pauper studiosus sum, peto te viaticum."* Also: *„Ich bin ein armer Student, ich bitte um eine Wegzehrung."*

Es gibt verschiedene Typen von Fremden, geht es mir durch den Kopf. Georg Simmel, der große Soziologe und Kulturwissenschaftler, hat sich in einem Essay näher mit diesem allgemein menschlichen Phänomen des Fremden auseinandergesetzt. Von ihm stammt der berühmte Satz: „Nicht der Fremde ist gefährlich, der heute kommt und morgen geht, sondern der, der heute kommt und morgen bleibt." Das ist eine interessante Überlegung, der man grundsätzlich zustimmen kann, verweist sie doch auf den komplizierten Umgang mit Fremden in menschlichen Kulturen. Es gibt keine einfachen Muster wie im Tierreich, wo offenbar klare Verhaltensregeln den Kontakt zu fremden Geschöpfen bestimmen. Ist der Hunger groß, so weiß der Löwe um den Nährwert der „fremden" Antilope, die sich ihm nähert. Gehört das Tier derselben Gattung an, wird dem Gegenüber die Macht demonstriert, über die man als kräftiger Löwe oder großer Hund verfügt.

Bei Menschen ist die Beziehung zu Fremden sehr viel komplizierter. Von Kultur zu Kultur, von Mensch zu Mensch variieren die Muster, nach denen sich die Individuen verhalten. Ich gestatte mir hier schon einmal vorab, die unterschiedlichen Typen des Fremden zusammenzufassen, wie ich sie am Ende meiner Reise noch ausführlicher beschreiben werde.

Es können die unterschiedliche Kultur, die andere Sprache und ein ungewohntes Benehmen sein, die zu Distanz oder gar Verachtung des Fremden führen. Der Fremde, als Mitglied eines Nachbardorfes oder als Bewohner eines fernen Landes, kann demnach als „kulturlos" und von Grund auf „böse" eingestuft werden.

Aber es gibt mehr Möglichkeiten, dem anderen zu begegnen. So gibt es jene Fremden, die etwas bringen oder anbieten. Dazu gehören Händler, Schausteller und in früheren Zeiten auch Leute mit anderem Aussehen, wie Kleinwüchsige, Riesen oder Südseeinsulaner. Das bedenkenlose Interesse, sie kennenzulernen, beruht darauf, dass sie allein oder in einer kleinen Schar unterwegs sind. Wo Kleinwüchsige oder Menschen mit dunkler Hautfarbe in Massen auftreten, verlieren sie ihre Besonderheit, ihr Charisma. Solange aber ihre Einmaligkeit im Vordergrund steht, werden sie von den staunenden Sesshaften beklatscht und die Schausteller und Händler auch mit gutem Geld bezahlt. Ihre Attraktivität und Beliebtheit liegt nicht zuletzt darin, dass sie wieder fortgehen. Würden sie sich niederlassen, so würden sie spüren, dass sie noch lange nicht dazugehören.

Eine besondere Rolle als Fremde spielen die Händler, aber auch die Schmuggler, die Grenzen überwinden und Waren bringen. Sie sind willkommen, weil man sich Vorteile erhofft.

Eine andere Art des Fremden ist der Bettler, der vor dem Haus auf eine Gabe wartet. In alten Kulturen konnte der Bettler Gott sein, Zeus oder Wotan. Daher war man vorsichtig und spendete reichlich, in der Hoffnung, dies würde einmal vergolten werden. Das bis heute übliche „Vergelt's Gott!" des Bittenden, der etwas bekommen hat, erinnert an diese alte Vorstellung vom Bettler, der Gott sein könnte.

Wenn sich allerdings der Bettler als übler Schnorrer erweist, so verliert er seine Göttlichkeit und ihm wird die Tür gewiesen. Ein Problem ist auch der Flüchtling, der ja wie der Bettler ungebeten die Szene betritt. Zunächst steht er auch unter dem Schutz der Gottheit, kann aber zum ungeliebten Fremden werden, den man bald wieder los sein will. Ebenso wie andere, die über die Grenzen ziehen, um ihr Heil in fremden Ländern zu finden. Sie sind die Fremden, die bleiben und oft als unangenehm empfunden werden, weil sie die Einheimischen durch ihr Anderssein verunsichern. Sie haben es nicht leicht.

Dagegen hat jeder Gast ein Recht auf höfliche Annäherung. Man begegnet ihm mit Großmut und überschüttet ihn mitunter mit Freundlichkeiten aller Art. Von ihm erwartet man sich eine Gegenleistung. Der Student, der einen Professor einlädt, erhofft sich eine wohlwollende Behandlung. Der Geschäftsmann rechnet mit der Vermittlung guter Kontakte über Kollegen, die ihn aufsuchen und für die er ein Festessen vorbereitet hat. Der Staatspräsident eines Nachbarstaates, der zum Staatsbesuch eingetroffen ist, erwartet eine freundliche Behandlung und der Vagabund, der mit einem anderen Vagabunden seine letzte Wurst teilt, dass dieser sich einmal mit einem Leckerbissen revanchiere. Der Gast steht unter dem Druck der Gegengabe. Bereits bei seiner Ankunft bietet er ein Geschenk in Form eines Blumenstraußes oder auch eines Rennpferdes an, um ohne Gewissensbisse in die volle Schüssel greifen zu können. Der Gast hat beiläufig aber auch die große Pflicht, sich rechtzeitig wieder zurückzuziehen. Nicht umsonst meinten die alten Römer, der Gast und der Fisch würden nach drei Tagen stinken. Nach drei Tagen verliert der über Nacht bleibende Gast das Anrecht auf Gastfreundschaft und muss damit rechnen, als missliebig betrachtet und schließlich davongejagt zu werden. Eine besondere Rolle des Fremden ist die des Touristen. Er ist der wohlwollende Gast, von dem man sich gutes Geld erwartet. Daher ist er geliebt und wird hofiert, unabhängig davon, ob er eine andere Sprache spricht oder mit Turban einherstolziert. Wehe aber dem Touristen, der zum Bettler wird, der vom Gastgeber milde Gaben oder ein unbezahltes Entgegenkommen wünscht. So erging es mir, als ich an der Moldau hilfesuchend um einen neuen Schlauch bat. Man zeigte mir die kalte Schulter. Aus dem Touristen als willkommenem Gast wurde sehr schnell ein Bettler.

Der Fremde, in einer anderen Kultur zu Hause und daher mit anderen Symbolen, wie Sprache und Benehmen, vertraut, stellt eine Herausforderung an die Gruppe dar, die ihn aufnimmt. Er kann durch sein Anderssein verunsichern, zeigt er doch, dass es noch andere Formen des Lebens gibt. So mag der Jude dem Katholiken als gefährlich erscheinen, weil er Gott anders anbetet. Der Fremde kann aber auch interessant sein, wenn er zum Beispiel etwas bringt. Nicht selten werden Fremde auch als Richter oder Kontrollpersonen eingesetzt, da man davon ausgeht, sie seien unparteiisch. So war es früher üblich, an der Tiroler Grenze zu Italien, über die viel geschmuggelt wurde, Zollbeamte einzusetzen, die aus ganz anderen Gegenden, wie zum Beispiel aus Wien, kamen. Von einem Fremden, der den Zoll kontrollierte, erwartete man sich, er wäre nicht durch private Kontakte zu beeinflussen und würde daher kein Auge zudrücken, wenn wieder einmal Burschen im Dunkel der Nacht mit Säcken auf dem Rücken unterwegs wären.

Es gibt also in den verschiedenen Kulturen viele Typen von Fremden. Den Überlegungen von Verhaltensforschern, es gebe nur dann eine große Ablehnung gegenüber den Fremden, wenn diese grundsätzlich von ihrem Aussehen her anders seien, kann ich keineswegs zustimmen. In dem Fall müsste ein Herr aus Schwarzafrika eher damit rechnen, herabgesetzt und missachtet zu werden als ein „weißer" Europäer. Dem kann ich nur entgegenhalten, dass einem ein Schwarzer mit oberösterreichischem Dialekt unter Umständen vertrauter sein kann als ein hellhäutiger Einheimischer.

Die Sache ist also kompliziert. Zudem verschwindet die Ablehnung gegenüber dem Fremden oft, wenn man ihn näher kennenlernt. Er wird dadurch zum Individuum, während er sonst ein Typus bleibt, ein „Neger", ein „Jude", ein „Italiener", ein „Moslem" oder ein „Kameltreiber".

Die Angst vor dem Fremden verliert sich also, wenn der Kontakt enger wird. In dem zuvor verachteten Bosniaken wird plötzlich ein Mensch auf gleicher Augenhöhe gesehen, der entlassene, diskriminierte Sträfling hat eine eigene Geschichte, die auch Mitleid erregen kann.

Der ungeliebte Fremde hat zwei Möglichkeiten: Er passt sich allmählich an oder verlässt die Gegend wieder. Ich ergriff die Flucht, auf der Suche nach einem neuen Fahrradschlauch.

Müde und froh, dass ich dennoch auf dem Fahrrad hierher in den Bayerischen Wald gelangt bin, erhebe ich im Geist ein Glas Bier auf das Wohlsein all jener Vagabunden, die es nicht leicht mit den Einheimischen haben.

# 3. Tag — Von Zwiesel nach Marktredwitz

Im Gasthof Kropfhammer habe ich gut geschlafen. Ich packe zusammen, setze mich, schon im Raddress, in dem rustikal gemütlichen Gastzimmer an einen gedeckten Frühstückstisch und lasse mir Tee und Butterbrot gut schmecken. Einige Wandersleute in bunter Wanderkleidung machen sich zum Tagesausflug bereit. Mit einem Herrn komme ich ins Gespräch. Er erzählt von einer langen Wanderung durch den Bayerischen Wald, die bis nach Passau fortgesetzt werden soll. Es sind tüchtige Geher, die zwar keine Marathonstrecken bewältigen wollen, aber trotz leichten Regens die Wege durch die Wälder und über die Hügel zu genießen scheinen. Mir sind sie sympathisch, diese kleinen Helden, die ohne Auto, aber mit frischem Mut, per pedes apostolorum durch die Gegend vagabundieren. Ich wünsche ihnen viel Glück, bezahle bei der Wirtin mein Zimmer, nehme meine Radtasche und hole mein Fahrrad aus dem Keller des Gasthauses, wo es in der Nacht abgestellt war.

Die Temperatur ist eher kühl. Den ersten heißen Julitagen folgen nun weniger warme, wie ich merke. Ich habe aber Glück und entkomme dem drohenden Regen. Mit einem Pullover bekleidet, beginne ich mein Tagespensum von etwa 180 Kilometern nach Marktredwitz herunterzutreten. Gegen acht Uhr befinde ich mich auf der Straße in Richtung Längsdorf. Es ist eine Nebenstraße, die ich empfehlen kann. Überhaupt ist es prachtvoll, durch den Bayerischen Wald zu radeln. Es gibt, wie meine Landkarte zeigt, schöne kleine Straßen, die nach Norden führen und von einem grünen Rand gesäumt sind. Es ist also amtlich per Karte festgehalten, dass es hier besonders schön ist, und es gefällt mir tatsächlich. Die Straßenkarte steckt in einer kleinen Tasche am Lenker. Sie ist so unter einer durchsichtigen Plastikfolie zusammengelegt, dass ich die Reiseroute ablesen kann. Ich pflege keine Karte mit einem kleinen Maßstab mitzunehmen. Die sind wenig übersichtlich und für Autofahrer und Menschen geeignet, die auf Nebenstraßen nur zwanzig oder dreißig Kilometer mit dem Fahrrad fahren. Ich habe Größeres vor, daher brauche ich stets Karten mit einem großen Maßstab, auf denen ich mit einem Blick meinen geplanten Weg erfassen kann. Auf so einer Karte sind sehr wohl die kleinen Dörfer und stolzen Märkte festgehalten, die ich durchradle. Das genügt mir. Zu viele Beschriftungen verwirren eher, als dass sie dem aufmerksamen Radler auf der Suche nach schönen Wegen helfen. Ich „velopediere" dahin und hoffe, heute bis Marktredwitz zu gelangen. Die nächste Station ist Bodenmais. Mir gefällt die Gegend. Dunkle Wälder wechseln mit grünen Wiesen ab, schmale, dicht bewachsene Gräben lassen auf Bäche schließen. Eine bunte Natur, die dem Urlauber, der Stille sucht, gefällt. Die Straßen sind mäßig befahren.

Ich komme nach Cham, einem trutzigen Städtchen mit prächtigem alten Rathaus und einer Burgruine. In einem kleinen Geschäft genieße ich Kakaomilch, die ich in den Pausen meines Pedaltretens gerne trinke. Vielleicht steckt im Kakao ein besonderes Mittel, das den Radfahrer kräftigt. Ab Cham benütze ich die Hauptstraße, die zu meinem Erstaunen auf der Karte als „Bayerische Ostmarkstraße" eingezeichnet ist. Der Himmel ist bedeckt, was mich nicht stört. Ich bin schnell unterwegs, ohne zu schwitzen, und der einzige Radfahrer auf Tour. Hin und wieder begegnen mir Radler, die ohne Gepäck unterwegs sind. Sie machen keine Tour, sondern bewältigen Tagesausflüge oder nur kurze Strecken. Vielleicht sind es Urlauber, die die Gegend einfach genießen. Der Autoverkehr ist auch hier ein gemäßigter, und ich merke, dass die Autofahrer auf mich als Radler sehr gut aufpassen. Vielleicht, weil sie in mir ein seltenes Exemplar sehen, ein Relikt vergangener Zeiten, eine Art Dinosaurier in Miniatur auf dem Fahrrad. Schließlich bin ich mit

Gepäck unterwegs und unterscheide mich von all den Helden der Straße, die in der Freizeit ein paar Kilometer auf dem Rad verbringen. Die wahren, noblen Herren der Landstraße – ich wage, sie als Aristokraten der Landstraße zu bezeichnen – sind jene, die mit dem Gepäck unterwegs sind und ohne Auto auskommen. Zu ihnen rechne ich mich in aller Bescheidenheit.

Als ich heuer an meinem Geburtstag mein Rad, ohne abzusteigen, über den Großglockner lenkte, begegnete ich bei der Abfahrt einigen wackeren Radfahrern, die mit Radtaschen fuhren und sich zwischen vielen Autos bergauf mühten. Langsam waren sie unterwegs, aber mit stolzer Miene, und blickten abschätzend auf die Autolenker, wie mir schien. Die Radfahrer grüßte ich laut und verneigte mich höflich, in dem Bewusstsein der großartigen Leistung, als ich ihnen bei meiner Abfahrt vom Hochtor entgegenkam. Weniger große Wertschätzung meinerseits fanden jene Radler, die auf schnellen Rädern ohne Gepäck die Straße hinaufzogen. Sie haben ihre Autos am Fuße der Großglockner-Hochalpenstraße geparkt. Zu diesen kehren sie wieder zurück, um ihre Räder auf dem Autodach anzubringen. Zu diesen Radlern habe ich wenig Beziehung und freue mich über die Aristokraten der Straße, die auch Rast machen und diese mit Broten und Getränken aus den Radtaschen genießen.

An sie denke ich, während ich durch den Bayerischen Wald radle. Sanfte Hügel wechseln einander ab. Die Strecke ist nicht langweilig, es geht bergauf und bergab, das erfreut den Radfahrer, vor allem wenn es bergab geht.

Ich fahre am Städtchen Weiden vorbei nach Windischeschenbach. Auch hier das geheimnisvolle Wort „Windisch", das mich seit meiner Kindheit fasziniert, denn der Nachbarort meines Heimatdorfes Spital am Pyhrn nennt sich Windischgarsten. Ich konnte mir früher nie erklären, was der Name bedeutet und woher er kommt. Erst später an der Universität, als ich Ur- und Frühgeschichte studierte, wurde mir klar, dass „Windisch" auf eine alte slawische Besiedlung hinweist. Im Wort „Garsten" steckt wahrscheinlich das slawische Wort „hrad" für Burg. Allerdings meinte ein Schulmann aus Windischgarsten, nicht „Grad" sei das Wort, sondern „gravastu", das so viel wie Gestrüpp heißt, aus dem sich Garsten entwickelt haben soll. Der Mann namens Kuschee, den ich sehr schätze, war überrascht, als ich ihm erzählte, ich hätte mich auf „Grad" als Vorform von „Garsten" festgelegt. Diese Weisheit stammte allerdings nicht von mir, sondern von einem meiner Universitätslehrer. All dies kommt mir in den Sinn, während ich an Windischeschenbach vorbeiradle. Also auch hier erinnert ein Wort an eine alte slawische Besiedlung, die es ja tatsächlich in diesem breiten Grenzraum zwischen Germanen und Slawen, zu dem auch das Gebiet des heutigen Österreich gehört, gegeben hat. Es war vor allem das 8. Jahrhundert, in dem sich die Bayern aufmachten, um den Osten zu kolonialisieren. Die Bayern gehören also auch zu den Stammvätern Österreichs. Ein österreichischer Botschafter hatte einmal vor Jahren bei einer Kölner Karnevalsveranstaltung, die im Fernsehen übertragen wurde, launig erklärt, die Bayern seien für die Österreicher das, was der Neandertaler für die Rheinländer sei. Er erhielt dafür viel Gelächter und Applaus.

Ich befinde mich also in einer Region alter bayerischer Kultur, die auf slawischer aufbaut. Heute noch grenzen sie aneinander, die ehemalige Tschechoslowakei ist nicht weit.

Diese Grenze spielt in der Geschichte eine große Rolle. Sie war eine starre Grenze, die nun in Bewegung gerät. Das erleichtert den Schmuggel, der hier auf alten Traditionen fußt. Junge Leute waren es, die als Schmuggler wichtige Dinge des Alltags hin und her transportiert haben, durch Tirschenreuth – ein alter bayerischer Name – nach Mitterteich.

Bei einer Telefonzelle mache ich halt, lehne mein Rad an, betrete sie und nehme mir das Telefonbuch von Marktredwitz, den Ort, in dem ich zu übernachten gedenke. In der Rubrik Gasthäuser finde ich eines mit dem poetischen Namen „Zum Gambrinus". Das klingt gut, und ich rufe dort an. Der Wirtin erkläre ich, dass ich ein Zimmer suche. Sie hat eines, und erst jetzt erwähne ich, dass ich mit dem Rad unterwegs bin und ungefähr in einer Stunde ankommen werde. Es sind noch fünfzehn Kilometer zu radeln und nachdem ein vagabundierender Radfahrer möglicherweise als zahlungsunfähig und Zechpreller eingestuft wird, bleibe ich vorsichtshalber bei dieser bewährten Methode der Zimmerreservierung. Wohl hat sich bei der Einstellung zu Radlern in den letzten Jahren einiges geändert, aber ich bin lieber vorsichtig, denn ich will gut schlafen und radle meinem Ziel zuversichtlich entgegen, nachdem die Wirtin des Gasthauses „Zum Gambrinus" mir ihre Freude über meine zu erwartende Ankunft fernmündlich übermittelt hat. Ich trete kräftig in die Pedale und bin bald in Marktredwitz.

Das alte, fest gemauerte Wirtshaus liegt in der Mitte der kleinen, geschichtsträchtigen Stadt. Der lang gezogene Platz wird an einer Seite von einem Stadttor begrenzt, das Zeuge einer alten Befestigung ist. Das Wirtshaus „Zum Gambrinus" hat eine gemütliche Wirtsstube, ganz anders als die Pizzerias und modernen Restaurants. Alles hier spiegelt noch die alte Zeit wider, als Fuhrwerker ihr Bier tranken und müde Wanderer den Staub der Landstraße abschüttelten, um sich auf der Wirtshausbank auszuruhen. Heute sitzen einige ältere Herren hier und erfreuen sich am Kartenspiel. In diesem Wirtshaus, einem Relikt vergangener Tage, werde ich heute übernachten. Es gefällt mir, auch wenn es wenig Komfort gibt. Das Zimmer ist sehr einfach und liegt im ersten Stock, das WC ist am Gang. Dennoch bin ich froh, hier schlafen zu können. Ich esse noch eine Kleinigkeit und spaziere im Anschluss langsam über den Platz. Aus Inschriften erfahre ich einiges über die Vergangenheit des Ortes.

Dann lege ich mich aufs Ohr, wohl wissend, dass das Rad im Keller des Hauses gut untergebracht ist.

Mir fällt ein, dass diese Gegend für junge Burschen interessant war.

## ALTES SOZIALES REBELLENTUM AN DER GRENZE – SCHMUGGLER

Das Städtchen Marktredwitz hat nicht nur ein schönes, altes Wirtshaus mit einer netten Wirtin, die auf bewegte Jahre zurückblicken kann, auch über Schmuggler lässt sich einiges berichten. Als ich über Grenzen und Schmuggler forschte, hörte ich von einem lieben Freund, in Marktredwitz gebe es Leute, die in der Zwischenkriegszeit dem ehrbaren Gewerbe des Schmuggelns gefrönt hätten. Ich schrieb daher an das Bürgermeisteramt der Stadt einen freundlichen Brief mit der Bitte um nähere Auskunft und erhielt sie auch. Eine liebenswürdige Dame mit dem einprägsamen Namen Kalbskopf, sie ist Archivoberinspektorin, antwortete mir. Ich werde ihren Namen nicht so schnell vergessen, weil mich Kalbskopf an den klassischen Viehschmuggel erinnert, den es auch hier gegeben hat. Über die Grenze trieb man in den 1920er-Jahren auf geheimen Wegen das Vieh aus der neu gegründeten, Tschechoslowakischen Republik, wo es billiger war, nach Österreich. Dort wurde es über Weitra, die alte Landstraße entlang, in die Kaiserstadt gebracht und gut verkauft.

Aber nicht nur Vieh schmuggelte man, sondern all jene Dinge des täglichen Gebrauchs, die in Bayern teurer waren als in der damaligen Tschechoslowakei. Dazu gehörten, wie mir die freundliche Frau Kalbskopf mitteilte, Textilien, Kleiderstoffe, Kleider, Strümpfe und Trikotagen. Besonders Frauen, von denen die Archivoberinspektorin ihr Wissen hat, waren dabei aktiv. Ähnlich war es damals auch an der österreichisch-tschechoslowakischen Grenze im nördlichen Waldviertel, wo ich ebenfalls Gespräche mit alten Schmugglern führte. Dort erzählte man mir, dass Frauen, wenn sie zu einem im heutigen Tschechien gelegenen Wallfahrtsort gepilgert waren, bei ihrer Rückkehr wesentlich dicker aussahen. Dies deswegen, weil sie sich die preislich günstigeren

Stoffe, die sie im Wallfahrtsort erstanden hatten, in den Hinterzimmern der Geschäfte gleich um den Leib gewickelt hatten. Den Zöllnern mögen die Rundungen der Damen aufgefallen sein, sie nahmen aber, Gott sei Dank, Abstand von einer Leibesvisitation. Hier an der Grenze von Marktredwitz mag es ähnlich zugegangen sein. Neben den ausgiebig schmuggelnden Burschen waren also auch Frauen rebellisch unterwegs.

Vor allem aber waren es junge Burschen, die in den Jahren vor dem letzten Weltkrieg hinüber- und herüberzogen, um die darbende Bevölkerung mit allerhand Waren zu versorgen und selbst auch gut dabei zu verdienen. Diese Burschen, ebenso wie die Kleider schmuggelnden Frauen, bezeichne ich als soziale Rebellen im besten Sinn. Dazu gestatte ich mir ein paar Gedanken, die hier angebracht sind.

Es waren stets soziale Rebellen, die in Zeiten der Armut und wirtschaftlichen Krisen, wie sie gerade nach Kriegen entstehen, den Mut als Wilderer, Schmuggler oder auch „Räuber" aufbrachten, um sich zu holen, was ihnen, ihrer Meinung nach, zu Unrecht verweigert wurde. Sie setzten sich über Rechtsnormen hinweg, um anderen zu helfen und selbst einigermaßen gut zu überleben.[4] Schmuggeln ist also nicht nur Abenteuer und großes Geschäft, sondern hat, vorrangig in Zeiten der Not und Armut, auch etwas mit sozialer Rebellion zu tun. Schmuggeln wird insofern von der darbenden Bevölkerung nicht als Verbrechen eingestuft, sondern als eine Tat, mit der man sich gegen die „Ungerechtigkeit" des Staates wehrt.

So meinte auch eine alte Lustenauer Wirtin, mit der ich einmal über den Schmuggel in Vorarlberg sprach, dass Schmuggeln keine Sünde sei. Sie selbst habe auch ein wenig Zucker, Saccharin und Kaffee geschmuggelt.

Als soziale Rebellen sehe ich demnach Leute, die meist aus einer bäuerlichen Umgebung oder zumindest aus einer Welt der Armut kommen und die es nicht dulden, dass ihnen durch Machthaber gewisse Verbote auferlegt sind. In klassischer Weise lehnten sie sich gegen die Feudalherren auf, die sie zwangen, Abgaben und Robote zu leisten. Sie wurden zu Räubern, die den Reichen und Besitzenden Dinge wegnahmen, die diese, ihrer Meinung nach, zu Unrecht besaßen. Einer der großen, sagenhaften Rebellen ist Robin Hood. Zu ihnen gehört aber auch der 1950 erschossene, sizilianische Bandit Salvatore Giuliano, der „König von Montelepre" genannt wurde.

Gerade in Zeiten von Armut und wirtschaftlichen Krisen wird eine Tendenz zur epidemischen Vermehrung dieses Rebellentums sichtbar.[5] Der soziale Rebell wehrt sich gegen den Landherren, der dem Bauern einen Großteil der Ernte wegnimmt, und gegen den aristokratischen Jäger, der ihm verbietet, das Wild zu schießen. Der soziale Rebell, wie ich ihn verstehe, ist kein Revolutionär oder Ideologe, der sich auf altes Recht beruft, wie etwa das der Jagd oder eben das Recht, mit Waren zu handeln, wo man will. Mit dem sozialen Rebellentum verbindet sich vielmehr auch der Traum von Freiheit. Einen solchen Traum träumt der Wilderer ebenso wie der Schmuggler, der sich über die Verbote des Warenverkehrs hinwegsetzt. Aber nicht jeder Schmuggler ist ein sozialer Rebell in diesem Sinn, sondern lediglich der, der aus einer ärmlichen, meist bäuerlichen Gesellschaft kommt und der begehrte Waren, wie Kaffee, Tabak oder Zucker, in eine Kultur der Armut einbringt, um so den Menschen zu helfen, die dort leben. Schmuggler dieser Art sind angesehene Leute. Sie sind die Helden der „Kleinen", sie genießen die Sympathie der Bevölkerung, und sie können mit deren Unterstützung in ihrer Auseinandersetzung mit der Obrigkeit rechnen.

Bei den Gesprächen, die ich mit alten Schmugglern in Tirol führte, wurden die genannten Überlegungen bestätigt. Man betonte mit Nachdruck, dass es vor allem arme Bauern, Bauernknechte und Bauernsöhne waren, die als Schmuggler zu Geld zu kommen hofften. Es gab gerade in der Vorkriegszeit, auch in dieser Gegend des Bayerischen Waldes, sehr arme Bauern. Nicht alle wurden satt von dem, was Hof und Landwirtschaft boten. Hatte ein Bauer mehrere Söhne, so haben sich diese „um einen Nebenverdienst umgeschaut" und gingen bereits in jungen Jahren schmuggeln. In gewisser Weise erinnern die Schmuggler an die alten Wildschützen, die ebenfalls versuchten, durch allerhand List ihren Mittagstisch und den ihrer Leute zu ergänzen. Dazu gehört Mut.

Diese soziale Rebellion der Schmuggler ist uralt. Vor dem Hintergrund der Armut, wie sie bis in die Zeit nach dem Krieg andauerte, sind die bemühten, wackeren Schmuggler zu verstehen. Daher waren sie bei den kleinen Leuten beliebt, denn man konnte bei ihnen billig einkaufen.

Schmuggler waren stolze Leute, die mit ihrem Handeln einen ursprünglichen Zustand wiederherstellten, in dem es ihnen besser ging.

Es ist die Armut, die den Schmuggler rechtfertigt. Er gleicht den früheren Wilderern, die aus Hungersnot heraus in die Wälder gingen und bei den armen Leuten hoch angesehen waren. Die Menschen wussten, wer ein Schmuggler war, aber keiner redete darüber. Den Mädchen war er nicht nur wegen seiner Verwegenheit sympathisch, sondern auch weil er stets Geld hatte, um sie ins Wirtshaus einzuladen, und ihnen begehrte Dinge, wie Kaffee und Zucker, liefern konnte.

Da das Schmuggeln der sozialen Rebellen eng mit dem Gemeinschaftsleben verknüpft war, galt es bereits für die jungen Burschen als Abenteuer. Sie sahen am Verhalten der Erwachsenen die Bedeutung des Schmuggels und ahmten die älteren Vorbilder, zum Teil mit Erfolg, nach.

Als ich mit dem Rad nahe der tschechischen Grenze fahre, stelle ich mir vor, wie junge Burschen heimlich über die Grenzen gingen, um sich und andere mit nahrhaften und wohltuenden Dingen zu versorgen.

Ihnen und der freundlichen Frau Kalbskopf, die mich auf die Idee gebracht hat, mich mit den Schmugglern zu befassen, gilt meine Sympathie. Auf ihr Wohl trinke ich einen Schluck Bier.

# 4. Tag – Von Marktredwitz nach Ilmenau

Geschlafen habe ich gut im Gasthaus „Zum Gambrinus". Es ist schön, dass ein Wirtshaus nach dem heiligen Gambrinus, dem Schutzherrn des Bieres und der Biertrinker, benannt ist. Es zahlt sich aus, diesem Schutzpatron nachzugehen, schützt er doch ein willkommenes, isotonisches Getränk für Radfahrer.

## GAMBRINUS, DER SCHUTZHERR VON WANDERERN, DIE GERNE BIER TRINKEN

Angeblich war dieser Gambrinus ein König von Flandern zur Zeit Karls des Großen. Das ist nicht richtig, wie ich zeigen werde. Bereits der römische Schriftsteller Tacitus, der in seiner „Germania" das wilde und keusche Leben der Vorfahren der heutigen Deutschen beschreibt, erzählt von einem „Gambrivii", einem germanischen Stamm. In Anlehnung daran erfand ein italienischer Humanist namens Annius einen gewissen „Gambrivius", den er einfach zu einem germanischen Herrscher machte. Tatsächlich existiert hat er aber nie, dieser „Gambrivius". Später wird aus dem „Gambrivius", in den Versen eines gewissen Burkard Waldis, ein „Gambruius".

Im Jahr 1574 schließlich taucht in einer Schrift eines Marcus van Vaernewijck aus Holland dieser „Gambruius" auf, ein Abschreibfehler hatte sich eingeschlichen. So entstand der allseits beliebte „Gambrinus", der bis heute gefeiert wird und nach dem dieses Wirtshaus benannt ist. Beim Namen „Gambrinus" handelt es sich also nicht um eine Umwandlung von „Jan Primus", wie ein 1294 verstorbener Herzog von Brabant hieß, sondern um einen gewöhnlichen Abschreibfehler. Burkard Waldis, dem Biergenuss offensichtlich nicht abgeneigt, war es auch, der Gambrinus völlig willkürlich zum Schutzpatron des Bieres und der Biertrinker machte. Ursprünglich allerdings hatte es geheißen, der – ebenfalls erfundene – König Marsus, der Vater des „Gambrivius", sei es gewesen, der von den ägyptischen Gottheiten Isis und Osiris die Kunst des Brauens erlernt habe. So wurde Gambrinus zum Erfinder des Brauens und mehr noch auch zum Gründer von Hamburg, der „Gambrinus-Burg", die durch ihr blühendes Brauereigewerbe berühmt werden sollte.

Gambrinus trat seinen Siegeszug an. Besondere Beliebtheit erfuhr er bei den Studenten, und so heißt es in einem alten Studentenlied unter anderem: „Es gibt kein schön'res Leben als Studentenleben, wie es Bacchus und Gambrinus schuf ..."

Die freundliche Wirtin hier im Gasthaus „Zum Gambrinus" interessiert das nur nebenbei. Wichtig scheint ihr vielmehr, dass die Gäste zufrieden sind und im Sinne des Gambrinus gutes Bier trinken.

Ihr genügt, wie ihren wackeren Zechern auch, zu wissen, dass Gambrinus der edle Schutzpatron des Biers, seiner Hersteller und seiner Trinker ist. Ich verstehe das.

Ich wasche mich, ziehe meine Radfahrkleidung an und begebe mich in das gemütliche Gastzimmer, wo bereits ein anderer Gast auf sein Frühstück wartet. Wir beide sind die einzigen Gäste, die hier genächtigt haben. Ich bitte den Herrn, mich zu ihm setzen zu dürfen, und er ist einverstanden. Als ich Platz nehme, bemerke ich seine pikierte Miene und erfahre bald, was es damit auf sich hat. Ich frage ihn, ob er gut geschlafen habe, und er erzählt sein Problem:

„Ich hätte gut geschlafen, wenn Sie die Tür nicht immer so laut zugeschlagen hätten."

Ich erinnere mich jetzt, als ich nach meinem Spaziergang in mein Zimmer gekommen war, die Tür nicht leise geschlossen zu haben. Mir ist die Sache peinlich, denn der Mann macht einen freundlichen Eindruck und hat eine solche Behandlung nicht verdient. Er nimmt meine Entschuldigung an, und es entspinnt sich ein freundliches Gespräch. Ich stelle mich als Radfahrer vor, der weit umherzieht. Damit habe ich das Herz dieses Mannes gewonnen. Er berichtet mir von seinem Leben als Reisender in Ingenieursachen. Er selbst ist Ingenieur und blickt auf ein trinkfreudiges Studentenleben zurück. Das interessiert mich und ich sage: „Ich fühle mich als Radfahrer der alten studentischen Kultur verbunden. Diese Kultur geht auf die alten Vaganten, die Herumziehenden im Mittelalter, zurück. Der wahre Radfahrer hat etwas Vagantisches an sich. Auf dem Fahrrad fühle ich mich als Vagabund, der aus eigener Kraft die Straßen und Dörfer kennenlernt, und das hat auch etwas mit Freiheit zu tun. Nicht umsonst haben einige der freiheitsliebenden Dichter des 19. Jahrhunderts in ihren Liedern die alten Vaganten als Symbole eines ungebundenen Lebens besungen."

Mein Tischnachbar nickt mir zu und beginnt, Viktor von Scheffels herrliches Lied zu singen: *„Wohlauf, die Luft geht frisch und rein, wer lange sitzt, muss rosten, den allerschönsten Sonnenschein lässt uns der Himmel kosten."*

Das Lied schildert einen fahrenden Scholaren, der durstig in eine Einsiedelei eindringt, deren frommer Bewohner bei einer Schnitterin steht, um sich am guten Wein zu ergötzen. Es heißt in dem Lied:

*„Hurra, die Pforte brech' ich auf und trinke, was ich finde, der heil'ge Veit von Staffelstein verzeih' mir Durst und Sünde."*

Wir gedenken dieses edlen Dichters und der herumziehenden Scholaren, die außerdem auch gewaltig soffen. Das tue ich nicht, aber mein tägliches Krügerl Bier am Abend brauche ich, denn es ist ein isotonisches Getränk. Meine Kolumne in der interessanten Radfahrerzeitschrift „Drahtesel" unter der mich ehrenden Überschrift „Girtlers Freilauf" beende ich immer mit einem Bier-Zutrunk. Ein Leser beklagte in einem Leserbrief diese meine Unsitte. Ich antwortete dem Schreiber in einer eigenen Kolumne, in der ich erzählte, ich sei mit einem medizinisch gebildeten Radfahrerkollegen an einem heißen Tag unterwegs gewesen. Dieser Mann machte mich darauf aufmerksam, wenn man viel schwitze, solle man diverse isotonische Getränke, wie sie in Apotheken und Supermärkten angeboten werden, trinken. Das sei notwendig, um wieder Kraft zu tanken. Nach einer Pause fügte er hinzu: „Ich aber trinke solch' künstliches Zeug nicht." Wieder folgt eine Pause, dann sagte er bedächtig: „Ich trinke ein Glas Bier, wenn ich mich angestrengt habe, denn im Bier sind alle diese isotonischen Substanzen enthalten, die man braucht." Seither genehmige auch ich mir ein Bier, um mich nach körperlicher Anstrengung zu regenerieren, und pflege meine Kolumnen mit dem Hinweis zu schließen, ich würde ein kleines Glas voll des isotonischen Getränkes Bier auf das Wohlsein der Radfahrer trinken. Ich hoffe, der Schreiber des Leserbriefes ist nun zufrieden mit mir.

Ich verspreche dem Herrn, mit dem ich gemeinsam das bescheidene Frühstück einnahm, dass ich am heutigen Abend auf sein Wohlsein ein großes Glas Bier trinken werde. Das freut ihn. Wir reichen einander die Hände, und er wünscht mir noch viel Glück. Für eine kurze Zeitspanne waren wir uns bei unseren Gesprächen am Frühstückstisch nahe, jetzt trennen wir uns mit freundlichen Grüßen. In vagantischer Großmütigkeit wünschen wir einander einen schönen Tag, und ich fahre, nachdem ich bei der Wirtin mein Zimmer bezahlt und mein Rad aus dem Keller geholt habe, meines Weges.

Ich „velopediere" aus dem netten Städtchen in der Nähe der tschechischen Grenze, kaufe mir in einem Supermarkt eine Kappe und fahre auf einer kleinen Straße Richtung Norden.

Ich überlege lange, welche Route ich in das Gebiet der ehemaligen DDR in Richtung Eisenach nehmen soll. Um dorthin zu kommen, peile ich die Stadt Saalfeld an. Vorher muss ich den Weg über Lobenstein nehmen und wähle Nebenstraßen, die über Marktleuthen, Schwarzenbach an der Saale und Konradsreuth führen. Meine Fahrt geht bergauf und bergab. Es ist eine liebliche Gegend, die ich nun im Nationalpark „Fichtelgebirge" kennenlerne. Ich radle am Rande dieses Gebirges dahin, in dem ich noch nie war, das mir aber seit meiner Gymnasialzeit vertraut ist. Zu den wichtigsten Prüfungsfragen meines seligen Geografieprofessors gehörte die Frage nach der Begrenzung Böhmens. Das Fichtelgebirge ist, neben dem Elbsandsteingebirge, dem Riesengebirge, dem Glatzer Gebirgskessel, dem Lausitzer Gebirge und anderen Erdformationen, Teil der natürlichen Grenze Böhmens. Ich bin stolz darauf, dass mir noch einige andere Gebirgszüge einfallen, während ich in die Pedale trete und mich an den schönen Wäldern und lieblichen Dörfern erfreue. Ich erinnere mich auch, dass uns dieser Professor am Gymnasium Kremsmünster eine kleine Geschichte erzählt hat, damit wir uns die Namen der Grenzregion Böhmens besser merken. Einmal habe einer seiner Kollegen einen Schüler gefragt, von welchen Gebirgen Böhmen umgeben sei. Der Schüler nannte brav das Fichtelgebirge, das Riesengebirge und stockte dann. Daraufhin zeigte der Professor auf seine Glatze, um ihn an das „Glatzer Gebirge" zu erinnern. Der Bursche lächelte dankbar und sagte: „Lausitzer Gebirge". Er hatte also die Glatze seines Lehrers als Sitz der Läuse interpretiert. Der Professor soll, er war ein humorvoller Herr, schallend gelacht haben. Ich jedenfalls habe von dieser Geschichte profitiert und mir die Grenzen Böhmens gemerkt.

Ich radle nach Seblitz und nach Lichtenberg, obwohl ich eigentlich nach Blankenstein will, doch es gelingt mir nicht, dorthin zu kommen.

## DER ALTE TODESSTREIFEN DER EHEMALIGEN DDR

An herrlichen Wäldern vorbei fahre ich auf Straßen, die in meiner Karte nicht auszunehmen oder nicht eingezeichnet sind. Ich bewege mich direkt an der alten Grenze zur ehemaligen DDR. Die Straße steigt wieder an und ich komme an einem Institut für Geigenspiel vorbei, das sich in einem abgelegenen Schlösschen befindet. Dann sause ich weiter die Straße hinab. Die Wälder entlang der Straße begleiten mich, den Radelnden, der sich in einer unberührten Landschaft befindet, wie ich sie selten gesehen habe. Ich genieße das frische Grün.

Nach einer Talfahrt steigt die Straße wieder an, die Wälder öffnen sich, ich schaue ins Land hinein und erblicke die ersten Häuser, die mich in ihrem Aussehen an die 1950er-Jahre erinnern. Fleißige Männer sind dabei, sie zu renovieren. Nun ist sicher, ich bin auf dem Gebiet der ehemaligen DDR. Vor dem ersten Haus bleibe ich stehen und frage einen der Männer, wo ich eigentlich sei. Der Herr mit dem schütteren blonden Haar ist mir gleich sympathisch. Er erzählt in seinem Dialekt:

„Sie sind hier nicht weit von Blankenstein. Dieses Haus, vor dem wir stehen, war das letzte Haus am sogenannten Todesstreifen der DDR." Er zeigt zu den Wäldern, von denen ich kam: „Dort unten waren Grenzposten stationiert und Absperrungen angebracht, die jetzt bereits beseitigt worden sind." Hier hörte also damals für die Menschen der DDR die Welt auf, über den Todesstreifen konnte keiner fliehen. Hat aber doch einer die Flucht gewagt, so war seine Chance gering, lebendig in den Westen zu gelangen. Einen Vorteil hat der Todesstreifen heute, er ist ein Stück unberührter Natur in all den Jahren geblieben, ein Biotop. Jetzt führen neu angelegte Forstwege durch dieses naturbelassene Gebiet. Einen habe ich zufällig mit meinem Rad befahren und bin gut hier gelandet.

Es ist schon fast Mittag und ich frage den netten Herrn, wie ich denn nach Saalfeld komme, dem nächsten Etappenziel meines Tages. Da beginnt der Mann schallend zu lachen. Er meint, es könne nur ein Witz sein, wenn ich heute noch mit dem Fahrrad nach Saalfeld wolle. Er könne sich nicht vorstellen, solche Entfernungen radelnd zu bewältigen. Doch als ich ihm glaubwürdig berichte, dass ich bereits von Österreich hierher geradelt bin, erklärt er mir die Strecke.

Ich bedanke mich, radle aber nicht gleich weiter. Mich interessiert, wie die Menschen nach der sogenannten Wende heute leben. Mein Gesprächspartner, der erste auf dem Gebiet der ehemaligen DDR und daher besonders interessant, erzählt:

„Die Wende hat zwar einige Vorteile gebracht, aber auch große Nachteile, wie etwa die Arbeitslosigkeit. So etwas hat es früher nicht gegeben, jeder hatte seine Arbeit. Ich bin jetzt arbeitslos, und mein Bruder wurde aus der Fabrik, in der er jahrelang beschäftigt war, entlassen. Das ist traurig." Ich stimme ihm zu, erwähne aber noch, dass in DDR-Zeiten doch viel ruiniert worden sei, wie zum Beispiel im Bereich der Umwelt. Dieser Hinweis beeindruckt ihn nicht. Eine feste Arbeit wäre ihm und seinem Bruder lieber. Die Zeit, die sie nun als Arbeitslose haben, verbringen sie mit der Renovierung ihrer und anderer Häuser und verdienen dabei auch etwas. Immerhin, denke ich mir, Arbeit ist doch da, sie muss nur gefunden werden.

Ich verabschiede mich herzlich mit Handschlag, und weiter geht die Fahrt in Richtung Lobenstein. Die Wege, die ich befahre, sind schmal. Bald erreiche ich Lobenstein, einen schönen Ort mit Häusern, deren Eleganz noch zu erahnen ist. Eine Burg gibt es hier, die an Kriegszeiten und adlige Herrschaften erinnert. Die Ortsdurchfahrt ist mühsam auf dem guten alten Stöckelpflaster, das wohl jahrhundertealt ist. Ich werde auf meinem Rad ordentlich durchgebeutelt. Für meine Reifen ist die Belastung groß, doch sie halten. Das alte Stöckelpflaster hat seinen eigenen Charme. Es erinnert an Pferdewagen mit lustigem Volk, das zu Fuß neben dem Gespann unterwegs war. Wenn es nach mir ginge, würde ich das alte Stöckelpflaster in den Dörfern und Städten belassen. Es hindert die Autofahrer, die hier seit der Wende immer mehr werden, an schnellen Fahrten, die Fußgänger und Radfahrer gefährden.

Am Stadtrand von Lobenstein stoße ich auf Trupps von Straßenarbeitern, die eifrig dabei sind, die Landstraßen der ehemaligen DDR zu erneuern. Diesen Aktivitäten stimme ich zu, denn gute Straßen verhelfen allen, auch mir, dem Radfahrer, schnell weiterzukommen. Mir fällt auf, dass die Straßen zwischen den Orten bereits hervorragend sind, die Durchfahrtsstraßen noch nicht. An einer Straßenkreuzung frage ich einen Straßenarbeiter nach dem Weg nach Saalfeld. Ich bin auf seine Auskunft angewiesen, denn an Straßenschildern mangelt es noch. Der gute Mann dirigiert mich in eine Waldgegend. Ich danke und radle bergauf, wo eine Frau mit einem „dicken" Auto am Straßenrand parkt. Ich frage sie, ob das die richtige Straße nach Saalfeld sei, und hoffe auf ihr Nicken, das mir Sicherheit geben soll, auf dem rechten Weg zu sein. Doch sie winkt ab und meint, ich müsse wieder zurück nach Lobenstein und eine andere Straße nehmen. Ärgerlich radle ich zurück und bin wütend auf den Straßenarbeiter, den ich wieder an der Kreuzung treffe. Er ist gerade dabei, mit Kollegen Schotter zur Seite zu schaufeln. Ich will mit ihm schimpfen, aber er sieht mir fragend entgegen, was ich denn schon wieder wolle. Ich fluche nicht, sondern erzähle von der Dame, die mich zurückgeschickt hat. Der Mann schüttelt den Kopf und sagt etwas Unverständliches über Frauen, das ich nicht wiedergeben kann. Er bestätigt, die Straße sei schon die richtige gewesen. Die andere führe aber auch nach Saalfeld, und die könne ich nun zur Abwechslung fahren, wenn sie auch nicht so schön sei. Der gute Mann wollte mir eine genüssliche Fahrt empfehlen, dafür sei ihm gedankt. Ich radle nun auf der anderen Straße, eben wegen der Abwechslung. Mir fallen die neuen Autos auf, die von den Leuten hier mit Stolz chauffiert werden. Es sind bislang nur wenige, die sich ein Auto leisten können, aber diese wenigen hauen ordentlich auf den Tisch.

Immerhin sind die Straßen hier angenehm zu befahren, vor allem für den Radfahrer. Der Autoverkehr in dieser Gegend hat noch lange nicht das Aufkommen wie in Wien oder im Ruhrgebiet. Aber zu bemerken ist auch, dass die Autoindustrie des Westens in der ehemaligen DDR ihr Hoffnungsgebiet sieht. Autos sind hier ein begehrtes Gut, denn sie wurden den Menschen in den letzten Jahrzehnten vorenthalten. Um zu einem „Trabi", einem „Trabanten", zu kommen – ein anderes Auto war ohnehin nicht verfügbar –, musste man jahrelang warten. Jetzt kann jeder, sofern er genügend Geld hat, sofort ein Auto kaufen. Die Sucht nach dem Auto befriedigen hier zum Teil die Autoschmuggler und Händler von Gebrauchtwagen. In jedem Dorf, durch das ich radle, fällt mir ein Autoverkaufsplatz auf, der meist in der Nähe der Kirche eingerichtet ist. Neben der heiligen Kirche befindet sich der heilige Platz der Autos.

Die Autos diktieren die Welt und ruinieren sie gleichzeitig. Es ist gewiss im Sinne der Autoindustrie, aber auch der gesamten Wirtschaft, die ja vom Transport lebt, dass das Straßennetz ausgebaut wird. Daher ließen die Politiker und Wirtschaftsleute nach dem Ende der ehemaligen DDR als Erstes gute Straßen bauen. Mir kann es recht sein. Noch ist es angenehm, hier zu radeln. Nur wenige Autos sind unterwegs, als ich in den späten Nachmittag hineinfahre.

Auch hier erinnern mich die lieblichen Dörfer und Ortschaften in ihrem Aussehen an die 1950er-Jahre. Es ist eine Fahrt in die Vergangenheit, hier in der ehemaligen DDR, die noch überall gegenwärtig ist. Die Leute waren ärmer, aber dafür bescheidener, wie ich glaube. Nun überzieht sie der Segen des Westens sturmflutartig. Überall neue Geschäfte, die Unternehmen im Westen gehören, wie etwa Depots für Getränke und diverse Supermärkte. In einem Dorf fällt mir eine kleine Hinweistafel auf, auf der ein Gartenzwerg abgebildet ist. Ich verlangsame meine Fahrt und radle in der Hof des alten Hauses. Bald erscheint ein Mann um die fünfzig, dem ich von der Gartenzwergausstellung auf Schloss Trautenfels im Ennstal erzähle, an deren Katalog ich mitgearbeitet habe. Den Mann beeindruckt das alles nicht sehr, er scheint misstrauisch gegenüber Westlern zu sein. Ich kann das verstehen und bitte ihn um einen Prospekt seiner Gartenzwerge, den er mir gibt. Ich verspreche, mich zu melden, und überlege, ihm vielleicht zu schreiben. Sein Misstrauen gegenüber Westlern ist für mich nachvollziehbar, denn auf allen Gebieten, sogar auf denen der Wissenschaft, dringen Menschen aus dem Westen in die ehemalige DDR ein. Gleich Eroberern sind sie unterwegs, um ihre Kultur, zu der neue Wahrheiten und andere wirtschaftliche Ideen gehören, hier zu verbreiten. Der Mann mit den Gartenzwergen ist ein stolzer Herr aus der vergangenen Zeit, der offensichtlich darauf beharrt, dass seine Gartenzwerge, die noch aus Keramik sind, den Vergleich mit westlichen Gartenzwergen aus Plastik nicht zu scheuen brauchen. Ehrlich gesagt, mir sind die aus Keramik auch lieber, und vielleicht bestelle ich mir bei ihm einen lustigen Gartenzwerg. Ich bedanke mich, und weiter geht meine Fahrt durch kleine Dörfer. Als ich endlich in Saalfeld bin, ist es schon spät. Ich will heute noch nach Ilmenau, um möglichst nahe an Kassel zu sein, wo ich übermorgen den Vortrag zu halten habe. Hier sind die Straßen schlecht ausgeschildert. Auf dem Stöckelpflaster hoppelnd und immer wieder nach dem Weg fragend, gelange ich auf die Straße nach Ilmenau. Ich trete ordentlich in die Pedale und rolle gegen zwanzig Uhr in Ilmenau ein, einem Ort, dem Goethe ein liebevolles Gedicht gewidmet hat.

Ilmenau ist noch unberührt von westdeutschen Hotelketten, und es hat sich seit der Wende auf dem Gebiet des Übernachtungssektors nicht viel geändert. Ich frage nach einem Hotel. Ein solches gäbe es noch nicht, meint ein junger Mann und verweist mich an eine kleine Pension, zu der ich fahre. Hoffnungsvoll läute ich an der Tür und ein freundlicher Herr öffnet. Leider hat er kein freies Zimmer, doch ich scheine ihm leid zu tun. Er telefoniert anhand einer Liste, auf der auch die Zimmerpreise festgehalten sind, mit einigen privaten Quartiergebern. Gleich der erste, bei dem er anruft, meint, er habe ein freies Zimmer, würde das aber für 25,– DM pro Nacht an mich vermieten, aber nicht für nur eine Nacht. Ich erkläre mich bereit, 35,– DM zu zahlen. Damit ist er einverstanden, und nun darf ich kommen. Typisch, denke ich mir, die Devise lautet, an den Leuten aus dem Westen könne man verdienen. Ich radle zu dem Haus in der Bahnhofstraße. Das Zimmer, das er mir anbietet, ist geräumig und gemütlich. Sogar duschen kann ich hier. Die 1950er-Jahre begegnen mir auch hier.

## GASTHAUS, BIER UND DIE „STASI"

Vom Staub der Landstraße befreit, bummle ich durch Ilmenau, auf der Suche nach einem guten Gasthaus. Ich finde auch eines, das Gasthaus „Zur Post", und setze mich an einen Tisch in der Ecke. Es ist gemütlich hier, nichts erinnert an die ehemalige DDR. Am Nebentisch sitzen einige Gäste, ein junger Wirt ist eifrig um sie bemüht. Mit freundlichen Worten kommt er zu mir, und ich bestelle eine Salatplatte und ein gutes Bier, auf das ich mich schon den ganzen Tag gefreut habe. Ein gutes Bier erweckt den müden Körper des Radlers zu neuem Leben. Das sage ich zum Wirt, der mir umgehend das isotonische Getränk serviert. Dankbar lasse ich es durch meine Kehle rinnen und denke dabei an den Herrn, der sich beklagt hat, ich würde meine Kolumne im „Drahtesel" stets mit einem guten Trinkspruch auf das Bier beschließen. Wenn dieser Mann wüsste, welchen Genuss ein Bier am Ende einer langen Radtour verschafft. Ein Wohlgefühl durchfährt einen und man fühlt sich im siebenten Himmel. Bier ist fürwahr ein göttliches Getränk. Dankbar stelle ich das Glas auf den Tisch und beginne mit dem Wirt, der sich kurz zu mir stellt, ein Gespräch. Er hat bereits an meiner Sprache erkannt, dass ich aus Österreich komme. Ich lobe das Gasthaus und stolz erwidert er: „Dieses Gasthaus hat mein Vater vor der Wende, also schon zu DDR-Zeiten, privat geführt." Ich staune, denn das scheint doch eher selten gewesen zu sein, was er bestätigt. Man sieht es dieser Stätte des Biergenusses auch an, dass sie nicht plötzlich nach der Wende aus dem Boden gestampft wurde, wie so viele andere Lokale, und ihr Aussehen behalten hat. Ich frage den Wirt, was er von der Wende halte. Er antwortet freundlich: „Ja, die hat uns viel gebracht, wir sind sehr froh, aber Probleme gibt es auch." Der Mann ist zufrieden, denn sein Geschäft geht gut. Wenn sich Leute ärgern, kommen sie auf ein Glas Bier, und wenn sie sich freuen, kommen sie auch, weiß er.

Am Nebentisch sitzen vier Männer, die angeregt diskutieren. Einer schimpft über die „Stasi", den Sicherheitsdienst der DDR. Gerne würde ich mich zu ihnen setzen, vielleicht erfahre ich etwas über die Situation in diesem Teil Deutschlands. Mein Forschergeist ist erwacht. Ich sage dem Wirt, ich sei an einem Gespräch mit den Herren vom Nebentisch interessiert. Er nickt, geht zum Nebentisch und erzählt, ich sei ein Österreicher, ob ich mich zu ihnen setzen könne. Sie lächeln freundlich zu mir herüber und bitten mich zu sich an den Tisch. Ich setze mich mit meinem Bier zu ihnen und stelle mich als Radfahrer vor, der Deutschland kennenlernen will. Sie fragen nach meinem Beruf, und ich verweise auf meine Arbeitsstätte, die Wiener Universität. Dass jemand von dort mit dem Fahrrad hierherkommt, verwundert und freut sie. Zwei der Herren führen das Gespräch, die anderen beiden hören andächtig zu. Zu den Zuhörern gehöre nun auch ich, denn die beiden ersteren haben viel zu erzählen, als würden sie eine Last auf dem Herzen tragen. Einer von ihnen, ein Mittvierziger, sagt: „Wir beide haben viel gelitten." Er zeigt dabei auf seinen Nachbarn, einen Mann um die sechzig. „Wir waren eingesperrt, und ich saß vier Jahre wegen angeblicher Spionage im Gefängnis. Es war furchtbar." Sein Kollege ergänzt: „Mir ist es auch nicht besser ergangen, allerdings bin ich nur 15 Monate gesessen, die haben mir genügt." Beide machen den Eindruck, als ob sie aufrechte und gute Menschen seien.

Der Sechzigjährige erzählt, während er bedächtig seinen Bierkrug hinstellt: „Ich war Direktor eines Kombinats für Schuherzeugung. Ich habe mich in dem Betrieb um Menschenfreundlichkeit bemüht und den Fehler begangen, Vorgesetzte zu kritisieren. Fast alle hier haben mit der ‚Stasi' sympathisiert, denn man wollte einigermaßen gut leben. Das ging aber nur, wenn man mit der ‚Stasi' zusammengearbeitet hat. Es war furchtbar. So wurde ich angeschwärzt und schließlich eingesperrt."
Der Jüngere der beiden ergänzt: „Ganz große Schweine gab es, die andere ans Messer geliefert haben. Zu diesen Schweinen gehörten auch Professoren an den Universitäten. Die haben fast alle mit der ‚Stasi', dem Staatssicherheitsdienst der DDR, sympathisiert. Ich habe im Gefängnis einen armen Mann kennengelernt, der zum Tode verurteilt war und später hingerichtet wurde, nur weil er angeblich spioniert hatte. Das war eine große Grausamkeit. Ich habe darüber ein Buch geschrieben." Das interessiert mich, und er verspricht, mir das Buch mit dem fürchterlichen Titel „Fallbeilerziehung" zu schicken. Darin ist die ganze Grausamkeit des alten Systems mit seinem Staatssicherheitsdienst beschrieben. Diese „Stasi" hat die Menschen regiert und ins Unglück gestoßen. Viele sympathisierten mit ihr, doch wahrhaftige Menschen mit offenen Herzen, wie meine beiden Kumpane, taten das nicht.
Ich erhebe auf ihr Wohlsein meinen Bierkrug und nehme einen kräftigen Schluck. Ein wohliges Gefühl durchströmt meinen Körper. Die Salatplatte, die mir der Wirt bringt, lasse ich mir gut schmecken und sammle neue Kräfte. Wir reden weiter über die Erniedrigung von Menschen, bei der viele mitgetan haben. Klaus Schmude, mein Tischgenosse und Autor des erwähnten Buches, ist einer, der wirklich gelitten hat. Er sagt nun etwas, das wie ein Widerspruch zu dem klingt, was er vorher sagte: „Obwohl die ehemalige DDR ein schlimmes System war, gab es einen Vorteil, den es heute nicht mehr gibt: Die Leute hielten mehr zusammen, die Solidarität war größer." Ich nicke und meine, das sei

wohl typisch für alle Zeiten, in denen es den Menschen schlecht geht und Krisen auftauchen. Man rückt näher zusammen und die gegenseitige Unterstützung ist groß, so wie sie das auch hier vor der Wende war. Noch lange sitzen wir zusammen, und ich erzähle von meiner Radtour und von Wien. Es ist fast Mitternacht, als wir uns verabschieden. Klaus Schmude wird mir schreiben und sein Buch schicken, ich werde ihn nächstes Jahr einmal nach Wien als Vortragenden einladen. Ich habe viel erfahren an diesem Abend, bedanke mich und wandere durch Ilmenau zu meinem Quartier, wo ich im ersten Stock residiere. Bevor ich einschlafe, kommen mir noch einige Gedanken.

Eine alte, starre Grenze, einen ehemaligen Todesstreifen habe ich heute überquert. Ich bemerkte sie kaum, diese Grenze, die schon beseitigt ist, eine Grenze, die auch eine Grenze von Wahrheiten darstellt. Vielen, die über diese Grenze in eine andere Wirklichkeit strebten, erging es schlecht. Man wollte nicht, dass die eigene Wahrheit infrage gestellt würde. Mit aller Brutalität wurde die eigene Wirklichkeit verteidigt. Was hier Recht war, war Recht schlechthin und absolut. Dann zerfiel dieses System, ebenso wie die Grenze, und neue Wahrheiten entstanden. Die alten, menschenverachtenden wurden auf den Abfallhaufen der Geschichte geworfen. Das war auch gut so, mein Zechkumpan Klaus Schmude profitierte davon.

### BÖSEWICHTE UND HEITERE GELASSENHEIT

In dem Gespräch mit Herrn Schmude, dem großes Unglück in DDR-Zeiten widerfahren ist, wurde deutlich, wie fanatisch und mit welcher Brutalität Gesellschaften darangehen, ihre Wahrheiten als die einzig richtigen darzustellen. In der ehemaligen DDR wurden diese staatlichen Einengungsversuche besonders konsequent und brutal praktiziert.

Aber Bevormundung findet sich in allen Bereichen, ob in Familien, in Schulen, auf Universitäten oder in politischen Parteien. Überall wird mehr oder weniger erfolgreich versucht, eine eigene Wahrheit zu entwickeln und alle, die diese Wahrheit infrage stellen, zu unterdrücken oder gar zu vernichten. Der Unterschied ist oft nur ein gradueller. Man kann sich das so vorstellen: Menschen im freien Westen werden von einer bestimmten Gruppe als schlecht oder schädlich dargestellt, weil sie Denkweisen oder Ideen vertreten, die im Widerspruch zu denen dieser Gruppe stehen. Klosterleute verdammen jene Brüder, die es wagen, ein Ordensgelübde, wie etwa das der Keuschheit, zu brechen. Kommunisten verfolgen jene mit Hass, die sich nicht scheuen, anderer Meinung zu sein. Wer sich nicht der gelebten Ideologie fügt, ist in ständiger Gefahr, als Bösewicht eingestuft und stigmatisiert zu werden, wie es dem armen Herrn Schmude ergangen ist. Aber auch die sogenannte Freiheit des Westens schützt diejenigen nicht, die Aufsätze in Zeitungen schreiben, die von anderen, den selbst ernannten „Guten", verabscheut und geächtet werden. Der Autor wird so zum Unanständigen, manchmal sogar zum Untragbaren, vor dem gewarnt wird. Ich spreche hier aus eigener Erfahrung. Wer geistig in engen Grenzen fixiert ist, neigt dazu, andere auszugrenzen. Wer jedoch, ähnlich einem Vagabunden, geistige und geografische Grenzen überschreitet, gewinnt an Horizont und Wissen. Die Offenheit gegenüber anderen Kulturen bringt der mit, der, durchaus in der Tradition der alten Herrenreiter, etwa als Radfahrer auf Tour geht. Ein vagabundierender Mensch, der immer wieder Grenzen überwindet, hat die Chance, Kulturen in ihrer Vielfalt kennenzulernen. Ihm ist klar, dass eine Gesellschaft keine Einheit darstellt, sondern aus einer Vielzahl von kleineren Kulturen und Randkulturen besteht. Kultur entsteht überall dort, wo Menschen sich zusammentun, um gemeinsam etwas zu erledigen. Das kann sich auf einer langen Schiffsreise unter der Mannschaft ebenso bilden wie in einer Klassengemeinschaft von wilden Schülern.

Überall werden einfache Wahrheiten entwickelt, die sich gegen andere, Außenstehende richten können und mit denen „Bösewichte" ausgegrenzt werden.

Der echte Fahrende steht über den einfachen Wahrheiten, denke ich als Radreisender, der beinahe täglich die Vielfalt der Wahrheiten und Kulturen erlebt, so wie auch heute am Biertisch.

Zum Thema Wahrheit kommt noch etwas anderes, mit dem ich mich in der Früh befasst habe. Es betrifft den Schutzpatron des Bieres und der Biertrinker, den edlen, geschichtlich nicht erfassbaren Gambrinus, der mich gerade wegen seiner unklaren Herkunft fasziniert und der so auch Symbol einer flatterhaften, heiteren Wahrheit ist. Ich verbinde Gambrinus mit dem Witz des Augenblicks, der etwas Göttliches an sich hat. Er erhebt den Menschen über das Tier, und in ihm liegt vielleicht die einzige Wahrheit, die des Großmuts und der heiteren Gelassenheit. Davon wussten auch die alten Bierbrauer.

Ein Grund mehr, warum ich meine regelmäßigen Glossen im „Drahtesel" mit einem Gedanken an das Bier beende, was fast alle Zeitgenossen verstehen, auf die ich noch im Traum mein Glas Bier erhebe.

# 5. Tag – Von Ilmenau nach Eisenach (und Kassel)

Der fünfte Tag meiner Tour ist angebrochen. Heute sollte ich nach meinem Plan in Kassel sein, um am Abend einen Vortrag zu halten. Gegen 18 Uhr erwartet man mich an der dortigen Universität, wo ich über „Feine Leute" sprechen soll. Mit dem Fahrrad werde ich es nicht schaffen. Die Reifenpanne an der Moldau kostete mich einen halben Tag, der nicht eingeplant war, daher stehe ich jetzt unter Zeitdruck. Mir wird nichts anderes übrig bleiben, als heute ein Stück des Weges mit dem Zug zu fahren.

Das überlege ich, als ich mein Nachtlager in dem gastlichen Haus, das an DDR-Zeiten erinnert, verlasse. Mir fällt ein, dass ich, entsprechend der Wette mit meinen Zechkumpanen, ein Stück von höchstens 80 Kilometern mit der guten, alten Eisenbahn fahren darf. Ich studiere meine Karte, die auf den Boden neben das altmodische Bett gerutscht ist, als ich einschlief. Wenn ich am frühen Nachmittag in Eisenach bin, könnte ich von dort den Zug nehmen. In Kassel werde ich ja nicht nur einen Vortrag halten, sondern auch die Dissertation von Frau Bettina Becker, die ich mitbetreuen durfte, prüfen. Das Rigorosum soll morgen stattfinden. Frau Becker ist informiert, dass ich heute komme, und wartet auf meinen Anruf, um mich zu treffen, bevor ich meinen Vortrag halte. Ich werde sie gegen Mittag anrufen und ihr mitteilen, wann der Zug in Kassel eintrifft.

Ich wasche mich, packe meine Radtaschen und gehe zum Frühstück. Die Dame des Hauses bewirtet mich köstlich. Der Herr Gemahl, der mich gestern sehr geschickt verpflichtet hat, 35,– statt 25,– DM für die Übernachtung zu zahlen, ist in der Arbeit. Seine Frau, die eine frische Schürze umgebunden hat, setzt sich zu mir an den Frühstückstisch. Neugierig frage ich sie, wie sie den politischen Wandel, die große Wende von der DDR zur Bundesrepublik, erlebt habe. Sie erzählt mir bereitwillig, während ich in die frische Semmel beiße:

„Ich wusste, mit meinem alten Beruf als Industrieingenieurin habe ich jetzt keine Chance mehr. Ich war so klug, sofort umzulernen, und bin nun Pflegerin. Als Pflegerin wird man immer benötigt, und mir gefällt meine Arbeit in einem Heim für Behinderte." Sie nickt und lächelt, was mir zeigt, dass bei ihr ein Zahnarzt gut verdienen könnte. Die neue politische Situation hat sie mit anderen Problemen konfrontiert und schöne Zähne scheinen nicht dazuzugehören, was ich verstehe. Zuerst wird man sich hier um einen ordentlichen Beruf, der einen Arbeitsplatz und Geld sichert, und um gut zahlende Gäste kümmern. Ein angenehmes Leben in der neuen Welt der Kapitalisten scheint wichtiger zu sein als strahlende Zähne. Die Dame ist ungefähr fünfzig Jahre alt und lächelt. Für einen Kulturwissenschaftler, der offenen Auges durch die Welt fährt und beim Frühstück sitzt, können sogar die Zähne im Mund seines Gegenüber ein Hinweis auf soziale Zusammenhänge sein. So wird das Frühstück für mich zu einem kulturwissenschaftlichen Abenteuer, das ich dem Lächeln meiner Gastgeberin verdanke.

Ich bezahle, verabschiede mich mit einem freundlichen Händedruck von ihr, packe mein Rad, das ich im Hausflur einstellen durfte, und bitte die Dame, ihrem geschäftstüchtigen Mann Grüße von mir zu entrichten. Ich setze mich auf das Rad, fahre los und suche nach einem Fahrradgeschäft. Jemand erklärt mir, wo das zu finden sei.

In einer Nebenstraße lenke ich mein Fahrrad wieder auf holprigem Stöckelpflaster, wie es für die Straßen in Dörfern und Städten der ehemaligen DDR typisch ist. Zwischen den Siedlungen sind die Straßen wunderbar und frisch asphaltiert. Man fährt flott dahin, auf diesen schnellen Straßen, nicht nur als Radfahrer, sondern vor allem die PKWs und LKWs aus westlichen Gefilden, mit denen Orangen, Bananen und modische Kleidung transportiert werden und Touristen kommen. Es scheint charakteristisch für Eroberer zu sein, dass sie zunächst gute Straßen bauen, um dann den Menschen in den eroberten Gebieten ihren Stempel in Form von Waren und Wahrheiten aufzwingen. Über die Waren aus dem Westen ist man hier sehr erfreut. Man schimpft zwar über die „Wessis", wie auf dem Gebiet der ehemaligen DDR die Bewohner Westdeutschlands gern genannt werden, und ihre Konsumkultur, ist aber hoch zufrieden, Bananen und andere mehr oder weniger wichtige Dinge nun erwerben zu können. So bin auch ich froh, als ich das Radgeschäft finde und sehe, dass hier Ersatzteile, wie sie auch in Wien zu erhalten sind, auf Käufer warten. Ich brauche dieses Mal ein neues Bremsseil, denn das vom Vorderrad ist gerissen. Nur mit einer funktionierenden Hinterradbremse über die Straßen zu ziehen, ist zu gefährlich. Was ist, wenn bei einer kurzen Talfahrt auch noch das einzige Bremsseil reißt? Ein Unglück! Nicht auszudenken! Ich sehe mich im Straßengraben liegen. Erleichtert betrete ich das Geschäft, weil ich einem solchen Unglück nun vorbeugen kann.

Ich erinnere an eine Radtour über den Großglockner. Die hatte ich mir geschenkt, wie zu meinem 50. Geburtstag eine Radtour auf das Warscheneck. Bei der Talfahrt riss das Seil der Vorderradbremse und ich mühte mich jämmerlich die Passstraße bergab. Die Hinterradbremse wurde schnell heiß, der Bremsweg war lang und die Gefahr groß. Gott sei Lob und Dank, kam ich heil in Bruck-Fusch, am Fuße der Großglockner-Hochalpenstraße, an.

Einem ähnlichen Erlebnis gilt es vorzubeugen, und wer weiß, wie die Straßen und Hügel, die noch auf mich warten, beschaffen sind. Es ist also notwendig, ein Bremsseil zu erwerben und den Kauf nicht aufzuschieben. Ich bitte gleich beim Kauf den Mechaniker, es in mein Rad einzubauen, denn das scheint nicht ganz einfach zu sein. Ohne entsprechendes Werkzeug könne ich diese Arbeit nicht selbst erledigen, füge ich hinzu. Der Mechaniker ziert sich und meint, er habe keine Zeit, mir sofort zu helfen. Es scheint noch eine alte DDR-Gewohnheit zu sein, die Menschen warten zu lassen. Ich erinnere mich an einen Besuch in Ostberlin vor einigen Jahren, als Menschen vor Geschäften geduldig warteten, bis ein Verkäufer die Gnade hatte, die Leute einzulassen und ihnen etwas zu verkaufen. Dieses System war ein angeblich kommunistisches, in dem der Einzelne im Namen und für die Allgemeinheit gewerkt hat. Der Verdienst war derselbe, ob er nun schnell oder langsam arbeitete. Daher ließ man sich gerne Zeit und auch, wenn möglich, bestechen. Diese Mentalität spiegelt sich im Verhalten des wenig freundlichen Mechanikers wider. Seine Unhöflichkeit und Verweigerung schwindet augenblicklich, als ich ihm zehn Deutsche Mark in die Hand drücke. Die Augen leuchten und schon hat er Zeit, das Bremsseil einzuziehen und den Bremshebel in Ordnung zu bringen. Ich bedanke mich höflich und schüttle seine Hand. Mit einer großmütigen Geste verabschiedet mich der Mechaniker.

Es ist schon gegen zehn Uhr, als ich radelnd aus Ilmenau hinausholpere. Die Sonne lacht vom Himmel, der Weg führt, am Thüringer Wald entlang, auf schönen Straßen durch malerische Dörfer. In einem, das von einer schlechten Straße durchzogen ist, stehen auf dem Marktplatz Verkaufsbuden. Hier werden scheinbar Kleidungsstücke billig angeboten, die im Westen nicht mehr an den Mann beziehungsweise an die Frau zu bringen sind. Daneben dominieren T-Shirts und Jeans, die von den Menschen begutachtet und gekauft werden.

## DER REVOLUTIONÄRE STUDENT VON 1817

Ich radle durch Gräfenroda, Crawinkel und komme nach Friedrichroda. Die Wegzeichen sind ganz schlecht, ich finde den Weg nach Eisenach nicht gleich und halte einen Polizeiwagen auf, um höflich nach der Straße nach Eisenach zu fragen. Ich kritisiere die Straßenschilder, die wenig hilfreich sind. Freundlich erwidert mir einer der Polizisten, man sei dabei, alles in Ordnung zu bringen, doch brauche das seine Zeit, was ich einsehe. Der andere Polizist erklärt mir den Weg, ich danke und fahre weiter durch die liebliche Landschaft.

Eine der Schönheiten Thüringens sind die dichten Wälder, die ich in vollen Zügen genieße. Hierher sind Dichter wie Goethe und Schiller gezogen und hier wanderten revolutionäre Studenten des Jahres 1817 zur Wartburg bei Eisenach, wo man das berühmte Wartburgfest feierte, das junge Männer im Geist vereinte. Es war im Herbst, als die dreihundertste Wiederkehr des Tages gefeiert wurde, an dem Martin Luther seine Thesen an der Tür des Domes zu Wittenberg anschlug. Man gedachte auch der Völkerschlacht von Leipzig und war voller Hoffnung für ein freies deutsches Vaterland, in dem es keine Grenzen geben würde, in dem der freie Mann herumziehen könnte und in dem die Fürsten die Rechte des Bürgers durch eine Verfassung achten müssten. Nach dem Sieg über Napoleon, bei dem tapfere Studenten als Freiwillige mitgekämpft hatten, glaubte man schon, die Könige und Fürsten hätten eingesehen, dass es neben ihnen auch das Volk gibt, das ebenso frei und nobel wie sie sein wollte. Doch diese Hoffnungen erfüllten sich nicht. Daher vereinigten sich bereits 1815 Studenten in Jena zur sogenannten Burschenschaft, um für die Rechte der Bürger zu kämpfen. Im Gasthaus „Zur Tanne" in Jena riefen die Studenten ihre Verfassung aus, in der der alten Aristokratie eine Absage erteilt und das Volk gleichberechtigter Partner der Adligen wurde. Studenten sprachen im Namen der kleinen Leute. Noch waren es die Ideen der Französischen Revolution, die zu einem solchen Tun ermunterten, und daher hatten die Studenten vor dem Gasthaus „Zur Tanne" symbolisch den Baum der Jakobiner aufgestellt. Übrigens erinnerten sich 1848, während der Wiener Revolution, die auf den Barrikaden kämpfenden Studenten dieser Vorgänge in Jena auf der Wartburg bei Eisenach. In Wien wurde die

Marseillaise gesungen und man sprach, im Anklang an Frankreich, von der „deutschen Trikolore" mit den Farben Schwarz, Rot und Gold. Es waren also humanitäre Gedanken der Französischen Revolution, nicht Gewalt, die in Deutschland wieder aufloderten, um die Arroganz und Macht der Aristokratie zu brechen. Es ging um die deutsche Nation, als die Studenten zur Wartburg zogen. Dorthin ziehe auch ich nun auf meinem Fahrrad und gedenke der alten Kämpfer, die viel erreicht hatten. Sie wollten ein freies, viele auch ein demokratisches Deutschland, jedenfalls kein imperialistisches. Es ist eine Tragik der deutschen Geschichte, dass der deutsche Nationalgedanke, der hier bei der Wartburg ein revolutionärer, menschenfreundlicher war, sich sehr viel später mit chauvinistischen Ideen verbunden hat. Das war keineswegs im Sinne der alten Burschenschaft von Jena und der Wartburg.

Zu jenen, die auch am Wartburgfest teilgenommen hatten, gehörte August Daniel Binzer, den heute kaum noch jemand kennt und dessen ich hier kurz gedenken will. Binzer war Professor an der Universität Kiel, das damals noch in dänischen Händen war. Mit Studenten war er zu Fuß nach Eisenach gezogen, wo man ihn jubelnd empfangen habe, heißt es in dem Bericht.[6]

Als 1819 die Burschenschaften wegen ihrer revolutionären und „demagogischen" Umtriebe verboten wurden, dichtete Binzer ein wunderschönes Lied mit dem Titel „Wir hatten gebauet ein stattliches Haus". In der letzten Strophe heißt es: „Das Band ist zerschnitten, war schwarz, rot und gold." In diesem Lied werden das erste Mal die Farben der deutschen Trikolore genannt. Diese Farben werden bis heute in der Fahne Deutschlands weitergeführt, und auch die ehemalige DDR war stolz darauf und ehrte sie. Sie berief sich sogar auf die Tradition der Burschenschaft und achtete die Wartburg als Zeichen der deutschen Geschichte, von der wichtige Impulse für Deutschland ausgingen. Während ich in die Pedale trete, sehe ich in Gedanken Eisenach vor mir.

Symbolisch haben die Farben „Schwarz, Rot und Gold" eine humanitäre und demokratische Tradition, daher beriefen sich die deutschen, aber auch die österreichischen Sozialdemokraten auf sie. Eine andere Tradition ist jedoch mit „Schwarz, Weiß und Rot" verbunden. Dies waren die Farben des Preußen-Reiches, aber auch die Farben der Nationalsozialisten. Sie strahlen eine andere Symbolik aus als die Farben der Burschenschaft. Angeblich waren es die Uniformfarben des tapfer gegen napoleonische Soldaten kämpfenden Lützower Freikorps – welches sich aus studentischen Freiwilligen zusammensetzte –, die von der Burschenschaft zu den Farben Deutschlands gemacht wurden.

Es ist heiß, als ich in Eisenach einradle und zum Bahnhof fahre. Um ungefähr drei Uhr geht der Zug nach Kassel. Ich telefoniere mit Frau Becker, die mich dort vom Bahnhof abholen wird. Noch habe ich etwas Zeit, radle zur Wartburg und verharre kurz in Gedanken an Luther, an die verwegenen Studenten des Jahres 1817, an Heinrich Heine, an August Daniel Binzer und all die anderen, die zur Wartburg gezogen waren, im Glauben an ein menschenfreundliches und weitherziges Deutschland. Dann kehre ich zum Bahnhof zurück. Ich kenne den Weg von früher, als ich mit meinem Freund Univ.-Prof. Dr. Grünert vor Jahren hier war. Alles hat sich sehr verändert, moderne Schalter wurden eingerichtet und freundliche Damen erteilen Auskunft.

Die Mitnahme des Rades in den Waggon ist gestattet, wo es in dem langsam fahrenden Zug nach Kassel nicht stört. Ich lehne das Fahrrad an die Wand der Gangfenster und setze mich in ein Abteil, in dem bereits ein Herr und eine Dame sitzen, die ich höflich grüße. Sie erwidern den Gruß. Ihrem Gespräch entnehme ich, dass der Herr, er ist um die fünfzig, der Vater der Dame neben ihm ist. Sie sei einige Zeit in fernen Ländern unterwegs gewesen und sei nun zurückgekehrt. Voll Staunen hält sie fest, wie vieles sich hier in der ehemaligen DDR positiv verändert hat. Sie freut sich über die neue politische Situation und über die

Freiheit des Reisens. Ich werde gefragt, woher ich komme, und erzähle, dass ich aus Österreich und mit dem Fahrrad unterwegs sei. Die beiden können es kaum glauben.

In Bebra, dem damaligen Grenzort zur ehemaligen DDR, muss ich in einen anderen Zug umsteigen und mache es mir dort im letzten Waggon bequem. Ein anderer Radfahrer kommt herein, und wir kommen ins Gespräch. Er ist Student der Architektur und stolz darauf, dass seine Mutter aus der Steiermark stammt. Ganz im Stil alter Vaganten ist er unrasiert und mit dem Schlafsack unterwegs. Bravo! Er ist in Kassel zu Hause, hat also dasselbe Ziel wie ich. Er fragt mich noch, was ich in Kassel vorhabe, und ich erzähle ihm von dem Vortrag, den ich halten werde. Er wundert sich sehr, dass ich Professor an der Universität bin, und kündigt an, er werde zu meinem Vortrag kommen. Nett von ihm. Ich bin gespannt, ob er wirklich aufkreuzt. Gegen 18 Uhr fährt der Zug in die Station Wilhelmshöhe ein. Ich verabschiede mich von dem Studenten und verlasse den Zug. Frau Becker erwartet mich schon mit dem Fahrrad am Bahnsteig.

Sie begrüßt mich, bittet mich, ihr zu folgen, und tritt kräftig in die Pedale. Ich radle hinterher. Im „Düsseldorfer Hof", den ein Bayer bewirtschaftet, beziehe ich mein Quartier, das von der Universität bezahlt wird. Das Zimmer ist sehr vornehm, der Hotelier sehr bayerisch. Der „Düsseldorfer Hof" ist voll mit bayerischen Symbolen. Es gibt hier nicht nur bayerisches Bier, sondern auch blau-weiße Fahnen, die von der Decke hängen, und auf den Tischen stehen Körbe mit original bayerischen Brezeln.

Ich dusche mich und ziehe eine dunkle Hose und ein weißes Hemd an, die beiden Kleidungsstücke, die ich in meiner Radtasche vorsorglich mitgenommen habe. Dazu trage ich allerdings Laufschuhe und gleiche dieses Manko damit aus, dass ich mir eine Krawatte umbinde. So angetan, radle ich auf dem Weg zur Universität, den mir die gute

Frau Bettina Becker, die morgen zur Frau Doktor promoviert wird, angegeben hat. Morgen findet ihre Disputation, wie man hier das Rigorosum als strenge Prüfung bezeichnet, statt. Zuvor erwartet man aber von mir noch einen Vortrag.

## VORTRAG AN DER UNIVERSITÄT KASSEL —
### „DIE FEINEN LEUTE"

Ich werde über mein letztes Buch „Die feinen Leute" sprechen. Dieses Buch habe ich in der Satteltasche meines Fahrrades hierher nach Kassel mitgebracht. Frau Bettina Becker wartet schon in der Nähe des Hörsaales auf mich, den wir nun gemeinsam betreten. Mein Rad durfte ich mitnehmen und lehne es an die hintere Wand des Saales. Es wundert mich, wie viele Zuhörer gekommen sind. Ist das der freundlichen Frau Becker zu verdanken oder haben die Leute schon von mir gehört und wollen sich diesen Österreicher einmal anhören?

Ich trete an das Rednerpult und blicke auf über 50 Menschen. Frau Pressl begleitet mich, die Gattin des Dekans und Sekretärin am Institut für Soziologie. Sie ergreift das Wort, um mich vorzustellen. Das macht sie charmant und verweist anerkennend auf meine Bücher und meine Forschungen, erwähnt sogar meine Forschung in Indien. Ich bedanke mich bei meiner Vorrednerin und sage wie so oft:

„Gegen Schimpfen kann man sich wehren, aber gegen Lob nicht! Jedenfalls bin ich geehrt, hier so freundlich empfangen zu werden. Ich habe einen weiten Weg mit dem Fahrrad hinter mir, musste allerdings die letzten 50 Kilometer von Eisenach mit dem Zug fahren, sonst wäre ich zu spät bei Ihnen eingetroffen." Ich sehe den Zuhörern an, dass sie staunen, ein oder zwei klatschen verhalten. Ich nicke dankend in ihre Richtung und erzähle dann von meinen Forschungsabsichten und Arbeiten über Dirnen und Ganoven. Die „feinen Leute" gehören auch dazu, die es überall gibt, ob in der Welt der Gauner oder der der Aristokraten. Zur Methode der Feldforschung gestatte ich mir auszuführen: „Mir ist bei meinen Forschungen wichtig, herauszufinden, wie die betreffenden Menschen selbst ihre Welt sehen und nicht wie der Soziologe sie sieht. Welche Symbole und Rituale die Menschen entwickelt haben, um sich selbst darzustellen oder in ihrer Gemeinschaft zu brillieren. Mich interessiert also das Leben mit all den Tricks und Versuchen, andere hereinzulegen und sich selbst Vorteile zu verschaffen. Die Buntheit des Lebens, die in den wenigsten soziologischen Arbeiten, geschweige denn in Fragebogen und Statistiken aufleuchtet, will ich erfassen. Das geht nur, wenn ich mit den Menschen Kontakt aufnehme, mit ihnen zeche, mit ihnen spreche, während sie ihren täglichen Arbeiten nachgehen, und ihr Leben so beobachte, wie es tatsächlich abläuft. Die große Kunst des Feldforschers ist es, sich in aller Demut jenen Leuten zu nähern, über die er etwas schreiben will. So ging ich vor, als ich über die Wiener Sandler, die Vagabunden der Großstadt in Wien, forschte oder die Dirnen Wiens, über oberösterreichische Bergbauern, Wilderer und anderes Volk. Ich bin noch immer der Meinung, dass über ehrliche Gespräche mit den betreffenden Menschen mehr in Erfahrung zu bringen ist als mit noch so komplizierten Forschungsstrategien. Aufgrund meiner Art des Forschens hatte ich übrigens früher großen Ärger. Ein Kollege aus Deutschland, der sich als großer Theoretiker auf dem Gebiet der Forschung versteht, schrieb mir vor einigen Jahren etwa, er würde von meiner Art des Forschens nichts halten. Er drückte dies angeblich so in einer Publikation aus, wenn ich diese Arbeit auch nie las, weil ich mich sonst zu sehr geärgert hätte. René König, der große Soziologe, schrieb über solche Leute, dass sie nur ärgerlich sind. Ich jedenfalls bemühe mich bei meinen Forschungen um gute Gespräche und tief gehende Beobachtungen, die auch gut aufgezeichnet sein wollen. Das ist die Knochenarbeit des forschenden Soziologen, dass er sich der Mühe unterzieht, die aufgenommenen Gespräche möglichst genau aufzuschreiben. Viele scheuen diese mühevolle Arbeit, geben die Kassetten ihren Sekretärinnen und lassen sie von diesen abschreiben. Das ist nicht zielführend, denn auch während des Abschreibens setze ich mich mit meiner Forschung auseinander, komme oft auf neue Ideen und profitiere selbst dabei. Eine Wissenschaft vom kulturellen Handeln des Menschen, wie ich sie verstehe, muss spannende Berichte über die jeweiligen Lebenswelten liefern. Und noch etwas ist von Bedeutung, auch wenn dem nicht jeder Kollege zustimmen will, nämlich dass die verfassten Arbeiten auch den Leuten zugänglich sind, über die geschrieben wurde. Es drängt sich der Verdacht auf, dass Studien gar nicht verstanden werden sollen, weil sie dann auch nicht kritisiert werden können. Ich wage die Behauptung, dass das nicht wenige Wissenschaftler, besonders in diesem Zweig, praktizieren.

Schreibt man dagegen auch für den Laien verständlich, finden sich schnell Kritiker unter den Kollegen. Mir ist es aber lieber, dass meine Arbeiten gelesen und verstanden werden. Lieber lasse ich mich kritisieren oder gar beschimpfen, als dass man die Beiträge nicht gelesen und verstanden hat oder als langweilig empfindet.

Heftig kritisiert wurde ich wegen einer Arbeit, die ich über eine österreichische Zeitung verfasst habe, deren Aufbau ähnlich einem deutschen Wochenmagazin ist. Ich hatte meine Erkenntnisse in den Redaktionsräumen bei Beobachtungen und durch freie Gespräche gewonnen. Das war nicht uninteressant. Der Chefredakteur schrieb jedoch dem Dekan meiner Fakultät und den Professoren meines Instituts Briefe, man möge universitäre Wissenschaften vor mir in Schutz nehmen. So kann es einem gehen!

Freundlich waren dagegen zwei Wiener Vagabunden, die meine Studie über das Leben der ‚Wiener Sandler' – also ihr eigenes – gelesen hatten. Als ich sie fragte, ob sie mit dem, was sie gelesen hatten, zufrieden seien, meinte einer, fünfundneunzig Prozent würden stimmen. Der andere hielt fest, bis auf die Rechtschreibfehler sei alles in Ordnung. Ich fühlte mich sehr geehrt.

Ich erzähle das, um zu zeigen, was mir wichtig ist. Und nun komme ich zu meiner Studie über die ‚feinen Leute‘, die ich, wie schon gesagt, sowohl bei Aristokraten als auch bei Ganoven fand.“

Einigen der Zuhörer sehe ich die Zustimmung zu meinen Ausführungen zum Thema Verständlichkeit in den Wissenschaften an.

Eingangs erwähne ich, dass mir eine liebenswürdige Prinzessin aus einem Fürstenhaus bei dieser Studie geholfen habe. Zweimal sei ich zu einem vornehmen Mittagessen bei ihr und ihren adligen Eltern eingeladen gewesen. Ich habe durch den Umgang mit ihr viel erfahren und es aufgeschrieben. Da das Buch aber nicht nur von Aristokraten, sondern auch von Ganoven handelt, ist nun kein Kontakt mehr erwünscht. Der Vergleich von Aristokraten und Ganoven hat sie offensichtlich verärgert, was ich irgendwie verstehen kann. Darum füge ich hinzu:

„Falls jemand unter den Zuhörern ist, der diese Prinzessin oder ihre Familie kennt, so möge er ihnen mitteilen, dass ich sie alle sehr schätze und ihnen für ihre Mithilfe dankbar bin. Die Briefe, die ich ihr schickte, um doch noch eine Zustimmung zu erreichen, blieben leider unbeantwortet.“

Damit beließ ich es und erzählte von Symbolen und Ritualen, die die Noblesse prägen. Es scheint mir aber sinnvoll, auch auf die Probleme des Forschens hinzuweisen, die man in direktem Kontakt mit Menschen hat. Ich habe das Gefühl, die Zuhörer folgen meinem Vortrag interessiert, jedenfalls klingt der Applaus nicht nur höflich.

Mit einigen Zuhörern, darunter Frau Becker, gehe ich noch auf ein Bier, um den Tag zu beschließen. Darauf habe ich mich schon den ganzen Tag gefreut, immerhin war ich ungefähr sechs Stunden auf dem

Rücken meines Drahtesels unterwegs, bevor ich in den Zug umsteigen musste. Ich habe das nicht gern getan, aber es gehört zur Wette. Siebzehn Kilometer kann ich noch mit dem Zug fahren, um die Wette um das Bier zu gewinnen. Ich trinke auf das Wohl der Anwesenden. Unter ihnen ist auch eine freundliche Dame, die aus der Steiermark kommt. Sie hat von meinem Vortrag gehört und wollte wieder einmal einen Österreicher reden hören. Ihr Sohn habe einmal einem Vortrag von mir beigewohnt, und der habe ihm gut gefallen. Das freut mich, denn das ist ja mein Ziel. Ich will keine Vorträge halten und Bücher schreiben, bei denen sich die Zuhörer oder Leser langweilen. Sie sollen Freude an meinen Ausführungen zu den Forschungen haben.

Ich denke auch, dass mir das gelingt, habe allerdings erfahren müssen, dass Wissenschaftler, die ihre Vorträge heiter gestalten und die Leute erfreuen, kein besonderes Ansehen genießen.

Ernst genommen werden wohl nur die, die unverständlich und ernst reden, um dem Vortrag eine gewisse Tragik zu geben. Dennoch bewahre ich mir die heitere Art, um Wissenschaft unter „das Volk" zu bringen, was ich auch hier beim Bier vertrete. Ich erhebe mein Glas noch einmal und trinke auf das Wohl der anwesenden Steirerin. Sie kommt aus Anger bei Birkfeld, einer wundervollen Gegend, durch die ich ein- oder zweimal pro Jahr hinauf zum Pfaffensattel radle. So schwelgen wir in Erinnerungen an die Steiermark. Die Dame lebt in Kassel, aber ihr Herz gehört der Steiermark, und sie freut sich, mich gehört zu haben. Die Freude ist ganz meinerseits, denn ich konnte ihr mit meinem Vortrag Schönes vermitteln. Ich verabschiede mich und radle durch Kassel in mein Quartier, den „Düsseldorfer Hof".

Auf meinem Weg dorthin sehe ich in der Fußgängerzone einige Vagabunden, darunter einen, der sofort meine Aufmerksamkeit erregt. Er ist Mitte fünfzig, hochgewachsen, mit blondem Haar und macht einen noblen Eindruck. Ich spreche ihn an und erfahre, dass er hier bettle.

Mit stolz erhobenem Kopf sitzt er vor einem Geschäft und blickt auf die Vorbeigehenden. Ich reiche ihm die Hand und radle weiter. Hier, im Zentrum von Kassel, herrscht reges Treiben. Die Fußgängerzone unterscheidet sich in nichts von anderen Fußgängerzonen Deutschlands. Sie sehen alle ähnlich aus, ganz gleich ob man in Köln, Essen oder hier in Kassel ist. Überall die gleichen Kaufhäuser, überall ähnliche Cafés und Restaurants. Auch ich saß kurz vor Beginn des Vortrags noch am Tisch eines solchen Cafés im Freien. Auf dem Platz sah ich buntes Treiben und rund um mich herum Menschen, die Coca-Cola, Kaffee oder Tee tranken und plauderten. Die freundliche Kellnerin brachte mir Tee. Sie sprach einen Dialekt, wie er typisch für die Gegend hier zu sein scheint. Doch als sich ihr eine junge Frau näherte, offensichtlich eine Freundin, verfiel sie in fließendes Italienisch. Hier mischen sich Kulturen schrankenlos.

Eine Gesellschaft ist keine geschlossene Einheit, sondern multikulturell geprägt von Gruppen und Randkulturen, von denen jede Eigenheiten, Symbole und oft auch eine eigene Sprache hat. Aber andererseits ist eine Gesellschaft, sie kann ein Dorf oder eine Stadt sein, insofern auch monokulturell, als sie über eine gemeinsame Sprache verfügt und über gemeinsame Symbole, mittels derer sich die Menschen verständigen können.

### SCHWARZ-ROT-GOLDENE REVOLUTIONÄRE UND WANDERER

Mit diesen Überlegungen radle ich zum „Düsseldorfer Hof", in dem die bayerische Kultur zu Hause ist. Ich gehe in mein Zimmer und liege bald gemütlich im Bett, wo der Schlaf schon auf mich wartet. Aber noch bin ich wach oder besser: versuche mich wach zu halten, um den heutigen Tag noch einmal zu reflektieren.

Im Sinne der Wette habe ich heute zwei Themen von wissenschaftlichem Wert diskutiert: Als ich in Richtung Eisenach radelte, gedachte ich jener Studenten, die 1817 zur Wartburg gezogen waren, um bei einem Fest, dem berühmten Wartburgfest, für Freiheit und Verfassung einzutreten. Sie waren echte Revolutionäre mit der Absicht, die alte Welt zu ändern. Die Ideen der Französischen Revolution, vor allem die der Freiheit und Brüderlichkeit, bestimmten die jungen Leute, die sich darangemacht hatten, deutsche Monarchen zu bekämpfen, um ein deutsches Vaterland vorzubereiten, in dem alle Menschen frei und glücklich leben könnten. Sie wollten also eine deutsche Nation, aber keinen imperialistischen Staat, der andere Kulturen unterdrückt. Ihr Begriff Nation, bis heute ein heiß umstrittener Begriff, war ein weltbürgerlicher, wie er während der Revolution in Frankreich von Abbé Sieyès formuliert worden war. Er verstand die Nation als Gegengewicht zur herrschenden Klasse der Aristokratie und Kleriker. Es ist die Tragik der deutschen Geschichte, dass gerade dieser Begriff der deutschen Nation so unterschiedlich interpretiert und missinterpretiert wurde. Die Studenten des Wartburgfestes hatten eine, für Menschen möglichst gute und auch demokratische Nation im Visier. Zu ihnen gehörte auch der Burschenschafter August Follen, der sich für die armen Bauern des Odenwaldes einsetzte und dann nach Amerika fliehen musste, wo er die Partei der Sklaven ergriff. Er starb bei einem Schiffsunglück. Nach ihm ist eine Kirche in Lexington benannt, die Follen-Church.

Es waren großherzige und mutige Studenten, die sich auf der Wartburg getroffen haben. Als in Wien 1848 die Arbeiter und Studenten auf die Barrikaden stiegen, sahen sie sich in der Tradition der Studenten des Wartburgfestes, trugen daher auch die deutschen Farben und vom Stephansdom flatterte die schwarz-rot-goldene Fahne. In der Aula der Universität hütete man eine „heilige Trikolore", die aus Paris feierlich nach Wien gebracht worden war, und man sprach von der deutschen Republik.

Der Begriff Nation, wie er 1817 und dann 1848 verstanden wurde, war also weltbürgerlich zu verstehen, was nur allzu schnell vergessen wird. Schließlich ist das Deutschlandlied von Hoffmann von Fallersleben nicht das Lied eines Imperialisten, sondern das Lied eines Mannes, der um 1840 vor der hannoveranischen Polizei flüchten musste und der in einem weiten Land ohne Grenzen frei herumziehen wollte. Diese alte Tradition wird mir hier als vagabundierender Radfahrer bewusst, und von ihr werde ich meinen Freunden in Wien erzählen.

Hoffmann von Fallersleben ist ein gutes Beispiel für jemanden, der mit offenem Verstand durch die Gegend zieht. Seine Kinderlieder „Bienchen summ herum", „Ein Männlein steht im Walde" und andere künden von einer Offenheit für die Schönheiten am Rande des Weges. Wenn Menschen wie Hoffmann von Fallersleben oder Karl Marx von einer deutschen Nation sprechen, die sie gegen die alten Tyrannen, die Monarchen und Fürsten, zu erkämpfen hofften, so befanden sie sich in einem grundsätzlichen Gegensatz zu jenen nationalistischen Strömungen, die auf Unterdrückung von Menschen aus waren.

Dafür spricht auch, dass beim Hambacher Fest, das 1832 gefeiert wurde und bei dem es um die Freiheitsrechte des Menschen zum Zeitpunkt seiner Geburt ging, neben der „schwarz-rot-goldenen" Fahne die polnische wehte. Es waren deutsche Studenten, die den polnischen Freiheitskampf gegen die Russen unterstützt haben.

Diese Studenten waren Wandernde und lebten eine, die Grenzen überschreitende, weltbürgerliche deutsche Tradition. Zu ihr gehörte der oben erwähnte August Binzer, der von Kiel nach Eisenach zu Fuß zum Wartburgfest unterwegs war. Wegen seiner revolutionären Haltung durfte er nicht mehr nach Kiel zurückkehren, das damals dänisch war. Er wanderte nach Österreich, wo er sich sicher fühlte, lebte in Linz und kaufte sich ein Haus in Altaussee, das bis heute Binzerhaus heißt. Kaum einer weiß noch, wer sich hinter dem Namen Binzer verbirgt.

Berühmt wurde auch sein Sohn, der prachtvolle Bilder vom Leben der Altausseer Holzknechte, von Sennerinnen und anderen Leuten gemalt hat. August Daniel Binzer, dessen ich hier gedenke, war von den damaligen Studenten hoch geachtet. Als 1819 die Burschenschaften vom verhassten Fürsten Metternich verboten wurden, dichtete Binzer ein Lied, das mit den schönen Worten beginnt: „Wir hatten gebauet ein stattliches Haus!" Weiter heißt es: „Das Band ist zerschnitten, war schwarz, rot und gold." Hier tauchen zum ersten Mal die heutigen Farben der deutschen Fahne in einem Lied auf. Dieses Symbol richtete sich gegen eine Welt der Unterdrückung durch die Monarchen.

An August Daniel Binzer, dessen Haus ich in Altaussee regelmäßig besuche, da meine Frau dort geboren ist, denke ich hier in Kassel. Binzer gehörte zu jenen, die wandernd durch die Länder zogen, wobei sich Geist und Herz öffneten.

Es ist kulturhistorisch bemerkenswert, dass gerade in Zeiten der Revolution, in denen starre und totalitäre Systeme kritisiert werden, der herumziehende Vagabund als Gegensatz zum „braven" Bürger, der das Regime unterstützt, begriffen wird. Vor diesem Hintergrund sind wohl die Wander- und Vagabundenlieder zu verstehen, wie sie gerade in den Tagen der deutschen Revolution von 1848 und nachher, als man daranging, alte, verkrustete Vorstellungen aufzubrechen, gedichtet wurden. Es gibt zwei schöne Lieder, in denen das Vagabundieren mit frischem Geist vertont ist und die ich hier und da während des Radelns singe.

Eines ist von Rudolf Baumbach. Ich kann nicht alles memorieren, aber ein Teil lautet:

*„Ich bin ein fahrender Gesell, kenne keine Sorgen,*
*labt mich heut' der Felsenquell', ist es Rheinwein morgen.*
*Bin ein Ritter lobesam, reit auf Schusters Rappen,*
*führ' den lock'ren Zeisighahn und den Spruch im Wappen:*
*Lustig' Blut und leichter Sinn, fort ist fort und hin ist hin ..."*

Dem füge ich den Beginn der zweiten Strophe hinzu, die mich ebenso fasziniert:

*„Kehr' ich in ein Städtlein ein, spür' ich's im Gehirne,*
*wo man trinkt den besten Wein und küsst die schönste Dirne. "*

Das andere Lied stammt von Ottokar Kernstock, der in Anlehnung an die alten Vaganten des Mittelalters darüber dichtete, wie fahrende Scholaren bettelnd herumziehen. In der ersten Strophe dieses Liedes wird ein Spruch zitiert, den ich in ähnlicher Weise von einem alten Pater in meiner Klosterschule gehört habe. Dieser würdige Herr riet mir, würde ich einmal zu Fuß durch die Lande ziehen und kaum mehr Geld haben, so solle ich einen Pfarrhof aufsuchen und dem Pfarrherrn folgenden Spruch sagen:

„Pauper studiosum sum, peto te viaticum." Das heißt aus dem Lateinischen übersetzt: „Ich bin ein armer Student und bitte dich um eine Wegzehrung."

Auf diese Kultur der alten Fahrenden verweist Kernstock:

*„Vale universitas, bursa et taverne*
*Blumen dringen durch das Gras und es lockt die Ferne. "*

Nicht zu vergessen das alte Zaubersprüchlein:

*„Sumus de vagantium ordine laudando, petimus viaticum porro properando. "*

Übersetzt bedeutet das: „Wir sind vom löblichen Orden der Vaganten und bitten um eine Wegzehrung, damit wir uns auch schnell entfernen können." In der letzten Strophe heißt es:

*„Wenn ab das Glück sich kehrt und die Wangen blassen,*
*der die jungen Raben nährt, wird uns nicht verlassen. "*

In durchaus ähnlicher Weise dichtete um 1850 Viktor von Scheffel aus Heidelberg sein berühmtes Frankenlied, das eigentlich das Lied eines Vagabunden oder besser eines vagabundierenden Scholaren ist. Die erste und die letzte Strophe seien hier wiedergegeben:

*„Wohlauf, die Luft geht frisch und rein, wer lange sitzt muss rosten;*
*den allerschönsten Sonnenschein lässt uns der Himmel kosten.*
*Jetzt reicht mir Stab und Ordenskleid der fahrenden Scholaren,*
*ich will zu guter Sommerzeit ins Land der Franken fahren. "*

Der Scholar hatte Durst und kommt zu einer Einsiedelei, doch hier
ist kein Mensch, daher sagt er Folgendes:

*„Einsiedelmann ist nicht zu Haus, dieweil es Zeit zu mähen;*
*ich seh' ihn an der Halde drauß' bei einer Schnitt'rin stehen.*
*Verfahr'ner Schüler Stoßgebet: Herr gib uns zu trinken,*
*doch wer bei schöner Schnitt'rin steht, dem kann man lange winken. "*

Schließlich wird der Scholar kühn:

*„Einsiedel, das war missgetan, dass du dich hubst von hinnen.*
*Es liegt, ich seh's dem Keller an, ein guter Jahrgang drinnen.*
*Hoiho! Die Pforten brech' ich auf und trinke, was ich finde.*
*Du heil'ger Veit von Staffelstein verzeih mir Durst und Sünde!"*

In diesem Lied wird der weite Geist eines Vagabundierenden, aber
auch sein Durst deutlich.

An diesen weiten Geist habe ich mich heute erinnert, als ich durch
Eisenach radelte und dabei auch an die Studenten dachte, die damals
versucht haben, alte menschenverachtende Ordnungen zu erschüttern,
was ihnen letztlich auch gelungen ist. Die Lieder, die sie sangen, waren
Lieder von Fahrenden, und auch sie selbst liebten den Fußmarsch.

Meine Überlegungen erinnern auch an die Verbindung der weltbür-
gerlichen Vagabunden im Stile Hoffmanns von Fallersleben, der auch
in der Gaunersprache dichtete und kritisch an menschenverachtende
Systeme erinnert. Eine Tradition, in der übrigens auch die Hippies der
1970er-Jahre stehen. Auf sie alle trinke ich im Geiste vor dem Einschlafen einen guten Schluck Bier, das wichtige Getränk der Vagabunden.

## 6. Tag — Von Kassel nach Hemeln an der Weser

Heute werde ich nur eine kurze Wegstrecke radeln, denn am Vormittag wohne ich der Disputation von Frau Bettina Becker als Prüfer bei. Am Nachmittag hat sie mich zu einem Fest nach Hemeln an der Weser eingeladen.

Das Wetter ist prächtig, ich frühstücke gut und plaudere mit dem Inhaber des „Düsseldorfer Hofes", einem Bayern. Anschließend packe ich meine Sachen und radle bergab durch die Fußgängerzone zur Universität. Das Rad nehme ich mit in die Universität, und der liebenswürdige Kollege, der ebenfalls an der Prüfung teilnimmt, bietet mir sein Arbeitszimmer als Aufbewahrungsort an. Es ähnelt einer heiligen Handlung, als ich mein Fahrrad in das Allerheiligste des Herrn Professors stelle. Von Büchern und Manuskripten umgeben gleicht mein Drahtesel einem edlen Ross in einem noblen Stall.

### DAS RITUAL DER DISPUTATION

Die Disputation, bei uns in Österreich spricht man von Rigorosum, findet in einem schlichten Raum statt. Um einen ovalen Tisch sitzen die vier Prüfer und der Prüfling, Frau Bettina Becker. Die Disputation ist öffentlich und die letzte Prüfung im Studium, sie ist Voraussetzung für den Erwerb des Doktortitels. Der Wichtigkeit des Vorgangs entsprechend hat Frau Bettina Becker ihre Verwandtschaft, die Mutter, einige Tanten und einen Cousin als Zuhörer eingeladen.

Der Vorsitzende eröffnet die Zeremonie, und mir als Gast aus Österreich wird die Ehre zuteil, die erste Frage zu stellen. Ich bringe Frau Becker etwas in Bedrängnis mit der Frage, wie es mit der Wertung des Wissenschaftlers stehe, was Inhalte in seinen Arbeiten angeht. Dürfe also ein Forscher, der eine Tendenz oder Situation erkundet hat, wie zum Beispiel dass Zuhälter ihre Dirnen nicht fair behandeln, diese kritisieren und als verwerflich bewerten. Frau Bettina Becker ist grundsätzlich der Meinung, der Wissenschaftler solle werten. Sie tat das selbst in ihrer Doktorarbeit, in der sie architektonische oder künstlerische Agitationen bravourös interpretierte. Sie revidiert zwar ihre Ansicht in gewisser Weise, bleibt aber grundsätzlich dabei. Man könne also Zuhälter kritisch sehen und zurechtweisen, dies wäre im Sinne von Frau Becker. Ich beziehe mich auf den großen Soziologen Max Weber und seine Arbeit „Wissenschaft als Beruf" und bin anderer Meinung. Für mich ist der Wissenschaftler kein Missionar und der Soziologe kein Sozialarbeiter. Mir als Forscher steht es nicht zu, einem Bettler oder Gelegenheitsdieb ins Gewissen zu reden und zu raten, ein anständiger Mensch zu werden.

Ähnliches meint auch Max Weber, wenn er festhält, dass dem Wissenschaftler der Katheder gehört, dem Politiker oder dem Demagogen die Straße. Der interessante Kriminalsoziologe Ned Polsky kommt in schönen Worten zu demselben Ergebnis. Er deutet an, der Wissenschaftler solle nicht heuchelnd das Wasser der Wissenschaft mit irgendwelchen Vorstellungen trüben. Will jemand wirklich Lebenssituationen verändern, so soll er ehrlich als Sozialarbeiter oder in einem ähnlichen Beruf tätig sein.

Ich erwähne dies aber nicht, während ich Frau Becker der Prüfung unterziehe. Sie findet noch auf weitere Prüfungsfragen Antworten, mit denen ich zufrieden sein kann. Ähnlich ist es bei den anderen drei Prüfern, einer davon ist der Dekan. Frau Becker wechselt klug zwischen den Wissenschaften – den Kulturwissenschaften –, so dass jeder Prüfer auch über ein anderes Gebiet informiert wird. Schließlich sind wir uns einig, dass Frau Bettina Becker das Rigorosum bestens bestanden hat. Wir gratulieren ihr. Die Zuhörer sind erfreut. Wir stoßen mit Sekt an,

Geschenke werden überreicht, und alle sind froh, denn nun ist Frau Bettina Becker zu Frau Doktor Bettina Becker geworden. Die Disputation wird zum Ritual, dessen Bedeutung mir hier bewusst wird. Soweit mir bekannt ist, wurde in Deutschland, wahrscheinlich zur Zeit der Studentenunruhen, das alte Ritual der Erhebung in den würdigen Doktorstand, bei dem Rektor und Dekan im Talar auftraten, als überholt einfach abgeschafft. Die damaligen Entscheidungsträger waren offensichtlich der Meinung, das bloße Ablegen von Prüfungen tue es auch, um die Doktorwürde zu erlangen.

Der Student von heute, das glaube ich aus der Beobachtung dieser Disputation festhalten zu können, wünscht sich auch eine rituelle Beförderung in den neuen Stand. Auf diese Weise wurde die Disputation hier, die letzte Prüfung, zum Ritual mit Zuschauern, Geschenken und einem köstlichen Umtrunk. In Österreich wollte man das ehrwürdige Ritual der Sponsion oder Promotion ebenfalls abschaffen. Der Postweg sollte genügen, dem jungen Akademiker die Urkunde über die erfolgreiche Ablegung der letzten Prüfung und die Mitteilung der neuen Würde in Form des Doktortitels zu übermitteln. Einige Male funktionierte das, doch dann nahm man das alte Ritual im Festsaal der Universität wieder auf. Eltern, Geschwister, Großeltern, Tanten und Freunde können sich so an einer Zeremonie erfreuen, bei der die junge Frau oder der junge Mann rituell in den Doktorstand erhoben wird. Dazu gehört eine schöne Rede, Musik, die Talare der drei Professoren vorn auf der prächtigen Kanzel, das Zepter der Universität. Darauf haben die Promovierenden zu schwören, dass sie der Universität verbunden bleiben und ihr keine Schande bereiten werden. Feierlich gekleidete Zuschauer runden den rituellen Vorgang ab, der sich im Denken aller Betroffenen und Anwesenden fest einnistet. Dies ist der Sinn des Rituals, wie ihn auch der große Kulturanthropologe van Gennep sieht, dessen Überlegungen mich wesentlich beeinflussen. Demnach haben solche Rituale den Sinn, den Übergang von einem gesellschaftlichen Status zum nächsten zu schaffen. Also hier: von dem des jungen Menschen in der Ausbildung zu dem des verantwortungsvollen, gelehrten, pflichteifrigen und ehrbaren Akademikers.

Rituale setzen Menschen überall dort ein, wo Grenzen zu überwinden sind. Das ist in diesem Fall der Übergang zum vollwertigen Mitglied einer Gemeinschaft von Wissenschaftlern. So spricht man auch von Initiation, der Aufnahme in die Welt der Erwachsenen. Oft sind solche Übergänge mit Feiern und viel Alkoholgenuss verbunden. Typisch ist dies für Hochzeiten, aber auch für das Totenessen, das leicht zu einem fröhlichen Fest werden kann. Rituale durchziehen das menschliche Leben, die Menschen suchen sie oder erfinden welche, wenn man sie ihnen genommen hat. Wie eben hier, im Falle der Disputation, die zu einer spontanen Feier mit Sekt und heiteren Gesprächen wurde, wie ich es nun erleben durfte. Es war die letzte Hürde des Studiums, und das muss gefeiert werden, denn jetzt beginnt für Frau Becker ein neuer Abschnitt. Die Prüfer stehen bei der Feier distanziert daneben, denn ihre Funktion im Ritual ist beendet und sie haben keine weiteren Aufgaben – eine Situation, die verunsichert.

Die Frau Doktor hat noch eine wichtige Mitteilung: „Ich lade alle Anwesenden am Nachmittag zu einem Fest in Hemeln ins Gasthaus ‚Zur Fähre' ein." Die drei Kollegen winken höflich ab, ich sage zu und werde mit dem Fahrrad kommen, das ich nach der Verabschiedung von den Mitprüfern hole. Der eine Kollege staunt über meine Tour und erwähnt, er sei schon einmal einen Marathon gelaufen.

## DER FÄHRMANN UND DAS RITUAL DES ÜBERGANGES

Es ist ungefähr zwölf Uhr Mittag und der Tag ist warm und schön. Frau Doktor Becker erklärt mir den Weg, fährt in Begleitung von Verwandten mit dem Auto und lotst mich aus der Stadt, doch ich verliere sie aus den Augen. Wieder fahre ich durch eine liebliche Landschaft, und mein Blick schweift über satte Getreidefelder, die auf wohlhabende Bauern schließen lassen. Ich komme durch kleine Dörfer, und wieder geht die Fahrt bergauf und bergab. Schöne Dorfstraßen, gesäumt von Fachwerkhäusern, hier und da ein spielendes Kind oder ein langsam einherschreitender Alter erfreuen mein Auge. Ich suche den Weg nach Hemeln auf meiner Karte, folge der Straße und stehe auch schon an der Weser. Am gegenüberliegenden Ufer befindet sich das Gasthaus „Zur Fähre", zu dem ich will. Nun warte ich auf die Fähre, die gerade drüben anlegt. Bald holt sie zwei Wanderer und mich ab. Der Fährmann ist einer von der klassischen Sorte, der weiß, dass er Grenzen überwindet und Getrenntes verbindet, wie die Fährmänner in Mythen, die Menschen von unserer Welt in eine andere brachten. Das tut auch unser Fährmann, und wir erreichen sicher das andere Ufer der Weser.

Im Gasthaus „Zur Fähre" herrscht gute Stimmung. Im Gastgarten, unter belaubten Kastanienbäumen, vergnügt sich am letzten Arbeitstag der Woche junges Volk an grünen Tischen. Auch Frau Doktor Becker ist unter den jungen Leuten und bedeutet mir, Platz zu nehmen. Der Kellner hat zu meiner Verwunderung eine Lederhose an und bringt mir nach einiger Zeit – er hat viel zu tun – ein Glas Bier und ein Butterbrot. Mit dem Bier trinke ich der fröhlichen Frau Doktor und ihrer Tante zu, die heute besonders stolz auf ihre Nichte ist. Ihr Cousin erzählt mir stolz: „Wissen Sie, ich bin auch Radfahrer. Darf ich wissen, wie viele Kilometer Sie so im Durchschnitt am Tag fahren?" Ich antworte ihm: „Ich habe noch eine lange Tour vor mir. Am Tag muss ich ungefähr 150 Kilometer fahren, um meine Wette, bei der es um ein Bier geht, zu gewinnen." Er schaut mich entgeistert an und fügt leise hinzu: „Ich komme auf 40 Kilometer am Tag." Ich lobe ihn, denn auch 40 Kilometer sind eine Leistung, und beiße in mein Butterbrot. Freundinnen und

Freunde von Frau Doktor Becker bevölkern die Tische und unterhalten sich bestens. Ich stehe auf, halte eine kurze Ansprache und sage unter anderem: „Mir ist es eine Ehre, mit dem Fahrrad hierhergeradelt zu sein, um die liebenswürdige und gescheite Frau Becker zu prüfen. Sie ist eine kluge Person, die sich die akademische Würde redlich verdient hat, und ich wünsche ihr alles Gute und dass sie weiterhin mit Witz und Raffinesse ihr Leben meistert. Darauf erhebe ich mein Glas: Zum Wohl!" Die Herumsitzenden stimmen in die Glückwünsche ein, und die frisch gebackene Frau Doktor lächelt. Vom Eck des langen Tisches aus schaue ich dem bunten Treiben zu. Mir fällt auf, wie schnell die Jahre vergangen sind. Nun schon ein gesetzter Mann und Professor, saß ich noch vor gar nicht langer Zeit selbst unbeschwert am Tisch beim Bier und erfreute mich an Scherzen und dem koketten Spiel der jungen Damen. Heute bin ich hier als eine Art Ehrengast, erlebe in vornehmer Zurückhaltung das rauschende Fest und mache mir noch einmal die Bedeutung von Ritualen für die menschliche Kultur bewusst. Das Tier hat keine Rituale, daher ist es verwerflich, wenn Leute versuchen, das Leben von Menschen mit dem von Tieren zu vergleichen. Der große deutsche Gelehrte Herder sprach vom Menschen als dem ersten „Freigelassenen der Natur". Ich finde diese Bezeichnung treffend, denn sie weist dem Menschen eine Sonderstellung gegenüber dem Tier zu.

Es ist interessant, dass sich manche Zeitgenossen auf Ergebnisse bei der Erforschung tierischen Verhaltens berufen, um zum Beispiel Ausländerfeindlichkeit oder sonst etwas zu erklären oder zu rechtfertigen. Menschliches Handeln lässt sich nicht in Verhaltensnormen pressen, menschliche Kulturen sind bunt und voller Rituale.

Auch diese Feier im Gasthaus „Zur Fähre" ist ein Ritual, das an die Disputation anschließt und der Promovierten klarmacht, dass das unbeschwerte Studentenleben ein Ende gefunden hat. Nun heißt es, einen Arbeitsplatz zu finden, doch diese junge Frau wird das sicher schaffen.

In einem Fachwerkhaus ist für mich ein Zimmer reserviert. Mehr als ein Zimmerchen ist es nicht, in diesem kleinen Häuschen, das alten freundlichen Bauersleuten gehört. Mein Fahrrad ist im Haus abgestellt, ich gehe die knarrende Stiege hinauf in mein Zimmer und falle müde von der Prüfung, den Ritualen und vom Feiern ins Bett.

Vor dem Einschlafen denke ich noch an den großen Kulturanthropologen van Gennep und sein um 1908 geschriebenes Buch „Rites de Passage". Er hat in genialer Weise erkannt, dass der Mensch durch Rituale in eine neue Situation geführt wird, wie zum Bespiel ein Mann, der durch die Hochzeitsfeier zum Ehemann wird und in ein neues Leben zu zweit eintritt.

Bei den Ritualen spielt meist Alkohol in Form von Wein, Sekt und Bier eine große Rolle. Es ist noch einmal lustig, dann beginnt die neue Phase.

Auch der Fährmann ist Symbol für das Ritual des Überganges von einer Position in die andere. Rituale verschiedenster Art unterstützen den Menschen in den Wogen seines Lebens, um die Übergänge wohlbehalten und zufrieden zu meistern, sei es vom Jugendlichen zum Erwachsenen, vom Studenten zum Akademiker oder vom Junggesellen zum Ehemann.

Diese Rituale können Prüfungen, Feiern oder andere Ereignisse sein, die durchlaufen werden und das Leben reizvoll machen.

Das Überqueren eines Flusses auf einer Fähre empfindet man intensiver als das Überqueren oder Überschreiten des Flusses auf einer Brücke. Im Leben gibt es sowohl bequeme als auch schwierige Übergänge, die für uns spannend sind. Mit diesen Gedanken trinke ich im Geist noch einen Schluck Bier auf die freundlichen Leute, mit denen ich diesen schönen Tag verbracht habe.

# 7. Tag – Von Hemeln über Bodenfelde nach Schwarmstedt

Ich habe bestens in dem netten Fachwerkhaus geschlafen, wo gestern Abend noch zwei Ehepaare, die ebenso mit dem Fahrrad unterwegs sind, Quartier gefunden haben. Ich beeile mich, vor ihnen fertig zu sein, um in Ruhe frühstücken zu können, was mir auch gelingt. Die Hauswirtin ist stolz auf ihr selbst gebackenes Brot und die selbst hergestellte Marmelade, die ich mir schmecken lasse. Ihr Gatte ist im Schweinestall, ich höre die Schweine grunzen. Die beiden führen noch eine Landwirtschaft, zumindest versuchen sie das, und haben sich auf den Verkauf von Schweinen spezialisiert. Der echte Bauer ist autark und hat so ziemlich alles, was er zum Leben braucht, wie Fleisch, Butter, Milch, Eier, Mehl und Most. Heute braucht der Bauer den Markt, will viel verkaufen und zu gutem Geld kommen. Daher spezialisiert er sich und wird zum Fleisch-, Milch-, Getreide- oder Eierlieferanten. Der Bauer, bei dem ich genächtigt habe, hat nur eine kleine Landwirtschaft. Ich bedanke mich bei der alten Bäuerin für Brot und Marmelade, die für sie, wie es scheint, Symbole wahren Bauerntums sind. Ihre Kinder sind erwachsen und leben nicht mehr auf dem Hof, sie kommen nur ab und zu ihre Eltern besuchen.

### IN BODENFELDE – DIE PARTNERSCHAFT MIT SPITAL AM PYHRN

Ich bepacke mein Rad, unterhalte mich noch mit dem Bauern und verlasse dann den Hof. Noch ist das Wetter freundlich, und ich radle zunächst entlang der Weser durch eine schöne Gegend, auf einer guten Straße, bei geringem Verkehr zu dieser frühen Morgenstunde. Aber der

Himmel verdunkelt sich, es beginnt zu tröpfeln und schließlich zu regnen. Ich muss mich im nächsten Ort unterstellen, das ist Bodenfelde, der mit meiner Heimatgemeinde Spital am Pyhrn eine Partnerschaft pflegt. Darauf verweist auch eine kleine, unscheinbare Tafel am Ortsanfang. Ich kenne die Bodenfelder von ihren Besuchen in Oberösterreich, wo sie stets mit einer Musikkapelle und einem Spielmannszug unterwegs sind. Mit ihren Märschen wollen die Bodenfelder die Spitaler erfreuen, die die Märsche nun schon fast auswendig kennen.

Bei Regen sieht Bodenfelde wenig einladend aus, und ich kehre in ein Gasthaus ein. Der beleibte Wirt bietet mir an, mein Fahrrad im Hof unter einem Dachvorsprung unterzustellen. Die Radtasche lasse ich auf dem Rad, nehme nur die wichtigsten Sachen mit in die Stube und warte, bis der Regen aufhört. Ich bestelle Tee mit Milch, und ein älterer Herr setzt sich zu mir an den Tisch. Er dürfte Alkoholiker sein, denn er trinkt in kurzer Zeit fünf Bier. Ich möchte mit ihm ins Gespräch kommen und frage, ob er Österreich kenne. „Ich bin schon einmal dort gewesen", antwortet er, schaut an mir vorbei und wendet sich wieder seinem Bier zu. Ein armer Mensch, denke ich. Der Mann erhebt sich und setzt sich an einen anderen Tisch, weil er seine Ruhe haben will. Gegen elf Uhr bezahle ich bei einem Wirt, der nicht lächelt und ziemlich wortkarg ist. Langweiler, denke ich mir, gehe zu meinem Rad und radle durch den Ort, wo ich nach dem Bürgermeister frage. Vielleicht kommt es mit ihm zu einem netten Gespräch. Er ist mir von seinen Auftritten in Spital am Pyhrn bekannt, bei denen er einen freundlichen und fröhlichen Eindruck machte. Ein Passant erklärt mir den Weg zu seinem Haus. Ich läute an der Tür, aber es meldet sich niemand, dabei steckt merkwürdigerweise außen an der Tür der Schlüssel. Für jeden Dieb wäre es ein Leichtes, in das Haus einzudringen. Ich warte ein paar Minuten, doch niemand kommt oder geht. Die Sache mit dem

Schlüssel ist mir suspekt und ich gehe zum Nachbarhaus, um die Nachbarin auf den Schlüssel an der Tür des Bürgermeisterhauses aufmerksam zu machen. Sie schüttelt den Kopf und geht mit mir zu dem Haus, an das ich mein Fahrrad gelehnt habe, dreht sich dann um und geht. Ich sehe es als meine Pflicht an, die Situation mit dem Schlüssel zu klären. Einfach wegradeln und das Ganze vergessen will ich nicht und stehe etwas ratlos vor der Tür. Ein Auto bleibt stehen, ein Mann steigt aus und geht geradewegs zur Tür mit dem Schlüssel. Ich frage höflich, was er wolle, und er stellt sich mir als der Arzt von Bodenfelde vor. Der Bürgermeister habe ihn angerufen, weil seine Gattin krank im Bett liege und der Arzt kommen solle. Er, der Bürgermeister selbst, könne nicht warten, daher der Schlüssel an der Außentür. Jetzt ist alles geklärt, und ich kann beruhigt weiterradeln. Vorher stelle ich mich dem Mediziner noch vor. Ich sei aus Spital am Pyhrn, das er ja kenne, da es die Partnergemeinde sei, und mit dem Rad hierhergefahren. Wir wechseln ein paar Worte und ich richte noch Grüße an den Bürgermeister aus, schwinge mich auf mein Rad und verlasse diesen Ort.

Einen wirklich liebenswürdigen Menschen aus Bodenfelde kenne ich, das ist die Frau unseres Bäckermeisters Bruckmüller in Spital am Pyhrn. Sie war bei einem Besuch des Bodenfelder Spielmannszuges dabei, zu dessen Tross sie vielleicht gehörte, und ist in Spital am Pyhrn geblieben.

Auf einer für den Autoverkehr gesperrten Straße komme ich an die Weser, die still dahinfließt. Ich muss über den Fluss setzen, um auf die Straße in Richtung Höxter und Hameln zu gelangen. Auch hier ist das mit einer Fähre möglich, und ein freundlicher Fährmann führt mich über das stille Wasser des Flusses, bevor ich wieder in die laute Welt der Autos und schnellen Straßen eintauche.

Während der Überfahrt erzähle ich dem Fährmann von meiner Radtour und hoffe auf Respekt vor mir als großem Tourenfahrer, doch der

Fährmann hält überhaupt nichts vom Radfahren. Das Fahrrad ist für ihn höchstens ein Gerät, auf das man sich sonntags setzt, um ein paar Kilometer herunterzuspulen und sich dabei zu erholen. Solche Gewalttouren, wie ich sie unternehme, lehnt er ab. Ich schweige dazu, zahle am anderen Ufer rasch, setze mich auf mein Fahrrad und fahre die Böschung hinauf zur Straße in Richtung Höxter und Hameln. Es ist gegen Mittag, ich habe viel Zeit in Bodenfelde vergeudet. Noch sind etliche Kilometer zu bewältigen, denn ich möchte heute noch die Lüneburger Heide irgendwo im Kreis Celle erreichen.

Morgen Vormittag um elf Uhr wartet meine Schwester Erika mit Familie vor der Kirche in Wietzendorf bei Soltau. Es war unser Wunsch, uns in Wietzendorf zu treffen, diesem kleinen Dorf, in dem unsere Mutter mit meinem Bruder und mir – meine Schwester war noch nicht auf der Welt – während der letzten Monate des Zweiten Weltkrieges und einige Zeit danach gewohnt hat. Sie war meinem Vater nachgefahren, der gegen Ende des Krieges ärztlicher Leiter eines Lazaretts in Soltau war. Die Liebe zu ihm muss sehr groß gewesen sein, und so setzte sich meine Mutter mit meinem Bruder und mir in Wien in den Zug nach Norddeutschland. Mein Vater hatte eine kleine Wohnung bei Meister Lange, einem Sattler in Wietzendorf, für uns besorgt. Das war im Jahr 1944, als der Krieg sich seinem schauerlichen Ende zuneigte. Ich war damals drei Jahre alt, mein Bruder zwei. Mir sind einige Erinnerungen an Wietzendorf geblieben, über die ich später berichten will.

Meine Schwester wollte schon lange die Gegend im Norden Deutschlands kennenlernen. Sie hatte viel aus Erzählungen meiner Eltern von Wietzendorf und Munsterlager gehört, wo mein Vater nach Kriegsende in englischer Kriegsgefangenschaft war. Jetzt wollte sie, die 1949 geboren wurde, als unsere Eltern schon engagierte Landärzte in Spital am Pyhrn geworden waren, endlich einmal Wietzendorf aufsuchen. Mit einem Wohnmobil reist sie gemeinsam mit der Familie nach

Norwegen, aber vorher ist die Lüneburger Heide eingeplant. Darüber hatten wir, bevor ich meine Radtour begann, gesprochen. Es wäre schön, wenn ich ihr, als der große Bruder, Wietzendorf zeigen und ihr einiges aus meinen Erinnerungen erzählen könnte. Das will ich gerne tun, und es trifft sich, dass sie nun in den Norden fährt, während mein Weg, im Sinne der abgeschlossenen Wette, durch diese Gegend führt. Morgen, am 11. Juli um elf Uhr, werde ich in Wietzendorf vor der Kirche sein, hatte ich ihr versprochen. Um mein Versprechen einlösen zu können, habe ich heute noch eine weite Strecke zurückzulegen. Der Regen und Bodenfelde haben mich aufgehalten, jetzt heißt es, tüchtig in die Pedale zu treten.

Trotz Regen und schnellem Fahren genieße ich den Weg entlang der Weser. Es sind schöne Orte, durch die ich entlang der Wesertalstraße bergauf und bergab fahre. Einige sehen aus wie moderne Ferienorte. Eine prachtvolle Gegend, die ich hier kennenlerne. Der Autoverkehr ist mäßig, einige Radfahrer kommen mir entgegen, auch eine Jugendgruppe ist radelnd unterwegs. Ich komme durch Beverungen, Godelheim und Höxter rasch weiter. Holzminden, Brevorde und Hehle folgen, schon bin ich in Hameln, der Stadt, die durch die Geschichte des Rattenfängers bekannt wurde. Auf der Weiterfahrt liefere ich mir eine Wettfahrt mit einem Freizeitradler, die ich trotz Gepäck für mich entscheiden kann.

Nicht weit von hier liegt Rinteln, aus dem die Vorfahren meiner lieben Frau sind, und ich gedenke dieser stolzen Leute in Ehrfurcht, reichen doch die Wurzeln meiner Frau urkundlich in das 13. Jahrhundert zurück. Zuvor suche ich mir aber den Weg nach Neustadt und verlasse dazu die Weser, um zur Leine zu kommen. Auf einer stark befahrenen Straße geht es nach Hachmühlen, wo ich in Richtung Bad Münden einbiege.

Ungefähr 80 Kilometer bin ich schon seit Hameln gefahren und mindestens 60 Kilometer liegen noch vor mir, um morgen Mittag in Wietzendorf zu sein.

## DIE LÜNEBURGER HEIDE

Ich trete in die Pedale, mache dann an einer Tankstelle kurz Rast, um mir beim Tankwart ein Vitamingetränk und eine Schokolade zu kaufen. Wir kommen ins Gespräch, in dessen Verlauf er mir sagt, ich sei kein typischer Österreicher, die seien alle viel gesetzter und nicht so unruhige Typen wie ich. Auf diese Unhöflichkeit erwidere ich nichts. Solche Menschen gibt es öfter. Es scheint ihnen zu gefallen, andere zu verunsichern oder ihnen geringschätzig zu begegnen und sich an deren Verlegenheit zu weiden. Das hat wohl jeder schon einmal erlebt. So behaupten sie von ihrem Gegenüber, er schaue „schlecht" aus. Man hat plötzlich das Gefühl, sich für sein Aussehen oder seine Art entschuldigen zu müssen oder zu erklären, wieso das so sei. Man wird in die Defensive gedrängt und je größer die Verunsicherung ist, desto stärker glaubt der andere zu sein und genießt seine scheinbare Macht. Für gewöhnlich findet man das in Gesprächssituationen, in denen der so verunsicherte Gesprächspartner nur schwer seine Würde bewahren kann. Besonders arm sind jene, die in der Gesellschaft ohnehin einen schlechten Stand haben, wie Sandler, die Vagabunden der Großstadt. Sie stehen ständig dem Vorwurf gegenüber, nichts zu arbeiten, dreckig zu sein und zu stinken. Viele Sandler leiden darunter, resignieren, wie ich aus meinen Forschungen weiß, und ziehen sich in sich zurück. Um mit derartigen Verunsicherungen fertigzuwerden, gibt es eigentlich nur zwei Möglichkeiten. Entweder man macht sich über diese Art von Kritikern lustig, wie manche Sandler, indem sie Faulheit und Dreck als etwas Positives bewerten und das auch verbalisieren. Oder man äußert den gerechtfertigten Ärger durch Schimpfen gegenüber demjenigen, der einen verunsichern will. Ich habe schon einige beschimpft, die sich über andere oder mich aufgrund von Äußerlichkeiten lustig machten.

Mit Schimpfworten hätte ich also dem Herrn bei der Tankstelle begegnen können, als er mir höflich, aber wenig wertschätzend den typischen Österreicher aufgrund meines Temperaments absprach.

Meine Beweglichkeit und innere Unruhe, die mich zu vielen Taten anregt, habe ich von meiner leider schon verstorbenen Mutter, einer tollen Landärztin, überhaupt einer Frau, die sich keine Ruhe gönnen wollte. Sie stand allem aufgeschlossen gegenüber, hatte einen weiten Geist und ein großes Herz.

Gerade diese Beweglichkeit und das „Nicht-still-sitzen-Können" ist ein typisches Kennzeichen für interessierte Kinder. Wer ein solches Verhalten in sein Erwachsenenalter mitnimmt, den bringt es weiter, denn es war auch die „kindliche" Neugier jener Leute, die sich daranmachten, Kontinente zu entdecken. Auf ihren Spuren sehe ich mich, wenn ich all die kleinen Welten täglich während meiner Tour mit meinem Fahrrad entdecke.

Ich radle in der Dämmerung dahin, und es ist gegen 19 Uhr, als ich durch Mariensee, ein schmuckes Dörfchen, komme und kurz überlege, hier mein Quartier für die Nacht zu suchen. Aber ich muss weiter, denn morgen um 11 Uhr soll ich ja in Wietzendorf sein. Je weiter ich heute komme, desto besser. An einer Weggabelung raste ich kurz. Ein großes, niederdeutsches Bauernhaus steht am Wegesrand, das sich traumhaft in die Landschaft einfügt. Ich klopfe an die große Haustür, und sofort ertönt Hundegebell und ein Herr im besten Alter, ein stattlicher Bauer, öffnet. Ich entschuldige mich für die Störung, dabei erhellt sich sein Gesicht, denn der österreichische Dialekt scheint ihm zu gefallen. Ich frage:

„Es ist schon spät, aber ich habe noch einen weiten Weg. Können Sie mir sagen, ob sich in einem der nächsten Ortschaften ein Hotel befindet, das freie Zimmer haben könnte?" Das große Problem bei meinen Radtouren ist, wie schon einmal erwähnt, immer die Übernachtung.

Vor zwei Jahren, als ich über den Passo Aprica radelte, suchte ich in Edolo erfolglos ein freies Zimmer. Italienische Buben, die mich beobachtet hatten, machten sich über mich lustig und tippten sich unmissverständlich mit dem Finger an die Stirn. Ich ärgerte mich und radelte zum Campingplatz, wo man mich zunächst auch nicht aufnehmen wollte. Eine mitleidige Seele borgte mir aber eine Decke. Ich legte mich zur Ruhe, fror in der Kälte und bekam nachts Besuch von einem Igel. Völlig übermüdet radelte ich damals am nächsten Tag weiter und weiß seitdem ein gutes Zimmer mit einem guten Bett zu schätzen.

Der Bauer versteht mich und versichert, im „Hotel Leine" in Schwarmstedt würde ich mit Sicherheit ein Zimmer bekommen, ich solle den Chef von ihm grüßen. Ich danke und radle weiter nach Schwarmstedt, während es langsam dunkel wird. Das Hotel ist schnell gefunden, ich frage höflich nach einem freien Zimmer und bekomme tatsächlich eines, was mich freut. Es ist nobel, und ich darf sogar mein Fahrrad mitnehmen. Nach einer Dusche gehe ich unverzüglich in eine Pizzeria und lasse mir ordentlich auftischen. Hier sind viele junge Leute, deren Lachen den Raum erfüllt. Während ich lässig im Stil eines gealterten Vaganten gekleidet bin, geben sich die Jungen modern. Ich trinke mein Bier und fühle mich hier am Rande der Lüneburger Heide wohl, die Hermann Löns so schön besungen hat.

Langsam schlendere ich zu meinem Quartier und erinnere mich noch einmal an den Tankwart. Dann denke ich an Friedrich Nietzsche und seinen Satz, dass es Bewegung im Freien ist, die zu echten Gedanken beflügelt.

## FRISCHE LUFT UND WISSENSCHAFT

Nachdem die meisten wissenschaftlich tätigen Menschen ihre Gedanken am Schreibtisch, fernab von frischer Luft entwickeln, neigen sie zu einer Sprache, die keine Verbindung zu den Menschen und ihrem Alltag hat. Wer sich wissenschaftlich auszudrücken versteht, mag hohes Ansehen genießen, schafft aber mit der Unverständlichkeit der Sprache eine Distanz, die nur von wenigen zu durchschauen und zu überwinden ist. Auf diese Weise wird die Sprache zu einem Instrument der Macht.

Über diese Wissenschaftssprache denke ich oft nach.

Vor einiger Zeit schrieb mir ein Zuhälter aus einem oberösterreichischen Gefängnis einen Brief, aus dem ich einige Zeilen zitieren will. Dieser Brief zeigt gut auf, wie sich jemand mit einer kompliziert klingenden Wortwahl, mit der er eigentlich nichts aussagen will, hervortut. Es war die Antwort auf einen Brief von mir, in dem ich dem Zuhälter verdeutlichen wollte, dass es auch „freundliche" Zuhälter gebe. Dies wollte er schwarz auf weiß haben, darum hatte er gebeten. In seinem Dankesschreiben glänzt er als Amateursoziologe und Amateurphilosoph:

*Sehr geschätzter Herr Universitätsdozent Dr. R. Girtler!*

*Zunächst bezugnehmend auf Ihr wertes Schreiben möchte ich mich höflichst bei Ihnen bedanken, dass Sie meinen verzweifelten Zeilen, welche ich an Sie richtete, so menschlich explizit Gehör schenkten. DANKE SCHÖN!!! Ich hoffe, dass mich mein Anwalt in den nächsten Tagen persönlich besuchen wird. Sobald dies geschehen ist, übergebe ich Ihnen dieses von Ihnen an mich gerichtete Schreiben. Ihre mit Hochachtung gestellte Expertise wird mein Anwalt der Nichtigkeitsbeschwerde an den Obersten Gerichtshof anbeilegen."*

So weit die einleitenden Worte des vornehmen Zuhälters. In den nächsten Zeilen wird es spannend und sprachlich akrobatisch:

*„Ihr Schreiben ist für mich ein apodyktisches Garant, das wenige in sich duldende Widersprüche vereinigt! Die an und für sich protestierenden Kontraditionen in meiner juridischen CAUSA sind das ominöse Resultat eines*

*subtil-konservativen Hauchs an fälschlicher Darstellung, beruhend auf ein ambivalentes biblisches Gebot: Auge um Auge, Zahn um Zahn!! Ich frage mich permanent, wo bleibt die von allen so hochgelobte razio discernimento giudizio jedes einzelnen homom humanus. Man vergeudet die urgeistige Kraft mit sinnlosen, in sich ruinösen verzerrenden Perspektiven, Worthülsen vokalularen Floskeln.* "

Zwei volle Seiten geht es in diesem Stil, auf beeindruckende, aber gänzlich unverständliche Weise weiter. Interessant ist noch der Schluss des Briefes, in dem der Mann sich zum großen Philosophen erhebt. Diese letzten Zeilen sind ein grandioser Schlussakkord von einer eigenen philosophischen Musikalität:

*Ich sehe im Menschen eine fleischlich physische Apparatur, bestehend aus zahllosen Filtersystemen (Poren). Werden genannte Filtersysteme chemisch-synthetisch kosmetisch (Make-up) durch ein übermäßiges Auftragen (anlernen, domestizieren) verstopft, so ist der menschliche Geist (die transzendentale Masse) die fleischliche Hülle bei kontinuierlicher Fortfahrung der Experimente nicht mehr imstande das Realistische vom Irrealistischen zu unterscheiden. Damit kommt es zu einem paradoxen Eklat: Zur WIDER-SPRÜCHIGKEIT!!! MUMIFIKATION DES VERSTANDES.*
*Mit freundlichen Grüßen*
*A.P.*

Diese Meisterleistung eines weise klingenden Briefes, den ein angeblich unschuldig im Gefängnis sitzender Zuhälter verfasst hat, kann sich durchaus im Reigen soziologischer und philosophischer Arbeiten sehen lassen. Letztere sind wohl besser strukturiert und scheinen von Bedeutung zu sein, aber in ihrer Verständlichkeit kommen sie diesem Brief sehr nahe. Das weiß auch der Herr aus dem Gefängnis, der nun dort, so nehme ich an, die Muße hat, „philosophische" Gustostückerl zu konzipieren.

Der freundliche Zuhälter versucht zu demonstrieren, wie man mit Wörtern jonglieren kann, um damit zu zeigen, dass man ein „gelehrter

Mensch" ist und sich in der Wissenschaftssprache auskennt. Ich meine jedoch, die Kunst des echten Gelehrten und Forschers besteht darin, sich in einer klaren Sprache auszudrücken. Dies meinte auch der berühmte Sir Karl Popper, wenn er schreibt: „Jeder Intellektuelle hat eine ganz spezielle Verantwortung. Er hat das Privileg und die Gelegenheit, zu studieren. Dafür schuldet er es seinen Mitmenschen (oder ‚der Gesellschaft'), die Ergebnisse seines Studiums in der einfachsten und klarsten und bescheidensten Form darzustellen. ... Wer's nicht einfach und klar sagen kann, der soll schweigen und weiterarbeiten, bis er's klar sagen kann" (Popper, 1990, S. 100). Meine Gedanken sprudeln geradezu, wenn ich in die Pedale trete. Die Radfahrt wird zur Meditation. Die frische Luft tut das Ihre dazu.

Ich mache es mir im Hotel in der Lüneburger Heide gemütlich. Mein Fahrrad durfte ich mit ins Zimmer nehmen. Bevor ich einschlafe, fällt mein Blick noch auf mein Rad, und ich denke daran, dass Bewegung in frischer Luft jeder Art von Wissenschaft förderlich ist. Daher glaube ich, dass Wanderer, klassische Landstreicher und auch Radfahrer auf Tour von einem philosophischen und kulturwissenschaftlichen Geist beflügelt werden.

## 8. Tag – Von Schwarmstedt nach Wietzendorf

Ich habe gut geschlafen. Bewegung trainiert die Muskeln und das Hirn und macht darüber hinaus hungrig, durstig und müde. Man stillt den Durst mit Bier und die Müdigkeit mit Schlaf. Bier und Bett hätten längst nicht diesen Reiz und bei Weitem nicht den Genuss, hätte einen die Anstrengung nicht vorher durstig und müde gemacht.

### DAS FAHRRAD ALS EDLES FORTBEWEGUNGSMITTEL – HERMANN LÖNS

Ich habe mich gut erholt in dieser Nacht im „Hotel Leine". Mein Fahrrad ist in meinem Zimmer. Herr und Ross, in meinem Fall Herr und Rad, sind auch im Schlaf unzertrennlich, einer ist ohne den anderen nicht vorstellbar auf dieser Tour. Mein Fahrrad habe ich vor Jahren in Frankreich gekauft, aber nur noch zwei Teile sind original, alles andere ist bei diversen Reparaturen ausgewechselt worden, wie zum Beispiel die Gangschaltung oder der an Büffelhörner erinnernde Lenker.

Nach einem bescheidenen Frühstück um acht Uhr am Morgen wird das Rad gepackt, und ich fahre langsam durch das Dorf. Am späteren Vormittag muss ich in Wietzendorf sein, um meine Schwester Erika um 11 Uhr vor der Kirche zu treffen. Ich hoffe, das rechtzeitig zu schaffen, nehme den Weg in Richtung Ostenholz und gelange auf kleinen Straßen an den Rand des Truppenübungsplatzes. Wegen der Reparatur einer Brücke gibt es eine Umleitung, die Straße ist gesperrt. Ein Umleitungsschild knapp davor habe ich ignoriert, weil ich mir trotz besseren Wissens dachte, das Schild gelte nur für Autofahrer, ich würde schon einen Weg durch das Hindernis finden. Hier wird der Unterschied zwischen den beiden Fortbewegungsmitteln Auto und Fahrrad sehr deutlich. Das Auto erinnert an eine sperrige Kiste, die viel Platz braucht, um zu befördern oder um befördert zu werden. Engpässe oder Hindernisse können ein Fortkommen unmöglich machen, wie etwa gesperrte Straßen oder eine Brücke, die repariert werden muss. An dieser wird gearbeitet. Betonrippen verbinden die Pfeiler miteinander, Holzstücke liegen auf dem Beton und ein großes Schild mahnt, dass diese Brücke unbenutzbar sei. Aber nicht für der Radfahrer, denke ich. Der Autofahrer kann sein Auto nicht schultern und hinüberbalancieren, der Radfahrer schon. Er kann manches Hindernis besser meistern, manche Barriere überwinden. Die Brücke, vor der ich nun stehe, dürfte vormals eine kleine Holzbrücke gewesen sein, die nun zu einer breiten Betonbrücke ausgebaut wird, um dem Autoverkehr, der auch vor der Heide nicht haltmacht, den Weg zu ebnen. Auf die Landschaft wird wenig Rücksicht genommen. Für die kurze Zeit des Umbaus können die Autos hier nicht fahren, was mich freut. Hier habe ich als Radfahrer einen Vorteil und trage mein Fahrrad auf den Schultern über die Betonrippen. Durch eine lange Allee, die an die Brücke anschließt, fahre ich anschließend allein, mit dem schönen Gefühl, von keinem Auto eingeholt zu werden.

Bei so manchem Hindernis steht die Beweglichkeit des Radfahrens der Unbeweglichkeit des Autofahrens gegenüber. Die Zugänge können kaum unterschiedlicher sein: Mit dem Fahrrad kann ich mich meiner Umgebung anpassen und die Vielfalt der Natur intensiver erleben. Mit dem Auto ist es umgekehrt, ihm ordnet sich die Welt unter, sei es durch den Straßen- und Brückenbau, sei es durch die Erdölförderung. Der Kult um das Auto überzieht die Welt mit einem Netz von Asphaltstraßen.

Wieder denke ich an Hermann Löns, den begnadeten Heidedichter. Bereits um 1910 hat er vor dem vermehrten Autoverkehr gewarnt. Bis hinauf in die Alpen und bis hinein in die Heide würde alles seiner

Herrschaft unterworfen und Lärm und Gestank verbreiten. Hermann Löns war ein Seher, der die Zukunft mit ihrer traurigen Autokultur erahnt hat. Er selbst war Radfahrer. Ein Bild zeigt ihn auf seinem Fahrrad, mit dem er stolz durch die Heide kurvt.

## DER SCHRECKEN DES ZWEITEN WELTKRIEGS – DIE VERWUNDUNG MEINES VATERS

Ich nähere mich Wietzendorf, einem kleinen Dorf in der Heide, welches für mein Leben ungemein wichtig ist. Das hängt mit dem mörderischen Zweiten Weltkrieg zusammen. Mein Vater war als Arzt der Deutschen Wehrmacht an die russische Front abkommandiert worden. Eigentlich hätte er als Arzt in Stalingrad eingesetzt werden sollen und sollte zur großen Schlacht um Stalingrad, bei der viele Österreicher fielen, als Arzt eingeflogen werden. Da aber in diesen Dezembertagen 1942 mein Bruder zur Welt kommen sollte, erklärte sich ein Freund meines Vaters, der ebenfalls Arzt war, bereit, für ihn in den Kessel von Stalingrad zu fliegen. Mein Vater hat nie wieder von ihm gehört.

Er selbst wurde aber durch eine Bodenmine schwer verwundet, als er mit seiner Division in der Nähe von Moskau mit zwei anderen Militärärzten unterwegs war. Seine beiden Kollegen starben, mein Vater überlebte schwer verletzt. Mit einem Verwundetentransport wurde er zurück nach Deutschland, in die Lüneburger Heide, in das Lazarett in Soltau gebracht und geheilt. Gegen Kriegsende war er Leiter dieses Lazaretts. Meine Mutter war froh, dass mein Vater dem Schrecken des Russlandfeldzuges entkommen war, denn die Chance, diesen zu überleben, war sehr gering. In ihrer großen Liebe fuhr sie, damals eine junge Ärztin, mit meinem zweijährigen Bruder Dieter und mir, der ich drei Jahre alt war, von Wien in die Lüneburger Heide, um meinen Vater im

Lazarett aufzusuchen. Aus dem ursprünglich geplanten, vierwöchigen Besuch wurden zwei Jahre. In dieser Zeit wurde das Haus, in dem wir in Wien wohnten, von amerikanischen Kriegsflugzeugen bombardiert. Meine Großmutter starb bei einem solchen Bombenangriff, und auch mein Onkel, der Bruder meines Vaters, fand als Soldat den Tod. Mein Großvater war nach dem Krieg ein gebrochener Mann. Mein Vater hatte Glück, seine schwere Kriegsverletzung bewahrte ihn vor weiterem Schrecken. Allerdings behielt er tiefe Narben an den Oberschenkeln. Um meinem Vater nahe zu sein, quartierte sich unsere Mutter im nahen Wietzendorf, im Haus des Sattlermeisters Lange ein, wo wir im ersten Stock drei kleine Zimmer bezogen. Meine Mutter betätigte sich in Wietzendorf als tüchtige Ärztin, wie ich später erfuhr, und soll einen guten Ruf als Medizinerin genossen haben.

## ICH TREFFE MEINE SCHWESTER ERIKA BEI MEISTER LANGE

Als ich mich umsehe, taucht vor mir die alte Kirche von Wietzendorf auf. Es ist knapp vor 11 Uhr. Wird meine Schwester hier sein? Da sehe ich sie schon freudestrahlend auf mich zueilen. Wie geplant, ist sie mit ihrem Mann Bernd und ihren beiden Kindern in einem Wohnmobil in Richtung Nordkap unterwegs. In ihrer Begleitung befinden sich Kollegen, die in zwei weiteren Wohnwagen fahren. Es ist eine richtige Karawane, die da nach Norden aufgebrochen ist und hier in Wietzendorf kurz haltmacht. Meine Schwester will den Spuren der Eltern folgen. Sie wurde, als sie 1949 geboren wurde, zur Erinnerung an das Leben in der Heide Erika genannt, nach der typischen und schönen Blume der Heide. Schon durch ihren Namen hat sie Beziehung zu dieser Gegend, in der sie vorher noch nie war.

Wir begrüßen einander und auch die Freunde von Bernd und Erika freuen sich über dieses Treffen. Sie sind erstaunt, dass ich es geschafft habe, pünktlich zu kommen.

Wir wandern durch den Ort, ich erzähle, was ich noch aus meiner Zeit in der Heide weiß, von der meine Mutter stets in schönen Worten sprach. Wir gelangen zum Haus von Meister Lange, an das ich mich noch gut erinnern kann, mit seinem schmalen Stiegenaufgang und dem roten Ziegeldach. Erika und ihre Begleiter schauen erwartungsvoll, als ich an die Tür klopfe. Ein junger Mann öffnet, ich stelle mich vor und er sagt erfreut:

„Sie sind der Girtler, das freut mich. Meine Mutter ist da." Seine Mutter Ursula, mit der ich als Kleinkind gespielt habe und von der ich auch ein Foto besitze, das uns als kleine Kinder zeigt, tritt zu uns mit den Worten: „Das ist aber schön!" Ich stelle uns noch einmal vor. Ihr Schwiegersohn, der die Sattlerei des Großvaters übernommen hat, führt jetzt ein Tapeziergeschäft in diesen Räumen und erzählt:

„Von Ihnen habe ich in einem Artikel über die Lüneburger Heide gelesen, in dem wir auch vorkommen." Tatsächlich hat ein Student, der meine Vorlesungen besucht hat, aufgrund meiner Erzählung einen Artikel über meine Familie und mich in der Lüneburger Heide zur Zeit des Kriegsendes 1945 verfasst. Dieser Aufsatz erschien im Vorjahr in einem Heft, das sich „Soltauer Kalender" nennt. Der Student erwähnte auch Meister Lange, der uns damals Quartier gegeben hat. Darauf ist die Familie Lange offensichtlich stolz. Die Freude über unseren Besuch bei Ursula, ihrem Sohn und der Schwiegertochter ist ehrlich. Meister Lange ist über 80 Jahre alt, macht aber einen rüstigen Eindruck, und auch seiner Frau geht es gut.

Ursula geht mit mir die Stiegen hinauf, und die alten Zeiten, die ich als Vierjähriger intensiv erlebt habe, tauchen auf, als sei es gestern gewesen. Hier waren die kleine Küche, in der meine Mutter gekocht hatte, daneben das kleine Schlafzimmer und auch das Zimmer, in dem mein Bruder und ich gespielt hatten. Ich erinnere mich gut an Weihnachten 1945. Das Christkind hatte für meinen Bruder Dieter und mich je einen kleinen geschnitzten Sessel gebracht. In meinen war ein „R" für Roland und in den meines Bruders ein „D" für Dietrich geschnitzt. Diese Sessel gibt es heute noch in unseren Familien, Kinder und Enkelkinder wissen um ihre Herkunft. Mich erinnert der Sessel an eine weit zurückliegende Zeit, die nun hier im Haus von Meister Lange wieder lebendig wird, wo wir auch das Ende des Krieges erlebt hatten. Ein Bild sehe ich immer wieder vor mir: Ich stehe auf den Stufen vor dem Haus der Langes, der Himmel ist dunkel, voller Flugzeuge, wahrscheinlich englischer, die sich gerade daranmachen, Hamburg und Hannover zu bombardieren. Ein deutscher Soldat drängt mich ins Haus, während sein Blick nach oben auf die Flugzeuge gerichtet ist. Dieses Bild hat sich mir eingeprägt.

Leider ist Anneliese, die Schwester Ursulas und meine erste Freundin in Kindheitstagen, nicht hier. Sie lebt mit Mann und Kindern in einem kleinen Dorf bei Bremen. Wir alle, die wir zu Besuch da sind, werden in das Haus und weiter in den Garten gebeten, wo wir an einem runden Tisch – Sessel werden schnell herbeigeschafft – Platz nehmen. Jetzt wird erzählt, was alles in den vielen, vergangenen Jahren passiert ist. Die Langes sind Urgroßeltern und die einst kleine Anneliese und die noch kleinere Ursula sind ehrenwerte Großmütter. Frau Lange kann sich gut an uns erinnern, besonders an mich, der ich damals 1945 bereits ein großer Lausbub war. Mein Bruder Dieter und ich seien einmal zum Entsetzen der Dorfbewohner nackt durch den Ort gelaufen. Nackt zu sein war zu jener Zeit nicht üblich und bot Anlass für Entsetzen. Das hat die alte Frau Lange nicht vergessen.

In den letzten Kriegstagen wurde meine Mutter sehr krank, daran kann ich mich nur undeutlich erinnern, sie soll Typhus gehabt haben. Mit hohem Fieber wurde sie ins Krankenhaus eingeliefert, und mein Bru-

der und ich waren plötzlich, im wahrsten Sinn des Wortes, mutterseelen-
allein. Unser Vater konnte uns in diesen für uns harten Tagen nicht bei-
stehen, da die Lazarette übervoll waren durch die Brände, die aufgrund
der Bombardements der Städte im Norden Deutschlands entstanden waren. Das Ehepaar Lange kümmerte sich wohl um uns, aber das Essen
reichte nicht für alle. Daher aßen wir mittags bei einem Bauern, der den
hier üblichen Namen Kruse trug. Wir mussten täglich zum Bauern Kruse
gehen, um im Vorhaus an einem kleinen Tischchen einen Teller Suppe zu
löffeln, oft Hühnersuppe. Mein Bruder und ich waren völlig auf uns gestellt. Niemand brachte uns ins Bett, und wir verbrachten den ganzen Tag
ohne Aufsicht, mit Ausnahme des Mittagessens. Wohl achtete Frau Lange
auf uns, aber sie hatte ja selbst viel mit ihren beiden Mädchen, die uns zu
lieben Spielgefährten geworden waren, zu tun. Hinter dem Haus waren
ein Kaninchenstall und davor eine Schaukel, die mir besonders gut gefiel.

Angeblich hat man von Wietzendorf aus gesehen, wie Hamburg, Bremen und Hannover nach den englischen Luftangriffen lichterloh brann-
ten. In den Dörfern bestand die Pflicht zur Verdunklung, um den Bom-
berpiloten kein Angriffsziel zu bieten. Die einzigen Fenster, die nicht
verdunkelt waren, waren die unserer kleinen Wohnung, in der wir Buben
lebten und nicht daran dachten, dass Gefahr vom Himmel drohen könnte.

An das Kriegsende habe ich auch Erinnerungen und sehe ein rie-
siges Zeltlager vor mir, hinter Stacheldraht und mit dunkelhaarigen
Männern. Erst später erfuhr ich, dass das Italiener waren, die, nachdem Italien die Allianz mit Deutschland gelöst hatte, hier interniert
worden waren. Auch an deutsche Panzer kann ich mich erinnern, die
in einem Kreis fahren und auf denen Männer in dunklen Uniformen
sitzen, wahrscheinlich Angehörige der Panzer-SS. Eine andere Kriegs-
erinnerung sind junge Burschen, die Krieg spielen. Wir, als die Kleinen,
mussten die Gefangenen spielen und wurden mit Holzmessern drang-
saliert. Alle diese Kriegsbilder leben in meinem Gedächtnis.

Als mein Bruder und ich wieder einmal den Weg vom Haus des Meisters Lange zum Bauern Kruse gingen, stand plötzlich unsere liebe Mutter vor uns. Sie breitete freudestrahlend die Arme aus. Wir blieben stehen, schauten sie an und reagierten völlig konfus. Statt ihr entgegenzulaufen, drehten wir uns abrupt um und liefen weg. Aber nach ein paar Schritten hatte sie uns eingeholt und umarmte uns. Nun ließen wir sie nicht mehr los und folgten ihr in den nächsten Tagen auf Schritt und Tritt, denn wir hatten Angst, dass sie uns wieder verlässt.

Von diesem Erlebnis erzähle ich den anderen nichts. Wietzendorf hat bis heute für mich eine besondere Faszination. Mit diesem Dorf in der Heide verbinde ich, trotz allem was passiert ist, eine schöne Kindheit. Es sind schöne, heiße Tage, an die ich mich gut erinnere, Tage an der Wietze, dem kleinen Bach der durch Wietzendorf fließt und an dem wir im kühlen Wasser spielten. Ich sehe meine Mutter, wie sie mit uns Kindern durch die Heide radelt.

Einmal wanderten wir gemeinsam in einer Gruppe junger Frauen, deren Männer im Krieg oder in Gefangenschaft waren, durch die Heide und machten unter Bäumen Rast, um Brote und Sardinen zu essen. Das hat mir geschmeckt und sich gut eingeprägt.

Mein Bruder und ich hatten den Ruf, Lausbuben zu sein. So höre ich heute noch den Dorfgendarmen zu meiner Mutter sagen, er würde uns beide im Spritzenhaus, dort, wo die Feuerwehrschläuche hingen, einsperren, damit sie einmal Ruhe von uns habe. Meine Mutter stimmte diesem Vorschlag aber nicht zu.

Die Straße von Wietzendorf war unser Spielplatz. Eines Tages fand ich eine schön ziselierte Schere, die ich voll Freude meiner Mutter schenkte. Sie hat sie bis zu ihrem Tod verwendet, und heute liegt sie in der Lade meines Schreibtisches. Sie ist mir heilig, denn an ihr hängen viele Erinnerungen.

Über diese vergangene Zeit in Wietzendorf rede ich mit Meister Lange, seiner Frau und Ursula. Sie freuen sich, dass ich so an diesem kleinen Dorf hänge, und über unseren Besuch. Irgendwann müssen wir uns verabschieden, nicht ohne zu versprechen, einmal wiederzukommen. Meine Schwester Erika, für die sich eine neue Welt eröffnet hat, lädt alle in die Steiermark ein.

Man winkt uns noch, ich schiebe mein Fahrrad zum Platz bei der Kirche. Vor der Dorfschenke parken die drei Wohnmobile, in die die Herrschaften nun einsteigen werden, um in Richtung Nordkap zu fahren. Der Besuch Wietzendorfs hat gut in ihr Programm gepasst. Sie essen noch eine Kleinigkeit bei einem Griechen, der sich hier angesiedelt hat und Hotdogs und andere Imbisse verkauft. Die Kulturen vermischen sich: Ein Grieche verkauft amerikanisches Essen an Österreicher, die durch Deutschland nach Norwegen unterwegs sind. Wir verabschieden uns voneinander, dann fahren sie los, und ich bin mit meinem Fahrrad und meinen Erinnerungen allein.

Die nächst Etappe wird Hamburg sein, vielleicht schaffe ich das heute noch.

Ich telefoniere mit meinem Freund und Kollegen Vowinckel in Hamburg. Er bietet mir an, bei ihm zu übernachten, er würde sich freuen. Ich radle bei kühlem Wetter aus Wietzendorf hinaus in Richtung Soltau. Am Ende des Dorfes drehe ich mich um, schaue zurück und werde von einer Melancholie eingeholt, die mir gar nicht angenehm ist. Von hier sind meine Eltern mit uns nach Oberösterreich aufgebrochen, haben von einem neuen Leben als Landärzte in den Bergen geträumt. Dunkel erinnere ich mich an einen Lastwagen, mit dem wir vier 1946 nach Windischgarsten in Oberösterreich fuhren. Einige Tage waren wir bei kühlem und trübem Wetter unterwegs und übernachteten sogar einmal im Gefängnis. Ich lag neben meiner Mutter auf einer Gefängnispritsche. Auch das fällt mir ein, wenn ich in meinen

Erinnerungen krame. Ein kleiner gelbbrauner Teddybär war mein Reisegefährte bei dieser Tour im Lastauto. Ständig soll ich ihn an mich gedrückt haben, um bei ihm Trost zu finden, denn die Fahrt war kein Vergnügen. Wir saßen alle vier hinten auf dem Lastauto unter einer Plane, neben uns Möbel und andere Dinge, die sich meine Eltern in Wietzendorf angeschafft hatten.

## MEINE MUTTER ÜBERWAND DEN STACHELDRAHT

Ich stehe neben meinem Fahrrad am Ortsende von Wietzendorf, und die Gedanken an das Leben meiner Eltern in der Heide lassen mich nicht los. Daher beschließe ich, noch einen Tag in Wietzendorf zu bleiben, wende mein Rad und radle in das Dorf zurück, wo ich zur Kirche komme. Hier war das Pfarrhaus. Beim Pastor, Fündling hieß er, waren meine Eltern einige Male zu Besuch. Vom Haus der Langes führt direkt ein Weg durch einen Park zur Kirche, den wir oft gewandert sind. Einmal waren meine Eltern gemeinsam mit uns beim Pastor. Es gab eine köstliche Eierspeise, die in der Nachkriegszeit ein echter Luxus war. Der Pastor schenkte uns Buben, als wir Wietzendorf verließen, eine Bibel für Kinder. Die Bilder dieses Buches betrachteten wir, als wir auf den Stufen saßen, während das Lastauto mit unseren Habseligkeiten beladen wurde und meine Eltern sich bereit zur Abreise machten. Sie haben Wietzendorf nie mehr besucht. In den letzten Minuten vor der Abreise aus dem schönen Wietzendorf kamen, wenn ich mich auf meine Erinnerung verlassen kann, viele Kinder des Ortes, um sich zu verabschieden. Bald fuhr unser Lastauto aus dem Ort.

Nun bin ich als Radfahrer hierhergekommen, um mir meine Kindheit ins Gedächtnis zu rufen. In der Dorfschenke nehme ich mir ein Zimmer und fahre dann zu den Langes, um dem Schwiegersohn mitzuteilen, dass ich erst morgen weiterradeln werde. Ich möchte mir noch die Heide um Wietzendorf näher ansehen. Er freut sich und lädt mich ein, am Abend vorbeizukommen. Das verspreche ich und radle zurück zu Bergen, von wo ich heute bereits gekommen bin.

Ich radle in das ehemalige Militärgebiet und besuche englische und deutsche Kriegsgräber. Vielleicht liegen hier Soldaten, die mein Vater vom Lazarett her kannte, oder solche, die mit ihm in Gefangenschaft in Munsterlager, nicht weit von hier, waren.

Ich denke auch daran, dass nach der Kapitulation englische Soldaten in unser Haus eindrangen und es plündern wollten. Sie suchten nach wertvollen Dingen für den eigenen Gebrauch, wie zum Beispiel Fotoapparaten. Mein Vater besaß einen solchen, einen kostbaren Voigtländer, den er noch bis in die 1950er-Jahre benützte. Mit der Klugheit meiner Mutter hatte niemand gerechnet. Sie legte einfach ein Staubtuch über den Apparat, der auf dem Küchenkastl lag, damit die Soldaten ihn nicht entdeckten. Sie versteckte den Apparat nicht einmal. Überall suchten die Engländer, sogar in unserer Spielzeugkiste, aber nicht auf dem Küchenkastl unter dem Staubtuch.

Mein Vater war meiner Mutter sehr dankbar. Sie überwand auch den Stacheldraht im Gefangenenlager, um meinen Vater mit Speis und Trank zu versorgen. Ich denke in Ehrfurcht an meine wunderbaren Eltern.

Mein Weg führt mich nach Bergen, mitten in ein Schützenfest. Es geht wild zu, und Kinderlachen, das Jauchzen von Mädchen und das Gegröle von Betrunkenen vermischt sich mit der Musik. Viele Schützen sind in ihren Uniformen zu sehen. Ich bleibe stehen und beobachte das bunte Treiben. Hier ist Leben, hier wird gegessen, getrunken, gescherzt und gelacht. Recht haben sie, die Feiernden. Mir fällt ein Sprichwort ein, das lautet: „Lustig gelebt und selig gestorben, ist dem Teufel die Freude verdorben." Ich genieße den Festtagswirbel und lasse mich von ihm forttragen, kaufe mir eine Süßigkeit, die Kinder gerne essen, und schaue zu, wie Mädchen und Burschen sich neckisch unterhalten.

Dann radle ich geruhsam nach Wietzendorf und fahre die Strecke damit heute zum dritten Mal. Bei den Langes werde ich schon erwartet. Zu meiner Überraschung ist auch Anneliese, meine Freundin aus der Kinderzeit, da. Wir umarmen einander, und ein schöner Abend bricht an mit Ursula, Anneliese und ihren Männern.

Wie schön – Anneliese ist extra aus einem Ort bei Bremen gekommen, nur um mich zu sehen. Ursula hat sie verständigt. Aus dem Mädchen von einst ist eine liebenswürdige Frau geworden. Wir trinken, erinnern uns vergangener Zeiten und hoffen, einander wiederzusehen. Ich verabschiede mich sehr herzlich und radle zur Dorfschenke. Dort trinke ich noch ein Bier und gehe dann auf mein Zimmer. Das ist wenig komfortabel und der Preis zu hoch.

Bevor ich in dem einfachen, mönchischen Bett einschlafe, das mich an meine Gymnasialzeit erinnert, lasse ich meine Gedanken in meine Kinderzeit zurückkehren.

## IM MOOR DER HEIDE VERSUNKEN

Ein Erlebnis in der Lüneburger Heide, das mich fast das Leben gekostet hätte, lässt mich heute in der Erinnerung nicht los. Mein Vater hatte mit meiner Mutter, seinem Kollegen Dr. Allinger aus dem Lazarett und uns Buben einen Ausflug in die Heide unternommen. Dieses Mannes sei hier besonders gedacht, denn er war für mich lebenswichtig, wie ich gleich erzählen werde.

Wir wanderten alle in die Heide, meine Mutter hatte Brot und Käse für eine gemütliche Rast eingepackt, zu der wir inmitten von Heidekraut, Wollgras und unter dürren Kiefern lagerten. Als neugieriger Bub streifte ich umher, ein Löwenzahn, eine sogenannte Pusteblume, hatte es mir angetan. Ich wollte sie pflücken und lief hin, doch als ich meine Hand nach der Blume ausstreckte, machte ich einen Schritt ins Leere. Ich fand keinen Boden, fiel in ein Loch und versank langsam in einer Masse aus Erde und Schlamm. Ich war in das Moor geraten, das hier mit sumpfigen Löchern und kleinen Rinnsalen begann. Todesangst erfüllte mich, ich versuchte Halt zu finden, doch versank immer tiefer, bis mir die verschlingende Brühe schon bis zum Hals stand. Diese Sekunden werde ich mein Lebtag nicht vergessen. Über mir wucherte das Heidegras, niemand konnte mich sehen. Ich wollte schreien, aber meine Stimme versagte. Plötzlich griff eine Hand durch das Gras über mir, die mir in dem Moment wie die Hand des lieben Gottes persönlich erschien, und zog mich heraus. Es war die Hand des Herrn Dr. Allinger, der als Einziger mein Verschwinden beobachtet hatte. Hätte er mich nicht im Moor versinken sehen und befreit, hätte mich kein Mensch so schnell gefunden, wenn überhaupt.

Meine Mutter war furchtbar erschrocken, als Dr. Allinger ihr mich so mit Schlamm verschmutzt präsentierte. Sie schimpfte gehörig mit mir, bevor ein Lächeln der Erleichterung über ihr Gesicht huschte. Sie reinigte mich mit Wasser, und zum Trocknen wurde ich auf die Sprosse der Leiter eines Hochsitzes gesetzt, der an einer Birke angebracht war. Dieses Bild, wie ich auf der Leiter des Hochstandes inmitten der Heide sitze, habe ich immer wieder vor Augen.

Ich danke Herrn Dr. Allinger aus tiefstem Herzen. Ihm widme ich dieses Kapitel und an ihn denke ich sehr intensiv, als ich in Richtung Wietzendorf durch die Heide radle. Zur Erinnerung an Dr. Allinger, der ebenso wie meine Eltern diese Welt schon verlassen hat, werde ich heute am Abend einen Schluck Bier trinken. Er ist mein Lebensretter und ich werde ihn nicht vergessen. Mir wurde das Leben sogar ein zweites Mal gerettet. Mein damaliger Lebensretter hieß Paul Flach, und auch an ihn muss ich hier denken. Ein freundlicher Herr, der in Spital am Pyhrn wohnt, wo ich aufgewachsen bin. Im dortigen Schwimmbad drohte ich einmal zu ertrinken, weil ich mich, ohne schwimmen zu können, ins tiefe Wasser gewagt hatte und langsam unterging. In letzter Sekunde zog auch er mich ins Leben zurück, ebenso wie Dr. Allinger damals hier in der Heide.

## 9. Tag – Von Wietzendorf nach Hamburg

Geschlafen habe ich sehr gut. Nach dem Frühstück hole ich mein Rad von Langes, das ich dort abgestellt hatte, was mir sicherer schien als in der Dorfschenke.

Ich verabschiede mich von Ursula, bedanke mich für die freundliche Aufnahme, setze mich auf mein Rad und trete in die Pedale. Auf dem Weg durch Wietzendorf betrachte ich die schönen Backsteinhäuser und verlasse diese kleine Welt, die mit dem Leben meiner Eltern und dem meinen so eng verwoben ist. Es war schön, mit diesen lieben Leuten beisammen zu sein. Der Radfahrer hat viel Zeit zum Nachdenken, und so kann ich mich ausgiebig den Gedanken an vergangene Zeiten hingeben.

Auf einer mäßig befahrenen Straße nähere ich mich Soltau. Hier war das Lazarett, in dem mein Vater in den letzten Kriegstagen gewirkt hat. Ich halte kurz an, lasse meinen Blick über den Hauptplatz schweifen und suche eine Straße, auf der ich, einigermaßen unbehelligt von Autos, nach Hamburg fahren kann. Heute spüre ich die Einsamkeit als Radfahrer, sie wird mir sonst nicht so bewusst. Vielleicht war es das Zusammensein mit meiner Schwester, ihrer Familie, den Langes, das nun vorbei ist und mir die Einsamkeit bewusst macht. Aber sie hat auch Vorzüge, denn sie zwingt mich zur Auseinandersetzung mit mir selbst. Weil ich allein unterwegs bin, mache ich mich selbst auf die Schönheiten am Straßenrand aufmerksam, denke nach, schimpfe über alle möglichen Leute oder auch mit mir, wenn ich mich verfahre.

## DAS PROBLEM DER NATIONALPARKS

Ein kühler Gegenwind aus dem Norden macht mir das Radfahren schwer, außerdem ist mir kalt. Ich radle durch kleine Orte wie Heber und Welle am Rande des Naturschutzparks Lüneburger Heide. Die typische Heidelandschaft gibt es noch, aber sie steht unter Naturschutz. Ansonsten ist von der Heide meiner Kinderzeit, mit großen Schafherden und morastigem Boden, nicht mehr viel zu sehen. Gott sei Dank wurde ein Naturpark errichtet, um den Menschen klarzumachen, dass Natur schützenswert ist. Ein Wiener Spezialist für Naturparks verglich die heutigen Nationalparks mit den heiligen Hainen der Antike. Dem muss ich widersprechen, denn die heiligen Haine dienten nicht dazu, diese Bereiche vor den Menschen zu schützen. Ganz im Gegenteil tummelte man sich hier frei und vergnügte sich mit schönen Dirnen, wie bei gewissen Tempeln der Griechen. In den heiligen Hainen der Antike trieben es die Götter und Menschen bunt, davon erzählen die Mythen. In den Nationalparks dagegen werden die Menschen auf bestimmten Wegen geführt, dirigiert und kontrolliert. Aus Wäldern und Wiesen, die der Mensch frei betreten durfte, werden museale Objekte, die nur zum Bestaunen da sind. Es ist nicht möglich, unter jedem beliebigen Baum im Nationalpark zu spielen, weil man die Wege nicht verlassen darf. Ähnliche Gedanken waren mir schon bei der Durchquerung des Bayerischen Nationalparks gekommen, und ich erinnere mich daran, während ich durch diese liebliche, manchmal hügelige Landschaft radle. Naturschutzparks, wie hier in der Heide, reichen aus, um die Menschen an den disziplinierten Umgang mit Wald, Blumen, Wasser und Tieren zu erinnern. Die Nationalparks beschränken die Menschen und halten sie vom Wald fern, ganz im Stile der alten Aristokratie, die bis zum Revolutionsjahr 1848 versuchte, Bauern und Bürger vom Wald fernzuhalten, um ungestört das Jagdrecht ausüben zu können.

Ähnlich ist es ja auch mit den Forststraßen, auf denen Jäger und Förster mit ihren panzerartigen Geländeautos hoch hinauf in die Berge fahren, um dem edlen Wild nachzujagen. Diese Forstleute und Jäger behaupten, Radfahrer, die sich auf Forststraßen hinaufwagen, würden das Wild irritieren und in Angst und Schrecken versetzen. In den Nationalparks erwarten den Wanderer noch mehr Beschränkungen. Nationalparks genießen nicht meine uneingeschränkte Sympathie, wohl aber die Naturschutzgebiete am Rande der Heide. In eines fahre ich hinein und spüre, wie wohl ich mich in der schönen Landschaft mit dem Heidekraut fühle. Ich brauche keine heiligen Haine von Spezialisten. Heilig sind mir alle Haine, in denen keine Autos zu sehen und zu hören sind. Das Fahrrad ist ein himmlisches Erzeugnis, man kann mit ihm lautlos dahingleiten, einfach göttlich.

Es beginnt zu regnen, und ich suche frierend einen Unterstand. Bei einer Tankstelle warte ich den Regen ab. Unfreundliches Wetter begleitet mich, es ist viel zu kalt für Juli. Aber noch habe ich genügend Zeit, um meine Tour planmäßig zu beenden, nur Rasttage dürfen keine mehr eingeschoben werden. Ich muss zügig weiter, heute ist Hamburg mein Ziel. Endlich hört es auf zu regnen. Der Tankwart wundert sich, dass ich in meinem Alter mit dem Fahrrad hier in den Norden unterwegs bin, wo man doch leichter mit dem Auto hingelangt und dabei trocken bleibt. Ich nicke, ignoriere meine nassen Schuhe und frage noch, wie ich auf bestem Weg nach Hamburg gelange. Er verweist mich auf eine Straße, aber ich verfahre mich ordentlich bei dem Versuch, Hauptverbindungen auszuweichen. Ich sehe den Hafen von Hamburg – diese herrliche Stadt ist zum Greifen nahe –, weiß aber nicht, wie ich über die Elbe kommen kann. Wieder frage ich nach dem Weg und wieder verfahre ich mich. Nun bin ich im Hafengelände, wo nur wenige Häuser stehen und keine Menschen sind, die ich nach dem Weg fragen könnte. Endlich sehe ich einen Herrn auf einem Fahrrad,

der in einer Hand eine kleine Schachtel hält. Ich frage ihn nach dem
Weg nach Hamburg und er lädt mich ein, ihm zu folgen. Einmal bleibt
er kurz stehen und bittet mich, die Schachtel zu halten. Ein Kanarien-
vogel sei darin, sagt er. Ich wundere mich, was man alles mit dem Rad
transportieren kann. Er erklärt mir den Weg zur U-Bahn, mit der ich in
den Hamburger Stadtteil Farmsen-Berne zu meinem Freund Professor
Gerhard Vowinckel fahren kann, bei dem ich übernachten will. Ich verfahre mich wieder, komme in ein parkähnliches Gelände und frage ein
junges Paar nach der U-Bahn-Station. Beide lächeln und freuen sich,
einen Österreicher vor sich zu haben, was sie an meiner Sprache erkennen. Nach etlichen Kurven auf Einbahnstraßen gelange ich endlich
zur Station und besteige den Zug. Freund Vowinckel hat mir den Weg
zu seinem Häuschen in einer Gartensiedlung gut erklärt, er wohnt am
Nerzweg. Ich werde von ihm und seiner lieben Frau mit offenen Armen
empfangen.

## ZU GAST — HEISSE ERDÄPFEL — DISKUSSIONEN

Mit stolzgeschwellter Brust, man verzeihe mir meine Unbescheidenheit,
erzähle ich von meiner Radtour bis nach Hamburg. Die Vowinckels,
bei denen ich nun bin, sind liebe Leute, die mir ein großes Zimmer in
ihrem kleinen Haus anbieten. Ein breiter Diwan, einige Blumen, Bücher an der Wand und auf dem ausladenden Schreibtisch verbreiten
eine gemütliche Atmosphäre, in der ich mich von meiner Tagestour
erholen kann. Ich ziehe mich um. Die dunkle Hose und ein frisches
Hemd verwandeln mich in einen noblen Herrn, der zu einem feinen
Abendessen bereit ist, und ein solches erwartet mich. Auch Frau und
Herr Professor Messelken sind eingeladen und geben uns die Ehre ihres
Besuches. Wir freuen uns, einander wiederzusehen. Bei meinen Vorträ-
gen in Hamburg habe ich schon einige Male in ihrem Haus übernach-

tet, und nun sind sie hier. Heiße Erdäpfel werden serviert, dazu Butter und Topfenkäse, eine meiner Lieblingsspeisen. Ich lange zu, wie auch die anderen um den Tisch Sitzenden. Aber man achtet, wie mir scheint, auf die Linie, denn auch mit Erdäpfeln lässt sich zusätzliches Körpergewicht herbeizaubern. Ich jedoch esse kräftig, beinahe unverschämt. Mir schmecken die heißen Erdäpfel, dazu trinken wir gutes, kühles Bier. Was will ein Radfahrer mehr! Ich habe das Gefühl, man wundert sich, wie viel ich essen kann, aber mein Hunger muss gestillt werden. Als Radfahrer muss ich mir keine Sorgen um mein Körpergewicht machen.

An Gesprächsstoff mangelt es nicht. Ich erzähle zunächst von meiner Tour, und einer der Herren beginnt eine interessante Diskussion, inwieweit gewisse biologisch angelegte Programme das Handeln des Menschen bestimmen. Obwohl ich mich an dem Wort „biologisch" in diesem Zusammenhang stoße, denn die Biologie ist die Wissenschaft vom Leben, beteilige ich mich an der Diskussion. Ein „biologisch angelegtes Programm" würde, wörtlich übersetzt, nichts anderes bedeuten als ein durch die Wissenschaft der Biologie angelegtes Programm, denn „bios" heißt „Leben" und „logos" heißt „Wissenschaft". Das kann aber wohl nicht gemeint sein, viel eher: Ein durch das Leben, durch die Natur angelegtes Programm, dem der Ausdruck „biotisch" näherkäme. Mich ärgert dieses Wort „biologisch", das zu einem Modewort geworden ist. Wenn man Äpfel isst, die nicht mit künstlichen Spritzmitteln behandelt wurden, so sagt man, es seien „biologische" Äpfel. So ein Blödsinn! Dann wäre die gesamte alte, bäuerliche Kultur, als die Bauern noch „natürlich" lebten, „biologisch" gewesen. Damit will ich nicht bestreiten, dass Bauern sehr wohl auch gute Biologen sein können, Kundige über Abläufe im Leben, zu dem Bäume, Äcker, Wiesen und das Vieh gehören.

Da ich Altgriechisch gelernt habe, kann ich den Verkäufern nicht zustimmen, die mir „biologische" Äpfel oder Karotten anbieten. Sie sollten als natürliche Äpfel oder Karotten bezeichnet werden, ohne chemische Beeinflussung der Natur. Meine Tischgenossen, vor deren Augen ich herzhaft in den Erdapfel beiße, meinen also, dass menschliches Handeln wesentlich in der Natur begründet und in dieser angelegt ist. Ich wende ein, dies würde nur zum Teil stimmen. Herder hat einmal gemeint, der Mensch wäre der „erste Freigelassene" der Natur. Kant spricht vom Menschen als dem „Bürger zweier Welten", eben der Welt der Natur und der Welt des Geistes. Beide Seiten sind zu beachten. Jene Leute, die die natürliche Veranlagung in den Vordergrund stellen und davon ausgehen, alles sei von der Natur vorgegeben, vergessen dabei, dass menschliches Handeln sich nicht in Naturgesetze pressen lässt. Sicherlich bestimmen gewisse, natürliche Programme den Menschen in seinem kulturellen Handeln, denn er muss essen, trinken, husten, sich reinigen, anderen ins Gesicht blicken und diverse Dinge verrichten, um sich einigermaßen wohlzufühlen. Es entspricht seiner Natur, gewisse Bedürfnisse zu befriedigen. Aber wie er sie befriedigt, das ist das typisch Menschliche, das ist kulturell bedingt und hängt von der Erfindungsgabe der betreffenden Menschengruppe ab. Während die einen ihr Mahl an einem bescheidenen Bauerntisch verzehren, ziehen die anderen noble Festessen in feinen Restaurants vor. Der Mensch umhüllt seine Bedürfnisse mit Symbolen und Ritualen. Er will Distanz zwischen sich und seinen Bedürfnissen schaffen, er kann sich von außen sehen und kann über sich selbst nachdenken. Das ist das Eigentümliche des Menschen, das nur zu oft gerade von jenen Leuten, die sich auf die Biologie berufen, übersehen wird. Wobei ich nicht ausschließe, dass die Biologie auch etwas zum Erkennen des Menschen beitragen kann, aber sie steht dort an, wo der Mensch beginnt, über sich selbst nachzudenken und seine Welt selbst zu formen. Es sind nicht bloß die „Programme" der „Instinkte", die das menschliche Handeln bestimmen. Dem Menschen ist etwas Schöpferisches eigen. Er schafft Kultur, indem er aus der ihm vorgegebenen Natur etwas formt. Schließlich steckt im Wort „Kultur" das lateinische Wort „colere", zu Deutsch „Boden bebauen". Der, der ihn bebaut, ist der „agricola", der Bauer. Er wandelt die Natur um.

Ich lasse mir nicht einreden, dass das gesamte kulturelle Handeln des Menschen aus der Biologie zu erklären sei, wie manche es versuchen. Gewisse Anlagen, also Programme, hat der Mensch mitbekommen, das steht außer Frage, aber er hat aus diesen etwas entwickelt. Der Mensch wurde zum Schöpfer, hier liegt etwas Göttliches im Menschen. Das Tier begnügt sich mit Wasser, aber der Mensch gab dem Wasser noch Hopfen und Malz dazu, so entstand das Bier. Ihm steht es zu, dieses zu trinken. Der Mensch trinkt nicht nur, sondern er schafft zum Trinken noch besondere Rituale und Symbole. Das ist das spezifisch Menschliche. Es ist wohl nicht vorstellbar, dass ein Dackel auf das Wohl eines anderen Dackels trinkt. Der Mensch vermag das Biertrinken zu einer feierlichen Angelegenheit zu machen.

In diesem Sinne leeren wir unsere Gläser. Ich erzähle weiter von der Radtour und erfahre von meinen Kollegen, was sich im Bereich der Wissenschaft hier in Hamburg tut. Die Stimmung in unserer Runde ist heiter. Dann fragt mich Professor Messelken, wie es mit meinen Forschungen stehe, besonders mein Buch über den „Strich", gemeint ist die Prostitution, hätte er schon gerne gelesen. Ich sage ihm, dass Prostitution mehr als ein Sich-Anbieten in sexueller Hinsicht ist und nur bei den Menschen vorkommt. Die Prostitution hat, wie ich es in meinem Buch geschrieben habe, auch mit Symbolen, also mit Kultur zu tun. Darauf deutet auch ein Brief hin, den mir vor einiger Zeit ein netter Herr aus der Steiermark geschrieben hat. Meine Tischgenossen werden neugierig, sie wollen mehr wissen. Ich erzähle von dem Brief, der auch mit Hamburg zu tun hat.

## DER BRIEF DES VATERS EINER DIRNE

Vor einiger Zeit schrieb mir ein Herr aus einer steirischen Kleinstadt einen verzweifelten Brief. Ich denke, bei diesem Herrn handelt es sich um einen Familienvater, der als Beamter mit seiner Frau drei Kinder hat und sich ein Eigenheim erwirtschaften konnte. Die Kinder haben alle ein Studium abgeschlossen und sind bereits außer Haus. Die älteste Tochter wurde Sozialarbeiterin und zog nach Hamburg. In ihr dürfte Abenteuerlust stecken und die Bewegung der Frauenrechtlerinnen scheint es ihr angetan zu haben. Diese ehemals brave Tochter ging nun der Prostitution nach und dürfte Gefallen daran gefunden haben. Da ich ein Buch über den „Strich" geschrieben habe, bat mich der Vater um Rat, wie seine Frau und er die Tochter wieder in das „geordnete" Leben zurückführen und vor seelischem und geistigem Schaden bewahren könnten. Er wolle seine Tochter nicht „kampflos" einem ungewissen Schicksal preisgeben.

Die Tochter wurde durch ihre Reise nach Hamburg zur Abenteurerin und gleichzeitig zur Geschäftsreisenden. Sie war sichtlich vom „horizontalen Gewerbe" angetan. Es bot sich ihr etwas nicht Alltägliches an, etwas, das sie aus der geordneten Welt der Eltern abhob. Es machte ihr offensichtlich Spaß, ihre besorgten Eltern, Vertreter des braven Bürgertums, mit dem Hinweis zu schockieren, sie sei Prostituierte geworden. Dass sie tatsächlich eine Dirne geworden war und ihre Eltern nicht anlog, nahm ich als gegeben an. Es ist interessant, dass sie ihren Eltern offen gesagt hat, was sie nun beruflich mache.

Die guten Eltern waren verzweifelt. Sie schrieben ihr flehentliche Briefe, in denen sie ihr erklärten, welch große Schande sie ihnen bereite, dass Dirnen miese Leute seien und dergleichen mehr.

Ich besprach mich mit einer früheren Prostituierten, die nun Unternehmerin ist, wie sie über diese Sache denke und was man dem Vater raten könne. Die ehemalige Hure unterstrich, was ich mir auch dachte. Sie meinte, die Eltern sollten sie in ihrem Beruf akzeptieren und ihr versichern, dass sie jeder Zeit für sie da seien, wenn sie etwas brauche. Auf keinen Fall dürften die Eltern sie verstoßen, denn sonst würden sie die Tochter verlieren. Außerdem sollten sie deutlich machen, dass sie sich in finanziellen Nöten an sie wenden könne und Hilfe bekäme.

Der Vater schrieb nun seiner Tochter, indem er sich ihre Worte, die ich ihm in einem Brief zukommen ließ, zu Herzen nahm. Nach einiger Zeit erhielt ich wiederum einen Brief dieses Herrn. Diesmal lag die Kopie eines Briefes der Tochter bei. In knappen Zeilen teilte er mir mit, dass ich ihm mit meinem Rat sehr geholfen hätte und seine Frau und er wieder Briefkontakt zu ihrer Tochter hätten. Ihren Eltern schrieb die ins Prostituiertenmilieu abgerutschte Tochter, sie sei für deren Brief sehr dankbar. Besonders danke sie für die Bereitschaft der Eltern, stets zu ihr zu stehen. Sie zeigte nun Verständnis für die „Verzweiflung" der Eltern, betonte aber, dass sie ihren Weg weitergehen würde. Dann schrieb sie, was sehr gescheit klingen mag, von „Sozialisationsfaktoren und Prägungen". Hinzugefügt wurden Worte wie: „Die Lust auf ein selbstbestimmtes Sexualleben der Frau, die Freude, mittels Geist, Körper und Seele mit Menschen arbeiten zu können." Der Tochter gefällt die Tätigkeit in der Prostitution, wobei sie, so scheint es, ihren „Beruf" auch als einen beinahe psychotherapeutischen auffasst. Sie will sicher ihren Kunden auch als Seelentrösterin zur Verfügung stehen. Die einst hoffnungsfrohe, steirische Sozialarbeiterin ist also nach Hamburg gereist, hat sich auf das Abenteuer Prostitution eingelassen und lebt nun auch im Stile einer klassischen Hetäre. In ihrem Brief fragt sie noch an, ob sie zur Erstkommunionsfeier ihrer Nichte im Mai kommen könne.

Ich antwortete dem Vater, gratulierte ihm zur Reaktion seiner Tochter und betonte, sie würde sicher wieder zurückfinden. Außerdem würde das Verhalten seiner Tochter in allen Gesellschaftsschichten vorkommen, dass nämlich eine junge Frau zur Prostituierten werde, um aus der persönlich empfundenen Langeweile des Alltags auszubrechen. Es ist ein Abenteuer, auf das sie sich einlässt. Als Eltern muss man ihr die Chance geben, zurückkehren zu können. Sie muss wissen, dass die Eltern ihr auch finanziell unter die Arme greifen würden, wenn sie es nötig hätte, um den Ausstieg aus diesem uralten Gewerbe zu schaffen.

In meinem Brief erwähnte ich, dass sogar die Enkelin des letzten Kaisers aus ihrer Ehe mit einem Fürsten ausriss, Liaisons mit allerhand feschen Burschen hatte und schließlich einen Wiener Sozialdemokraten heiratete.

Ich versuchte, dem unglücklichen Vater das Gefühl zu vermitteln, dass seine Tochter mit ihrem Lebenswandel nicht allein dastehe, sondern sich in bester altösterreichisch-kaiserlicher Tradition befinde. Hoffentlich konnte ich bei ihm Verständnis für seine Tochter wecken und hoffentlich kehrt die Abenteurerin und Trösterin so mancher Männerseele wieder zurück ins „normale" Leben, was immer man darunter verstehen mag. Die freundlichen Gastgeber und Frau und Herr Messelken hören der Erzählung gespannt zu. Ich erwähne, es würde mich freuen, wenn meine Forschungen Resonanz finden, im Gegensatz zu jenen Arbeiten von Kollegen, die in komplizierten Formulierungen Erkenntnisse wiedergeben, die schon lange vor ihnen verständlicher ausgedrückt wurden. Es würde mich freuen, wenn meine Bücher, wie eben das über den Wiener „Strich", gelesen und als Diskussionsgrundlage herangezogen würden. Immerhin wandte sich der Vater an mich als den Spezialisten für sein Problem, sage ich nicht ohne Stolz.

Wir trinken noch einen Schluck Bier auf das Wohl dieses Vaters, auf die freundlichen Hamburger Dirnen und all jene, die von Berufs wegen mit Reise und Wanderschaft zu tun haben.

## ZUR GESCHICHTE UND VERFOLGUNG
## DES FAHRENDEN VOLKES

Der Brief des Vaters an seine Tochter, die nun als Dirne arbeitet, lässt mich über das fahrende Volk im Allgemeinen nachdenken. Die Tochter übt einen Beruf aus, der mit einem Stigma, einem Stempel der Unanständigkeit belastet ist. Sie kann, wie Dirnen überhaupt, viele Probleme bekommen, wie ich das auch bei meiner Studie über Wiens Dirnen gesehen habe.[7] So geht es Prostituierten für gewöhnlich schlecht, wenn sie in Schwierigkeiten mit der Polizei geraten, deren Verhalten mehr oder weniger willkürlich sein kann.

Darin liegt das Dilemma jener Menschen, die Randkulturen der Gesellschaft angehören, die als unanständig bewertet werden. Sie sind zwar nicht mehr wie früher Verfolgung und körperlicher Peinigung ausgesetzt, haben es aber dennoch nicht leicht, worauf ich noch kurz eingehen will.

Während des Mittelalters entwickelte sich eine Art gemeinsame Kultur der Fahrenden und Ganoven, zu deren wichtigem Symbol eine gemeinsame Sprache, das Rotwelsch („rot" ist ein altes Wort für falsch, „welsch" bedeutet so viel wie unverständlich sprechen, vgl. Kauderwelsch) gehörte. Die Obrigkeiten erschreckte dies, und so entstanden schon sehr früh Bücher mit dem Vokabular dieser Sprache, um die vagabundierenden Leute verstehen und besser kontrollieren zu können.

Im Gegensatz zu dem, was ich gestern festgehalten habe, nämlich dass in der Zeit der Wirtschaftskrise vor dem Krieg Leute aus den Städten auf das Land wanderten, um besser überleben zu können, verhielt es sich bei uns früher eher umgekehrt.

Die Fahrenden erhielten mit dem Ausgang des Mittelalters großen Zulauf aus den Dörfern, und zwar von Menschen, die nach Missernten hofften, in den Städten überleben zu können. (In Ländern der Dritten

Welt zeigt sich heute ein ähnlicher Prozess, wenn, wie zum Beispiel in Indien, arme Bauern ihre Dörfer verlassen und in den Slums von Bombay untertauchen, um bettelnd oder stehlend zu überleben.)

In den Städten trafen sie auf alte Traditionen der Vaganten und waren bereit, diese für sich zu akzeptieren. Die Städte befreiten einst die Bauern von der Willkür der Grundherren und einer wilden Soldateska, die im Dreißigjährigen Krieg das Land tyrannisierte. In einem Bericht dazu heißt es:

„Die armen Landleute, alles des ihrigen beraubt, konnten die Habsucht der unmenschlichen Krieger, unter denen sich besonders die Croaten, Ungarn, Husaren und die Wallonen oder Niederländer und Italiener durch Grausamkeiten aller Art auszeichneten, längst nicht mehr befriedigen, erlagen unter der Marter derselben, und verhungerten oder starben an der Pest oder anderen Seuchen, wenn es ihnen nicht gelang, sich irgendwo, in Wäldern oder anderen Schlupfwinkeln zu verbergen. Die Felder blieben unbebaut und wüst, die leeren Wohnungen der Bauern, wenn sie nicht niedergebrannt worden, dienten Räubern und Mördern, oder Wölfen und anderen Raubtieren zum Aufenthalt ..."[8]

Die Dörfer wurden leer und die Straßen füllten sich mit Gesindel aller Art: Mit hungernden ehemaligen Bauern, Verfolgten, Hausierern, Juden, Zigeunern und anderen Vaganten. Für diese Herumziehenden war es wichtig, alle Schlupfwinkel, Fluchtwege und Unterkünfte zu kennen, vor allem in der Gegend, die von ihnen regelmäßig durchwandert wurde, dies war der „Strich". Unter den Vagabunden entwickelte sich dabei eine gewisse Solidarität, ein Zusammengehörigkeitsgefühl. Man wusste, man brauchte sich gegenseitig, vor allem benötigte man Auskünfte über Plätze, auf denen man in geeigneter Weise betteln, schlafen oder stehlen konnte. Dieser Weitergabe von Auskünften dienten die sogenannten „Zinken". Das waren Zeichen, die an Häusern, Scheunen oder Wegkreuzungen in Form von Strichen oder strichähn-

lichen Zeichnungen angebracht waren. Aus ihnen konnten die Nach-
kommenden die für sie wichtigen Nachrichten ablesen.

Es war ein kompliziertes Netz, das Bettler und Vagabunden geschaffen hatten und das bis heute in Relikten besteht. Im Mittelalter hatten
die Fahrenden und anderes Volk durchaus ihre soziale Position im gesellschaftlichen Gesamtgefüge. Genauso wie es einen König von Gottes
Gnaden gab, gab es auch den Bettler von Gottes Gnaden, der seinen
Platz in der Nähe der Kirche und auf öffentlichen Plätzen hatte, wo er
zu Recht auf Almosen hoffte. Folgt man dem Wort Christi, nach dem
man den Nächsten lieben soll wie sich selbst, standen ihm die Almosen
sogar zu. Christus selbst wurde, wenn er mit seinen Jüngern umherzog,
zum Vorbild aller Vagabunden, für die regelmäßige Arbeit eine eher un-
willkommene Sache ist. Jesus hielt sogar seine Anhänger von der Arbeit
ab. So riet er Petrus, das Fischen sein zu lassen, seine Familie zu verlassen und ihm zu folgen. Jesus und seine Apostel zogen zum Teil auch
zechend, ganz im Stile der Antike und der alten Vaganten, durch das
Land. Ging der Wein aus, so wurde er vermehrt, jedoch nicht durch
körperliche Arbeit, sondern durch ein Wunder. Hier zeigte sich eine
noble Distanz zur Arbeit. Eine solche zeichnet nicht nur Aristokraten
aus, sondern eben auch Vagabundierende, die sich mitunter selbst als
„Fürsten der Landstraße" oder ähnlich titulieren.

Diese alte Kultur des Vagabundierens erfuhr nun im europäischen
Raum mit dem Aufkommen protestantischer Ideen, vor allem des Calvinismus, eine Änderung. Typisch für den Calvinismus ist die Vorstellung
von der „gottgefälligen" Arbeit, die den wahren Christenmenschen aus-
macht. Dieser Forderung nach einer „gottgefälligen" Arbeit konnte jedoch
das fahrende Volk, auf das der landbesitzende Adel und das ehrbare Bürgertum mit Hohn und Verachtung herabblickten, nicht nachkommen.

Die Reformatoren, allen voran Martin Luther, waren große Gegner
des herumziehenden, bettelnden, betrügenden und mit allen mög-

lichen Tricks überlebenden Volkes. Daher verfassten eifrige Beamte in der Zeit unmittelbar nach 1500 ein Buch, um das fahrende Volk in den Griff zu bekommen. Dieses Buch trägt den Titel „Liber vagatorum". 1529 erschien eine Bearbeitung von Luther mit seiner Vorrede, in der er die Wichtigkeit dieses Buches hervorhebt, um „allzu große büberei" zu verhindern, schließlich sei er selbst von „landstreichern und zungendreschern (…) beschissen" worden. Der „Liber vagatorum" war also ein Handbuch für damalige Kriminalbeamte, denen es helfen sollte, die Tricks vagabundierender Leute leicht zu erkennen. Der „Liber vagatorum", dessen Verfasser nicht genannt ist, ist nicht nur ein Register des Betrugs und falschen Scheins, das sich auf die Randkulturen der Scharlatane, fahrenden Scholaren und Schein-Epileptiker bezieht, er berührt auch durch Aufzeichnungen der Tricks der Armen und verleitet zum Schmunzeln. Der erste Teil des „Liber vagatorum" enthält 28 Bettler- und Gaunertypen, der zweite Teil bezieht sich auf allerlei betrügerische Vorkommnisse, und im dritten Teil finden wir schließlich ein Vokabular der Gaunersprache.

Von den im ersten Teil genannten Betrügertypen sind unter anderem die „Loßner" interessant, nämlich Bettler, die erzählen, sie seien lange in Ketten gelegen. Ähnlich versuchen heute Bettler durch Tafeln, auf denen zu lesen ist, sie seien eben aus der Haft entlassen worden, Mitleid zu erregen, so auch die „Klencker", die mit entstellten Füßen bei Kirchen sitzen und betteln. Diese Tradition setzt sich bis heute fort.

Bettler, Zigeuner, Arbeitslose, Hausierer, flanierende Prostituierte und herumziehende Musikanten litten unter dem Misstrauen der Obrigkeiten, denn als Vagabundierende waren sie nicht leicht zu kontrollieren oder zu ergreifen. Dem Armutsproblem versuchte man daher, um der Sicherheit willen, mit repressiven Maßnahmen zu begegnen, von denen vor allem die Bettler betroffen waren. Sie waren praktisch vogelfrei, sie konnten von jedem straflos getötet werden. Oft brachte man Bettler mit Kirchendiebstählen, angeblichen Hostienschändungen und anderen magischen Praktiken in Verbindung, weshalb sie wegen des Verbrechens der Zauberei vor Gericht gestellt wurden. Unter Folter gestanden dann fast alle die ihnen angelasteten Taten.[9] Typisch für den absolutistischen Staat war, dass man die Armen und Vagabundierenden zu „ehrbaren" Leuten zu machen versuchte. Dem diente die Errichtung von Armenhäusern, wie 1724 zum Beispiel einem in Graz, in das Invalide, Witwen und Waisen von Amts wegen eingewiesen wurden, aber auch die Schaffung von Arbeits- und Zuchthäusern. In letzteren Anstalten sollten nicht nur straffällig gewordene Personen festgehalten werden, sondern überhaupt Leute, die man durch regelmäßige harte Arbeit „bessern" wollte. Auch die Fahndungsmethoden, um die „unanständigen" Vagabunden zu fassen, wurden wirksamer, so wurden richtige Treibjagden nach dem fahrenden Volk durchgeführt. Die aufgegriffenen Personen wurden über kriminelle Taten verhört. Konnten ihnen die nicht nachgewiesen werden, wurden sie rigoros in ihre „Heimat" abgeschoben. Bei diesen Bettlerjagden tat die Bevölkerung – vor allem die bäuerliche – eifrig mit. Perfektioniert wurde das Überwachungssystem für Vagabunden schließlich durch Maria Theresia und ihre Schubordnung von 1750.[10]

Die alte Welt der fahrenden Leute, die bettelnd durch die Lande zogen, war, gerade unter der angeblich so frommen Herrscherin Erzherzogin Maria Theresia, eine eher traurige. Aber dennoch hatte sie auch ihren Zauber, zumal diese abseits des guten Bürgers befindliche Welt eine Welt der Wandernden war.

## DIE ALTEN WANDERBURSCHEN

Zum fahrenden Volk gehörten die Wanderburschen, die als junge Gesellen in die Fremde aufbrachen, um Arbeit zu suchen oder das Handwerk eines Schusters, Tischlers, Müllers etc. zu erlernen. Die Wanderjahre sind eine alte Einrichtung, eine Zeit, während der der junge Bursch seinen Horizont gewaltig erweiterte.

Unser Nachbar in Spital am Pyhrn war ein gewisser Herr Hawlitschek. Ich kannte ihn nur als alten Mann, als Pensionisten, der das Handwerk eines Schlossers erlernt hatte und der uns Buben gerne davon erzählte, dass er als Handwerksbursche weit herumgekommen sei. Auf einem Schiff sei er sogar, im Alter von vielleicht 17 Jahren, nach Afrika gekommen. Auf diesem Schiff sei es zu einem Streit zwischen ihm und einem Passagier gekommen. Es entwickelte sich eine Rauferei, bei der der Kontrahent des Herrn Hawlitschek über Bord ging. Die Wanderjahre unseres Nachbarn waren also abenteuerlich, und solche Abenteuer erlebten die Burschen seit dem Mittelalter. Für ihre Sicherheit waren die Zünfte von einiger Wichtigkeit.

Die Zünfte als Zusammenschlüsse diverser Handwerker boten den Wanderburschen in den Städten Unterkünfte, zeigten ihnen an, wo es einen guten Trunk gab, und halfen ihnen auch sonst. Die Zunftordnung löste sich im vorigen Jahrhundert auf, als mit den Fabriken und der Liberalisierung des Arbeitsrechtes die Handwerker in ihrer Produktion nicht mehr geschützt waren. Dennoch befanden sich noch weiterhin Gesellen auf der Walz oder Wanderschaft. Sie erlebten viel, sie erweiterten bei Tischlermeistern oder anderen Handwerkern in anderen Ländern ihr Wissen und mitunter lernten sie auch ein Mädchen des Hauses, in dem sie arbeiteten, näher kennen und lieben. Schließlich gehörten sie für die Zeit ihres Werkens zur Familie des Meisters. So berichtete der um 1875 geborene Frantisek Klupak:

*„Im Frühjahr habe ich eine Stelle im achten Bezirk, in der Josefstadt, bekommen. Der Meister war kränklich, er hat Schwindsucht gehabt. Der hat mich väterlich gewarnt, dass ich die verdammten Zigaretten nicht rauchen solle, ich solle mir ansehen, wie er mit dreiunddreißig Jahren aussehe. Das*

*habe er nun von den Zigaretten. Die Frau des Meisters war eine große, kräftige und resche Tschechin (der Meister war Deutscher). Ich habe sie gerne angesehen und sie mich auch. Ich habe mich aber nicht getraut, mir irgendetwas ihr gegenüber zu erlauben. Sie war achtundvierzig Jahre alt, hat ein acht Jahre altes Mädchen gehabt. Die hat mich auch sehr gerne gehabt. Ich habe ihr am Montag immer ein Schachterl Zuckerl gebracht ... In den Ferien ist der Mann mit der Tochter aufs Land gefahren, also war ich mit der Frau alleine im Haus. Da bin ich einmal ungefähr um zehn Uhr nach Hause gekommen und die Türe war verschlossen. Ich habe klopfen müssen. Die Frau ist mir aufmachen gekommen, aber sie war im Nachthemd. Sie fragte, wo ich denn so lange gewesen bin, dass sie sich alleine fürchtet, weil damals haben der Hugo Schenk und Slosarek (zwei Mörder) gewütet. Ich habe mich ins Bett gelegt, aber die Frau ist noch gestanden und hat auf einmal gesagt: ,Ich muss mich zu ihnen ins Bett legen, im Zimmer habe ich Angst.' Da habe ich mich der Frau nicht länger wiedersetzen können und habe nachgegeben."*

Wie das amouröse Abenteuer weitergegangen ist, darüber schwieg der Kavalier. Dieses Schweigen als Kavalier scheint heute verloren gegangen zu sein, aber darauf will ich an einem anderen Tag eingehen.

Die Geschichte zeigt sehr deutlich, welche Abenteuer auf den Wanderburschen warteten. Die Geschichte der Wanderburschen ist eine bunte, sie hat ihre Sonnenseiten, sie kündet aber auch in schlechten Zeiten von Not und Leid, die den Herumziehenden das Leben schwer machten. Vor allem in Zeiten wirtschaftlicher Krisen, wie in der Zwischenkriegszeit und der Zeit nach dem Zweiten Weltkrieg, trieb es viele Gesellen auf das Land, um bei Bauern und Handwerkern um Brot und Arbeit zu betteln. Von einem alten Schuhmachermeister aus meinem Heimatdorf weiß ich, wie es vagabundierenden Schustergesellen erging. Sie zogen in die Dörfer, in der Hoffnung auf ein Stück Speck, Butter, Bauernbrot oder einen Schluck Most und auch in der Hoffnung, bei einem Bauern gegen Kost und Logis arbeiten zu können.

Im Geiste trinke ich den tüchtigen Wanderburschen zu, auch meinem Nachbarn, dem Herrn Hawlitschek. Es sind die Wanderburschen, die symbolisch für Menschen stehen, die ruhelos zwischen den Städten, Ländern und Kulturen wandern und derer ich vor dem Einschlafen gedenke.

## 10. Tag – Von Hamburg nach Kühlungsborn

Frisch wache ich auf, genieße ein köstliches Frühstück und wünsche meinen Freunden, den liebenswürdigen Vowinckels, die mir ein Dach über dem Kopf gewährt haben, das Allerbeste. Ich hole mein Fahrrad aus dem Schuppen neben dem Haus. Meine Gastgeber wohnen in einer schönen Gartenlandschaft, am Rande von Hamburg, beinahe ländlich.

Ich winke zum Abschied und fahre zur sogenannten Altmühle. Hier im Sachsenwald ist das Mausoleum, das sich Fürst Bismarck errichten ließ. Ich muss mein Fahrrad auf einem schmalen Weg schieben, der neben einer mit Stöckelpflaster versehenen Straße verläuft. Ich will das Fahrrad, das mir bislang gute Dienste geleistet hat, keinem unnötigen Risiko auf diesem Straßenpflaster aussetzen. Mein Rad ist ein verlässlicher Partner, wir gehören zusammen, es hat mich treu durch herrliche Gegenden getragen. Aber ich achte auch darauf, behandle es pfleglich und schiebe es ein Stück des Weges bis zum Mausoleum. Mich interessieren die Besucher und ihre Beweggründe, hierherzukommen, und es sind viele Menschen, die dem toten Reichskanzler die Ehre erweisen.

### DER WALDFRIEDHOF – SPUREN DES RASSISMUS

Nicht weit von hier ist der sogenannte Waldfriedhof. Ich besuche auch den, denn Friedhöfe faszinieren mich. Jeder Kulturwissenschaftler sollte es sich zur Pflicht machen, Friedhöfe zu besuchen, denn dort erfährt man vieles über soziale Hierarchien, über feine Leute, über Mächtige und weniger Mächtige. Ich schiebe mein Rad durch den schattigen, stillen Waldfriedhof. Zwischen den gepflegten Gräbern stehen Nadelbäume, manchmal dicht beisammen, manchmal weiter auseinander, ein idyllisches Bild. Bekannte Namen wohlhabender Hamburger Familien fallen mir auf, und ich komme zu einem Sarkophag aus Stein, den ich mir genau anschaue. Auf ihm ist zu lesen:

„*Georg Ritter von Schönerer – Gutsbesitzer auf Schloss Rosenau in Niederösterreich. Ein Kämpfer für Alldeutschland.*"

Hier liegt ein Mann, der als deutschnationaler Österreicher um die Jahrhundertwende viel Unglück gebracht hat. Er war ein übler Vertreter des Rassismus und Antisemitismus. Viele ließen sich von ihm beeinflussen, man glaubte, Rassismus sei wissenschaftlich zu belegen. Tatsächlich baut eine ganze Wissenschaft auf diesem Hirngespinst auf. Im Nationalsozialismus kulminierte der bei Schönerer angelegte Rassismus zum Wahnsinn. Daran denke ich am Grabe Schönerers, der in der Nähe Bismarcks begraben sein wollte, wie ich einmal erfahren habe.

Hier kann ich jene Gedanken weiterspinnen, die gestern beim Abendessen aufgekommen sind.

Genau dieser Rassismus ist es, der versucht, mit Kategorien, die der Biologie entnommen sind, das kulturelle Handeln des Menschen zu erklären. Hier ist die Ursache für die Interpretation der eigenen Höherwertigkeit zu finden, die dazu führt zu glauben, man wäre aufgrund Herkunft der bessere Mensch. Diese Idee liegt der Aristokratie und den Kaiserhäusern zugrunde, aber auch ganzen Völkern, die sich über andere erhaben fühlen, weil sie sich dazu aufgrund ihrer „Rasse" berechtigt fühlen.

Übersetzt man die Namen solcher Stämme, die von anderen als „primitiv" angesehen wurden, so bedeuten diese nichts anderes als „Menschen". Die Hottentotten nennen sich gar „Khoin – khoin", das heißt Menschen der Menschen. Den Nachbarstämmen wird dagegen das Attribut „Mensch" verweigert. Im Nationalsozialismus und bei ähnlichen Regimen zeigte sich eine solche Tendenz auf besonders verwerfliche Art. So wurde zum Beispiel behauptet, einem Juden sei durch seine Rasse vorbestimmt, hinterlistig und zersetzend zu sein. Ein solches Denken, das über die Naturwissenschaft menschliche Kulturen erklären will, ist zutiefst materialistisch, wie ich schon festgehalten habe.

Mir fällt noch eine unscheinbare Grabinschrift auf, lediglich „Karl Dönitz" ist zu lesen. Dönitz war der Chef der deutschen Seestreitkräfte im Zweiten Weltkrieg, der auch die Kapitulation zu Kriegsende durchgeführt hat. In Gedanken versunken schiebe ich mein Fahrrad an seiner Grabstätte vorbei, verlasse den Friedhof und suche mir den Weg nach Ratzeburg.

## AN DER OSTSEE

Durch kleine Dörfer radelnd, komme ich nach Talkau, Breitenfelde und Mölln. Die Landschaft gefällt mir, das Fahren ist nicht anstrengend, und ich komme gut voran. Einmal wage ich eine Abkürzung, in der Karte ist eine kleine Straße eingezeichnet. Das stellt sich als schwierig heraus, denn es handelt sich um einen Waldweg mit unregelmäßiger Pflasterung. Wieder auf der Landstraße nähere ich mich Ratzeburg, einer imposanten Stadt, an einem Gewässer gelegen, deren Stadtbild von einer mächtigen, burgähnlichen Anlage beherrscht wird. Hier bei Ratzeburg war die Welt des Westens einst zu Ende. Ich fahre weiter auf einer asphaltierten Straße mit beträchtlichem Verkehr nach Wismar. Es regnet leicht, was mich nicht stört, denn der Wind kommt von Westen. Die Straßen sind von Bäumen eingesäumt, schöne große Alleen haben hier Bestand, da sie im Osten nicht den Verbreiterungen von Straßen weichen mussten. Man soll sie erhalten, die Bäume am Straßenrand, sie verschönern die Landschaft.

Ich komme nach Gadebusch, Mühlen und schließlich nach Wismar, der schönen alten Hansestadt an der Ostsee.

Ein freundlicher Herr auf einem Fahrrad, den ich nach dem Weg nach Wismar frage, meint, ich solle mir diese schöne Stadt ansehen, es würde sich lohnen, und erklärt sich sogar bereit, mir einige schöne Plätze zu zeigen. Er selbst besitzt ein Fotogeschäft mit einigen Filialen, hat die Chance nach der Wende ergriffen und ist Unternehmer geworden. Ich sehe viele neue Geschäfte. Kirchen und Häuser sind frisch renoviert und strahlen in neuem Glanz. Wo einmal die Ruine einer Backsteinkirche stand, ist heute ein großer Parkplatz. Er stört, ist aber ein Symbol der heutigen Zeit. Der Kirchturm blieb erhalten. Eigenartig sieht das aus, vorne der Kirchturm und dahinter die „heiligen" Autos. Ich denke mir meinen Teil, bedanke mich bei dem netten Radfahrer und lasse mir den Weg zum Salzhaff erklären. Den will ich in Richtung Kühlungsborn entlangradeln.

Das Wetter war den ganzen Tag schlecht, es regnete immer wieder leicht und die Wolken hängen tief. Hier an der See öffnet sich die Wolkendecke, die Sonne schaut hervor und schickt ihre Strahlen, die sich im Wasser spiegeln. Ein schöner Anblick, bei dem ich mich glücklich fühle: weit und breit nur Natur.

Der Wind aus Westen hat zugenommen, und ich radle weiter, komme durch das Ostseebad Rerik und schließlich nach Kühlungsborn, einem Nobelbad der ehemaligen DDR. Hier haben die „Bonzen" der DDR mit ihren Familien die Ferien verbracht. Einige Häuser erinnern an die Vorkriegszeit, neue Geschäfte und Restaurants haben ihre Pforten geöffnet. Ich komme zu einem wenig nobel aussehenden Hotel, zu DDR-Zeiten vielleicht ein Domizil für höhere Staatsangestellte. In der Portierloge sitzt eine Dame, die mich für 40,– DM nächtigen lassen will. Über einen fleckigen Teppichboden, einem Symbol vergangenen Glanzes, gehe ich in mein Zimmer. Es ist einfach, das Bett karg, die Waschanlage hinter einem Paravent ebenso. Das WC befindet sich auf dem Gang und ist mit anderen Gästen zu teilen.

Ich ziehe mich um und freue mich auf ein ordentliches Essen. Es ist bereits nach zehn Uhr am Abend und einige Lokale haben schon geschlossen. Am Strand finde ich ein modernes Restaurant, mit viel Glas ausgestattet, als Zeichen für die neue Vornehmheit, die aus dem Westen kommt. Ich betrete dieses Nobelrestaurant, das vermutlich westliche Eigentümer hat und auch von ihnen erbaut wurde. Es scheint charakteristisch für die ehemalige DDR zu sein, dass sich „Westler" hier einkaufen, Hotels errichten, Geschäftslokale eröffnen und auf das große Geld hoffen, das auch hier in Kühlungsborn sicherlich zu machen ist, einem Ort mit vielen Gästen an einer herrlichen Küste. Der vornehm wirkende Kellner gibt mit arroganter Distanziertheit bekannt, um diese Uhrzeit sei die Küche geschlossen. Verärgert verlasse ich das Lokal und gehe hungrig und durstig durch das Ostseebad. Irgendwo muss es doch etwas zu essen und zu trinken geben, außerdem sehne ich mich nach einem Schluck Bier. In einem bescheidenen Lokal herrscht noch Leben, und ich trete ein. Einfach gekleidete Leute sitzen gemütlich an den Tischen, trinken und unterhalten sich laut mit der Kellnerin, die hinter der abgewetzten Theke steht. Mich nimmt man nicht wahr. Ich setze mich an einen der einfachen Tische und beobachte das Treiben der Gäste, die gewiss nicht aus dem Westen sind und ihr Bier genießen. Endlich entdeckt mich die Kellnerin und meint auf meine Frage, Käse und Bier könne ich noch haben. Das freut mich sehr.

Anschließend spaziere ich müde durch die Gassen Kühlungsborns, vorbei an alten Pensionen und neuen Geschäften mit billigen Kleidern, Bademoden und Jeans. Im Kopf rechne ich noch die Kilometer zusammen, die ich heute gefahren bin. Es werden wohl 150 Kilometer gewesen sein.


ZUR KULTUR DER HERBERGEN: GASTPROSTITUTION,
SCHÖNE WIRTINNEN UND HEITERE DAMEN BEIM KONZIL

Das Hotel, in dem ich übernachte, erinnert an alte Gasthöfe und biedere Herbergen, wie ich sie noch aus den 1950er-Jahren kenne. Überhaupt erinnert viel auf dem Gebiet der ehemaligen DDR an diese Jahre nach dem Krieg. Die Zeit scheint hier stehen geblieben zu sein, doch jetzt setzt ein rascher Wandel ein, auch in diesem Hotel. Dennoch schweifen meine Gedanken zu jenen Unterkünften, in denen man um wenig Geld eine Schlafstelle zugeteilt bekam. An diese Traditionen dürfte man in gewisser Weise nun anknüpfen, zumindest was die Hotels anbelangt, wo man den Gästen nur so viel Komfort angedeihen lässt wie unbedingt notwendig. Das Hotel, in dem ich mein Zimmer habe, steht bereits in eklatantem Gegensatz zu diesen Hotels, die in den letzten zwei Jahren hier an der schönen Ostseeküste aus dem Boden geschossen sind. Die bestechen schon durch ihre vornehmen Entrees und alle Zimmer haben Bad und WC: Auf diesen Luxus muss ich in meinem Hotel zwar verzichten, aber es beflügelt mich, über das alte Herbergswesen nachzudenken.

Herbergen, wie sie die Römer schon kannten, standen dem Reisenden nicht immer zur Verfügung. Daher war in weit zurückliegenden Zeiten der Reisende von der Gastfreundschaft jener Leute abhängig, bei denen er jeweils am Abend seines Fußmarsches ankam. So wird im alten Testament im 1. Buch Moses (19,3) berichtet, dass Lot den Engeln, die in Richtung Sodom unterwegs waren, sein Haus anbietet. Im „Ruodlieb", dem ersten auf deutschem Boden entstandenen Roman, begrüßt der Bauer den unerwarteten Gast mit diesen Worten:

*„Schickt mir Christus Gäste.*
*So feir ich mit den Meinen Osterfeste.*
*Was jetzt zu Abend, wo du uns erfreust.*
*Mir ist, was von dir kommt, das sendet Gott!"*

Der Gast wird, wie eben der Bettler, über den ich bereits am ersten Tag meiner Reise nachgedacht habe, als jemand gesehen, den der Himmel schickt. Es haftet ihm etwas Göttliches an. Diese Überlegungen will ich hier weiterführen.

Der Gast war ehedem, folgt man der Bibel und manchem Ethnologen, von so großer Bedeutung, dass man ihm sogar die eigene Frau oder eine Tochter zu seinem Vergnügen anbot. In der Völkerkunde spricht man bei einer solchen Sitte fälschlich von der „Gastprostitution". Fälschlich insofern, als es sich dabei um keine Prostitution im eigentlichen Sinne handelt, zu der vor allem die Käuflichkeit der Liebe gehört. Die Dirne verkauft ihrem Kunden Sexualität,[11] während bei der sogenannten „Gastprostitution" die Dame dem Gast auf Geheiß ihres Ehemannes unentgeltlich für erotische Dienste zur Verfügung gestellt wird.

In stolzer Großmütigkeit verzichten so die Eskimos zugunsten des Gastes auf die Liebesdienste der eigenen Ehefrau, und der bereits zitierte Lot erklärte sich bereit – so steht es im Alten Testament –, seine Töchter, „die noch kein Mann erkannt", den beiden Fremden anzubieten.

Dem Gast wird also die Ehre zuteil, die Frau oder die Tochter des Gastgebers während seines Aufenthaltes als Beischläferin zu haben.

Von dieser „Gastprostitution" wird uns in der Literatur viel berichtet. Im Jahre 446 sandte der Kaiserhof von Byzanz eine Gesandtschaft zu Attila, dem Hunnenkönig. Darüber heißt es in einer alten Quelle:

„Sie (die Frau des Bledas, des Bruders von Attila) sandte uns Lebensmittel und hübsche Frauen zum Beischlaf."[12] Tristan und Isolde stellten den Freunden Tristans Gefährtinnen Brangäne und Gymele zur Verfügung.

In einer anderen Geschichte bittet ein fahrender Schüler die heilige Gertrud, die Schutzherrin der Reisenden, um Herberge. Eine solche wird ihm bei einer schönen Frau zuteil, deren Mann abwesend ist. Während der Nacht bietet sich die Dame dem jungen Herrn als Gastgeschenk an, sie legt sich zu ihm ins Bett. Die beiden vergnügen sich, doch plötzlich kehrt der Ehemann heim. Die treue Magd ist verzweifelt, sie will ihrer Herrin helfen und betet daher zur heiligen Gertrud.

Die soll sie auf die Idee gebracht haben, das Dach einer kleinen Hütte in Brand zu stecken, was die Magd auch tut, und noch bevor der Ehemann die Wohnung betritt, wird er auf den Brand aufmerksam und eilt hinaus, um diesen zu löschen. Währenddessen kann sich die Frau aus den Armen des jungen Scholaren lösen und ihren Ehemann in die Arme schließen. Noch im Alter dachte der zum großen Gelehrten gewordene Student mit Freuden an diese schöne Frau.[13]

Dieser Brauch der sogenannten „Gastprostitution" lebte in Mitteleuropa noch lange fort. So berichtet Thomas Murner, Luthers streitbarer Gegner: „Es ist in dem Niderlande ouch der bruch, so der wyrt ein lieben gast hat, daz jm syn frow zulegt uff guten glouben."[14]

Bis heute wird gelegentlich, so denke ich, dem Gast, um ihn zu ehren, bisweilen eine Frau angeboten. So erging es auch mir. Ein Wiener Bordellbesitzer, der zu meinem Freund geworden ist, lud mich in sein Lokal ein. Er zeigte auf einige an der Bar sitzende hübsche Damen und meinte zu mir:

„Du bist mein Freund, und weil du das bist, so such dir eine Frau aus, ich lade dich dazu ein, du bist mein Gast." Ich war überrascht ob dieses Angebots, sah es als Ehrenbezeugung meiner Person, dankte dafür und lehnte höflich ab. Dies war auch gut so, denn ich behielt meine Souveränität, die notwendig ist, um hier eine gute Forschung durchzuführen. Hätte ich mich auf diese Einladung eingelassen, hätte ich den Respekt, den man mir entgegenbrachte, verloren. Ein Hinweis auf moderne „Gastprostitution" ist übrigens auch die Sitte, reichen Potentaten aus arabischen Ländern bei Besuchen mitunter Dirnen für die Nacht anzubieten.

Gastfreundschaft hat einen hohen Stellenwert.

Gasthöfe im eigentlichen Sinn entwickelten sich bereits an den römischen Heerstraßen. „Mansiones" nannte man diese Herbergen. Das Wort „mansio", das sich vom lateinischen Wort „manere" für „verweilen" ableitet, wird in der französischen Sprache in „maison" für Haus weitergeführt. Wiener Ganoven nennen „masen" die „Wohnung". Vielleicht waren es die Soldaten Napoleons, die sich um 1806 in Wien aufhielten und von denen Wiens Unterwelt dieses Wort übernommen hat. Jedenfalls ist es die „mansio", die römische Herberge, die am Beginn unseres Gasthauswesens steht.

Bereits in alter Zeit dürften schöne Wirtinnen die Reisenden gelockt haben. So beschreibt es der Dichter Vergil in seiner Elegie:

„Die Schankwirtin, eine syrische Wirtin mit griechischem Kopfband, lädt den Reisenden, dessen Esel der Schweiß herunterrinnt, zur Einkehr ein. Sie verheißt ihm in der Zeit, wo die Bäume vom Geschwirr der Zikaden ertönen und selbst die Eidechsen sich verstecken, einen kühlen Aufenthalt in der schattigen Laube ihres Garten am murmelnden Bach, ein Mahl, bestehend aus Käse, gelben Pflaumen, Maulbeeren, Trauben, Gurken, Kastanien und Äpfeln, dazu heurigen Wein, Kränze aus Violen, Rosen und Lilien und eine ländliche Musik. Aber der Gast soll auch Amor bei ihr finden." Diese hier gepriesene Wirtin erinnert mich an die viel besungene „Lindenwirtin", auf die ich in den nächsten Tagen sicher zurückkommen werde.

Das Gespräch eines Reisenden mit der Wirtin aus einer römischen Herberge ist uns erhalten:

„Wirtin, lass uns abrechnen!"

„Geliefert einen Schoppen Wein. Dazu ein Mädchen macht 8 As."

„Stimmt auch!"

„Heu für das Maultier 2 As."[15]

Im Mittelalter, mit dem Entstehen der Städte, den herumziehenden Kaufleuten und dem fahrenden Volk, das die Straßen bevölkerte, begann sich im europäischen Raum langsam ein passables Herbergswesen zu entwickeln. Wohl war dieses noch bis zum Beginn eines regelmäßigen Reiseverkehrs mit der Postkutsche ziemlich primitiv, aber immerhin, man fand als Vagabundierender gegen Bezahlung eine Unterkunft. Allerdings waren diese Herbergen meist auch Bordelle, was bewirkte, dass die Bezeichnung „Herbergsvater" einem Schimpfwort gleichkam. Die Wiener Ganoven sprechen in diesem Sinn vom „Koberer" oder von der „Herbergsmutter", der „Koberin", wenn sie einen Wirt oder eine Wirtin meinen, in deren Gaststätte es hoch hergeht.

Hier zeigt sich auch das Problem der Pilger und Wallfahrer, die sich in den Herbergen nicht nur betranken, sondern mitunter dem Reiz der leichten Mädchen erlagen.

Wallfahrerinnen und Wallfahrer hatten also keinen guten Ruf. Das heute im Wienerischen beheimatete Wort „Pülcher" für einen wilden und einfachen Mann leitet sich von der Bezeichnung Pilger ab. Pilger waren einst nicht unbedingt angesehene Leute. Ebenso Pilgerinnen, über die der heilige Bonifaz (675–754 n. Chr.), der Apostel der Deutschen, im 73. Brief schreibt. Er beklagt sich darin, dass sich die nach Rom ziehenden Pilgerinnen, den sexuellen Verführungen auf der langen Reise nachgebend, in den Städten des fränkischen Reiches und der Lombardei zu Priesterinnen der Venus vulgivaga gewandelt hätten. Bruder Berthold von Regensburg, der gewaltigste Volksprediger des Mittelalters, betont daher ausdrücklich, dass Frauen allein keine Wallfahrt unternehmen sollten. Er meint, dass sie viel mehr Sünden heimbrächten, als sie bei ihrer Ausfahrt mitgenommen hätten. Manche sollen auf der Heimfahrt auch geschwängert worden sein.[16]

Diese Verführungen fanden vor allem in den Herbergen statt. Übrigens war die Stadtpatronin von Augsburg, die heilige Afra, zunächst Dirne im Einkehrgasthaus ihrer Mutter. Sie wurde während der Christenverfolgung von einem Bischof und seinem Diakon, die auf der Flucht nach Augsburg kamen, geläutert. Afras seltsame Wandlung entsetzte die früheren Freunde, die nun zu ihren Feinden wurden. Von diesen wurde sie, da sie Christin geworden war, vor den Richter geschleppt. Sie blieb standhaft bei ihrem Glauben und starb auf dem Scheiterhaufen.

Die heilige Afra ist nicht nur die Stadtpatronin von Augsburg, sondern auch die Fürsprecherin aller deutschen Freudenmädchen.[17] Diese bevölkerten die Herbergen während des Konzils von Konstanz von 1414–1418. Dort sollen über 700 öffentliche und eine Unzahl von geheimen Dirnen die Teilnehmer am Konzil erfreut haben. Die Damen mussten gut verdient haben. So soll eine Wiener Dirne, die nur wegen des Konzils nach Konstanz gereist war, mit 800 Goldgulden die Heimreise angetreten haben.[18] Ähnlich wie die damals angereiste löbliche Geistlichkeit in Konstanz sich mit Dirnen einließ, so tun dies heute noch Politiker, wenn sie in offizieller Mission in ein anderes Land fahren. Sie befinden sich also in bester Tradition.

Als vor ein paar Jahren ein Politiker, ein Freund von mir, in offiziellem Auftrag eine rumänische Stadt aufsuchte, um sich einen Eindruck über die sozialen Zustände zu verschaffen, soll er sich in dem Hotel, in dem er abgestiegen war, auch mit einer Dirne, die schon auf den Gast gewartet hatte, vergnügt haben. Dies wurde ihm von mitgereisten Journalisten, die vielleicht keine Sympathie für diesen Politiker hatten, in österreichischen Tageszeitungen vorgeworfen. Diesem Politiker wurde so übel mitgespielt, dass er von seinem politischen Amt zurücktrat. Warum sich die Journalisten als Aufdecker bei dieser Angelegenheit derart engagierten, sei dahingestellt. Der Politiker tat nichts anderes, als es bereits noble Geistliche zu Zeiten des Konzils von Konstanz getan hatten.

In modernen Hotels werden also bisweilen Dienstleistungen weitergeführt, wie sie typisch für die alten Herbergen waren, jedoch dort ging es damals wild zu. Oft herrschte ein gehöriges Durcheinander. Die Gäste hatten engen Kontakt miteinander, und man genierte sich nicht, es nebeneinander in den Schlafstellen zu treiben. Die Luft war stickig, die Lust war groß.

Ich denke an die Geistlichkeit, die heiter lebte, die bei Freudenmädchen in den Herbergen von Konstanz ihr Vergnügen suchte, und an
den Politiker, der einen hohen Preis zahlen musste, weil er den Reizen
einer klassischen Herbergsdirne nicht widerstehen konnte. Auf sie alle
erhebe ich mein Glas Bier.

## 11. Tag – Von Kühlungsborn nach Stralsund

Gemütlich liege ich im Bett und lasse mir Zeit mit dem Aufstehen. Das Wetter ist schön, die Sonne scheint. Ich esse in einem Frühstücksraum mit typischem DDR-Charme ein karges Frühstück. Hotels dieser Art, bereits etwas vergammelt, mit antiquierten WC-Anlagen auf den Gängen und äußerst einfach eingerichteten Zimmern, werden vorrangig auch von den Bürgern der ehemaligen DDR aufgesucht. Nostalgie und niedrige Preise mögen die Gründe dafür sein. Ich zahle meine Rechnung bei den beiden Empfangsdamen, hole mein Rad aus dem Keller und radle durch Kühlungsborn. Rege Bautätigkeit fällt mir auf. Sicherlich wittern Unternehmer aus dem Westen hier an der Küste das große Geschäft. In einem Fotogeschäft, das behelfsmäßig in einem Container untergebracht ist, kaufe ich mir für 49,– DM, also um wenig Geld, einen handlichen Fotoapparat.

### DAS PAPIER UND DIE GELEHRTEN

Jetzt habe ich also einen Fotoapparat, obwohl ich mich bislang beharrlich weigerte, mir einen solchen zu kaufen. Was soll ich mit den Bildern zu Hause, wenn ich ohnehin nicht mehr weiß, wohin mit dem vielen Papier und den Fotos. Wir leben in einer Welt, in der alles Mögliche auf Papier festgehalten ist. Neben der Wirklichkeit, in der wir leben, gibt es die Wirklichkeit auf dem Papier. Gäbe es diese Wirklichkeit nicht, so wüssten wir nichts von unserer Geschichte, unseren Ahnen, ihren Freuden, ihrem Ärger. Wir könnten nichts aus der sogenannten Geschichte lernen. So sehe auch ich einen Sinn darin, Papier zu beschreiben, in der Hoffnung, Menschen zum Nachdenken anzuregen, den Blickwinkel zu erweitern. Aber der Papierumfang wird ein Problem. Ich weiß schon gar nicht mehr, wohin mit den Büchern, die ich zu Hause habe, laufend erwerbe oder geschenkt bekomme, denn trennen kann ich mich nicht von ihnen. So hängt über meiner Bibliothek ein Zettel mit den Worten: „Ich bitte meine Gäste, mir keine Bücher zu schenken. Mir ist lieber Bauernschnaps, Schafkäse und Kernöl." Bis jetzt hat dieser Aufruf nur wenig Erfolg gezeigt, und die ungeliebten Büchergeschenke werden fortgesetzt. Was ich brauche oder haben will, kaufe ich mir selbst, denn der Erwerb eines Buches ist für mich eine rituelle Handlung.

Man betritt einen Buchladen, schaut sich um, fragt den Buchhändler, ob er dieses oder jenes Buch habe. Er holt das gewünschte Stück aus dem Regal, legt es feierlich auf den Verkaufstisch und wartet auf die Reaktion des potenziellen Käufers. Dieser nimmt das Buch in die Hand, blättert darin, manchmal länger als dem Buchhändler lieb ist, und spricht ein paar lobende Worte. Dann kommt der Griff in die Geldbörse und der Herr des Buchladens freut sich. Diese selbst ausgesuchten und gekauften Bücher haben für mich mehr Reiz als Bücher, die man als Mitbringsel bekommt und die einen nicht unbedingt interessieren.

Papier kann heilig, aber auch höchst problematisch sein, vor allem wenn man nicht weiß, wohin damit. Daher stehe ich wohl auch Fotos skeptisch gegenüber. Mein Vorsatz beim Kauf des Fotoapparates ist es, höchst selten und nur das Wichtigste zu fotografieren. Damit der geneigte Leser nicht glaubt, ich würde Büchern, Bildern und Fotos gleichgültig gegenüberstehen, möchte ich hinzufügen, dass ich noch einen zweiten Zettel neben dem oben erwähnten über meiner Bibliothek angebracht habe, auf dem zu lesen ist: „Ich, Roland Girtler, verborge keine Bücher, schon gar nicht an meine Freunde."

Ich verleihe keine Bücher, schon gar nicht die, die ich besonders schätze. Damit habe ich schlechte Erfahrungen gemacht. Ein guter Freund, akademisch gebildet, lieh vor Jahren ein Buch über „Gutes Benehmen" aus. Den Mann interessierte diese Schrift, da er sich als

Kulturwissenschaftler besonders mit Ritualen des guten Benehmens beschäftigte. Doch offenbar war ihm selbst gutes Benehmen nicht wichtig, denn er gab das Buch nicht zurück. Als ich es nach einem Jahr mit gutem Grund einforderte, meinte mein Freund: „Wenn man einmal ein Buch ein Jahr verborgt hat, so darf man nicht damit rechnen, es zurückzubekommen." Mein Protest wurde nicht gehört.

Eine Kollegin, auf Roma spezialisiert, entlieh sich von mir ein sehr seltenes, höchst wertvolles Buch über die Welt der Zigeuner, ein Buch, das mir sehr lieb war. Gewitzt durch meinen Freund, bat ich die Dame schon nach drei Monaten, mir das Buch wiederzugeben. Die Kollegin, sie hat das Buch heute noch, meinte mit bewundernswerter Ehrlichkeit, dass sie an diesem Buch Gefallen gefunden hätte und nicht daran denke, es wieder aus der Hand zu geben. Ich war deswegen unglücklich, aber das berührte sie nicht. Ich erhielt als „Entschädigung" ein anderes altes Buch mit Predigten, wie sie katholische Priester im 18. Jahrhundert zu halten hatten. Da ich nie Theologe werden wollte und wenig Interesse für religiöse Werke habe, kann ich dieses eigenwillige Tauschgeschäft nur als Verlust empfinden.

Papier und Fotos können wichtig sein, wenn Dinge abgebildet sind, die für den Fotografen von Bedeutung sind, wie ein goldener Buchumschlag, ein gotisches Gebäude oder eine schöne junge Frau.

Mit diesen Gedanken trete ich in die Pedale und genieße die Gleichmäßigkeit des Dahinrollens auf ebenen Straßen, bei der man sich frei fühlt und die Luft des Vagabundierens atmet.

## DER KULTURWANDEL IM OSTEN UND SEINE SCHWIERIGKEITEN

Ich nähere mich Warnemünde, der berühmten Hafenstadt vor Rostock, die große – nicht nur kriegerische – Seegeschichte geschrieben hat. Über welliges Kopfsteinpflaster gelange ich zu der Fähre, die mich in die Nähe von Markgrafenheide bringen soll.

In einem kleinen Käsegeschäft beim Landungssteg kaufe ich Buttermilch und guten Käse aus Holland. Im Gespräch mit der reizenden Verkäuferin merke ich an der Sprache, dass sie nicht von hier ist. Ich tippe auf eine Westdeutsche, die sich hier angesiedelt hat, um eine Marktlücke zu nutzen. Meine Vermutung erweist sich als richtig, sie erzählt:

„Mein Mann und ich kommen aus Westfalen. Wir haben uns hier dies Geschäft gekauft, und es geht nicht schlecht. Ich bin allein hier, mein Mann ist auf den großen Märkten unterwegs, um Käse zu verkaufen. Wir dachten, in der ehemaligen DDR seien solche Geschäfte gefragt, aber wir haben unseren Ärger als Westler." Ich will mehr wissen, die Sache macht mich neugierig. „Ich habe es schon satt", fährt sie fort, „dass wir uns dauernd von den Leuten hier anhören müssen, dass wir aus dem Westen kommen und hier gute Geschäfte machen. Die Leute sollen doch froh sein, dass wir hier sind und investieren. Wir sind es, die für sie die Steuern zahlen. Statt dass sie froh sind, machen sie nun den Westen für ihre Probleme verantwortlich."

Diese Worte geben mir zu denken, denn ich sehe, dass die Frau leidet. Als junge Frau hatte sie mit ihrem Mann den Mut, hier bei der Fähre in Warnemünde ein Geschäft zu eröffnen. Viel Fleiß, Ausdauer und Geschäftssinn haben ihr Leben bestimmt. Sie und ihr Gemahl haben es sich jedenfalls nicht leicht gemacht. Sie haben etwas gewagt und gehofft, davon auch gut leben zu können. Der Vorteil des Systems, das man „kapitalistisch" nennt, hat auch soziale Komponenten. Dass das möglich ist, daran wagte der gute Karl Marx nicht zu denken. Die Mächtigen des Kommunismus schoben jeden Gedanken an Kapitalismus zur Seite. Den Menschen der ehemaligen DDR wurde die Freude und Kreativität, die mit Geschäften verbunden sind, genommen, und es ist nur verständlich, dass es nicht leicht ist, plötzlich „kapitalistisch", also „unternehmerisch" zu denken. Die Leute aus dem Westen mit ihrem Wissen um Investition und Profit sind ihnen dabei überlegen. Das spüren die Menschen aus der ehemaligen DDR und sind verärgert, angesichts eines Käsespezialisten aus dem Westen, der bei der Fähre in Warnemünde ein Geschäft aufmacht. Sie selbst haben lediglich gelernt, mit dem, was man ihnen gibt, zufrieden zu sein. Sie lernten aber auch, das kommunistische System zu ihrem Vorteil zu nutzen, um zum Beispiel einen billigen Urlaub in einem Ostseebad in einem staatseigenen Hotel zu verbringen. Privates Unternehmertum war nicht möglich, denn es war der Staat, der an das große Geld kommen wollte. Der achtete sorgfältig darauf, den Einzelnen dauernd zu kontrollieren, damit er keine „großen Sprünge" machen konnte. Das System des Westens mit neuen Denkmustern ist für sie verständlicherweise zu schnell gekommen. Aus der totalen Bevormundung herausgerissen, stehen sie nun vor dem Problem, sich um Arbeitsplätze selbst kümmern zu müssen oder eventuell auch unternehmerisch tätig zu werden. Es wird noch einige Zeit brauchen, bis Strategien entwickelt sind, um mit den neuen Ideen fertigzuwerden und diese umzusetzen. Aber es gibt auch jene, die die Chance des Augenblicks nutzten und gute Geschäfte machen, wenn auch auf illegalem Wege.

In einer in Warnemünde modern eingerichteten und sauberen Bäckerei kaufe ich mir ein Stück Kuchen. Ein Herr mittleren Alters steht hinter dem Verkaufstisch und ist mit der Angestellten ins Gespräch vertieft, als ich eintrete. Ich frage, während ich den Kuchen esse, ob man sich über das Zusammenleben mit Westdeutschland freue. Beide schauen mich erstaunt an. Die Dame holt tief Luft, während sie Brote zurechtrückt, an ihrer rot-weißen Schürze zupft und dann Folgendes sagt:

„Sicherlich bringt der Westen seine Vorteile, aber früher war es hier an der Ostsee viel ruhiger. Nun schießen überall Geschäfte aus dem

Boden, und Spekulanten aus dem Westen sind unterwegs. Es kommt zu eigenartigen Praktiken. Ein Bauer hat 600,– DM dafür bekommen, dass er sein Feld im Westen nicht bebaut. Derselbe Mann hat aber gleichzeitig ein Feld hier im Osten um 200,– DM gepachtet, auf dem er Früchte anbaut, die er sonst im Westen angebaut hätte." Die Angestellte der Bäckerei ist entsetzt über diese Machenschaften, die typisch waren für eine Zeit nach der Aufhebung der Grenze zum Osten.

Es herrschte Verwirrung, zwei verschiedene politische Systeme trafen aufeinander und Geschäftstüchtige profitierten davon, was die Menschen im Osten wenig freute. Andererseits gab es aber auch gewitzte Ostberliner, die im Westen arbeiteten und im Osten wohnten. Das brachte gewaltige Vorteile. Beide Seiten sind zu verstehen: Die Käseverkäuferin, die nun ein Geschäft in Warnemünde hat, und der Bäckereispezialist im Osten. Die einen aus dem Westen sehe ich geradezu als Missionare, die das Heil in Form von neuen Geschäften, neuen Hotels und Autos für jedermann in den Osten bringen wollen. Die anderen sehen sich in ihrer Ruhe gestört und ärgern sich über die nun höheren Preise. Da fügt die Verkäuferin im Bäckerladen noch hinzu: „Die Arbeitslosigkeit, die wir jetzt haben, kommt aus dem Westen." Ich wage nicht zu erwähnen, dass der Westen nicht nur Freiheit, sondern auch ein Umweltbewusstsein gebracht hat, für das die Leute hier früher kein Verständnis hatten. Die Umwelt war ihnen gleichgültig, sie wurde brutal verschmutzt, die Industrie lag darnieder und die Häuser waren renovierungsbedürftig. Jetzt aber ändert sich vieles, wie ich auf meiner Tour bemerke. Die Straßen sind neu, frisch asphaltiert, wenn auch nur die, die Dörfer und Städte verbinden. Die Nebenstraßen sind noch im alten, sehr schlechten Zustand. Es wird viel gebaut und renoviert hier im Osten. Eine Kultur des Wandels, die spannend ist, aber gleichzeitig eine Belastung für die Menschen darstellt, die bis dahin im Schoße des Kommunismus, der alle mehr schlecht als recht versorgte, ein ruhiges

Leben führen konnten. Man wäre dumm gewesen, berufliches Engagement zu zeigen, denn es hätte dem Einzelnen nichts gebracht. Als Straßenkehrer ließ man die Straße so schmutzig, wie sie war, als Verkäufer kümmerte man sich wenig um die Kunden. Im Bewusstsein der Leute änderte sich viel, denn Straßenkehrer und Verkäufer wollen nun Geschäfte machen und sind interessiert, ihre Aufgaben gut zu erledigen. Die Jugend freut sich über diesen Wandel und die neue Freiheit. Ich sprach mit jungen Burschen, die, anders als die Verkäuferin im Bäckerladen, froh waren, dem alten Zwang entronnen zu sein.

Allerdings haben es die Erwachsenen nicht leicht. Drohende Arbeitslosigkeit macht ihnen Angst und was sonst alles vom Westen her auf sie zukommt, auch wenn es ein Vorteil sein kann. Ich spüre immer wieder, dass es so etwas wie DDR-Nostalgie gibt. Das wurde zum ersten Mal deutlich, als ich an der Moldau die freundlichen Leute aus der ehemaligen DDR traf. Aus Gründen der Nostalgie reisten sie nach Tschechien, weil es dort noch so aussehe wie in ihrer alten Welt, sie sind also „Nostalgie-Reisende". So wie heute Städter auf das Land fahren, um alte bäuerliche Kultur zu erleben, die im Untergehen ist, so waren diese ehemaligen DDRler unterwegs, um wieder kommunistisches Flair zu genießen, jedoch aus wohliger Distanz heraus. Denn tatsächlich werden sie nicht mehr daran interessiert sein, ihr altes Leben wieder aufzunehmen. Es gab damals eben nicht die Freiheit, Urlaub zu machen, wann und wo man wollte. Auch die Verkäuferin der Brote jammert den alten Zeiten wohl nur scheinbar nach, wenn sie jetzt ein gutes Leben hat.

Ich jedenfalls freue mich, dass ich mich heute in diesem Land so frei auf meinem Fahrrad bewegen kann. Vor allem gibt es jetzt jede Menge Gasthäuser, in die ich einkehren kann. Ich erinnere mich vor vielen Jahren in Dresden, als ich für einen Platz in einem Restaurant Schlange stehen musste. Wirtshäuser sind ein schönes Symbol einer Kultur.

Mit solchen Gedanken bin ich beschäftigt, als ich in Warnemünde die Fähre besteige. Der Käseverkäuferin habe ich noch versichert, dass ich ihren Mut bewundere, hier ein Geschäft eröffnet zu haben. Ich wünsche ihr Glück, guten Gewinn und Freude mit ihrem Mann, dem herumziehenden Käseverkäufer.

Nach der Überfahrt radle ich weiter in Richtung Markgrafenheide und nehme nun die Straße entlang der Ostsee, durch schöne Ostseebäder, wie Dierhagen, Wustrow und Ahrenshoop. Hier mag die alte DDR-Prominenz heitere Urlaube verbracht haben. Durch diese schöne Landschaft an der Ostsee rollt heute zunehmend der Autoverkehr, hier und da sieht man einen Radfahrer. In der nächsten Zeit wird es hier mehr von ihnen geben, denn die Straßen sind ideal für gemütliches Dahinradeln, wie ich es praktiziere. Irgendwann pausiere ich hinter einem Deich in den Dünen, esse ein paar Kleinigkeiten, die ich unterwegs gekauft habe, genieße das Meer und denke:

„Mir geht es gut, hier bin ich allein, habe meine Ruhe und kann mir Gedanken machen, was ich den anderen erzählen werde." Ich glaube, dass man beim Radfahren seine Gedanken sammeln und ordnen kann und vielleicht weiser wird. Ich kann mich an kleinen Dingen erfreuen und die wenigen Menschen, die ich treffe, intensiver erleben.

Meine Blicke gleiten über die Ostsee und verlieren sich in der Weite des Meeres. Ich radle weiter, bleibe aber später wieder stehen. Das Meer und die Dünen mit dem wenigen Grün faszinieren mich und ich bitte zwei junge, hübsche Damen, die an mir vorbeischlendern, mich zu fotografieren. Ich stelle mich mit meinem Fahrrad so auf, dass die Ostsee im Hintergrund ist. Das Foto ist Erinnerung und Beweis, dass ich hier war. Dann geht es weiter durch Barth, Groß Kordshagen und Niepars. Ich verlasse nun die für das Radfahren angenehme Nebenstraße und fahre auf der Hauptstraße Richtung Stralsund, wo ich heute Quartier nehmen will. Und sofort plagt mich der Gedanke, ob ich ein freies Zimmer finden werde.

Es dämmert schon, als ich in Stralsund, einer schönen, alten Stadt, einradle. Die Häuser sind renovierungsbedürftig, aber ihre alte Schönheit ist noch erkennbar. Diese Gebäude erinnern in ihrem Zustand an eine Zeit der Armut, denn seit den 1950er-Jahren wurde hier baulich nichts mehr verändert. Das jahrhundertealte Kopfsteinpflaster ist ein Symbol für vergangene Zeiten und ein echtes Problem für den Radfahrer, der sich hüpfend und wackelnd bemüht, diesen Fahrweg zu meistern. Dennoch ist das Pflaster in seiner Buntheit schön anzusehen. Auf dem Platz vor dem Bahnhof in Stralsund bleibe ich kurz stehen und betrachte die Häuser, deren desolate Jugendstilfassaden daran erinnern, dass Stralsund einmal eine reiche Handelsstadt gewesen ist. In einem dieser Häuser ist ein Hotel, und ich frage an, ob ein Zimmer frei wäre. Das ist es zwar, kostet aber 200,– DM. Ich finde das unverschämt teuer und gehe.

Kleine Straßen führen mich auf der Suche nach einem Hotel zum Hafen, wo mir jemand das Hotel „Baltic" empfiehlt. Ich mache mich auf den Weg und stehe vor einem großen Kasten. Das Hotel sieht aus, als ob es in DDR-Zeiten für vornehme Leute erbaut wurde. Ich frage an der Rezeption nach einem Zimmer, und es ist eines frei, sogar mit Fernseher und gar nicht so teuer. Freudig beziehe ich es, mache mich frisch und wandere anschließend durch Stralsund.

Das Zentrum ist beeindruckend, mit seinen gotischen Kirchen und dem gotischen Rathaus aus Backstein. Die Backsteine verleihen diesen alten Prachtwerken nicht nur Schönheit, sondern sie künden auch von der Macht der alten Hanse. Im ausgehenden Mittelalter war Stralsund, die Hansestadt, ein wichtiger Handelsplatz an der Ostsee und lange Zeit unter schwedischer Herrschaft. Davon zeugen Gedenktafeln und Steine. Auf einer Tafel ist vom Schwedenkönig Gustav Adolf zu lesen. Ich lasse das alles auf mich wirken, während ich durch die dunklen Gassen und über die großen Plätze lustwandle. Ich glaube, das ist eine

der schönsten Städte der Welt. Meinem Hotel ist ein Restaurant angeschlossen, in dem ich nach meiner Rückkehr noch etwas esse und mir
ein Bier kredenzen lasse. Das ist warm, und ich beschwere mich. Ein
neues Glas Bier schmeckt genauso wie das vorige, anscheinend funktioniert die Kühlung nicht. Als ich zahle, verlangt die Kellnerin, dass
ich zwei Bier bezahle. Ich weigere mich, was die Kellnerin anscheinend
überrascht. Sie versteht meine Weigerung aber schließlich, und ich
muss nur ein Bier bezahlen. Müde gehe ich zu Bett, es waren ja doch
130 Kilometer, die ich unterwegs war.

## DER ZAUBER DES HOTELS —
## DAS KLASSISCHE STUNDENHOTEL

Das Hotel, in dem ich heute nächtige, erinnert nicht mehr an alte he-
runtergekommene Herbergen, sondern hat eine gewisse Noblesse, die
mich erfreut und das warme Bier vergessen lässt.

Hotels haben allgemein etwas mit Luxus zu tun, sie sind mehr als
gewöhnliche Herbergen. Dass Hotels früher Annehmlichkeiten anzubieten hatten, die denen eines wohlhabenden oder sogar fürstlichen
Haushaltes überlegen waren, bestätigt eine Geschichte, die von Kaiser
Wilhelm I. erzählt wird: Er ließ sich, wenn er baden wollte, eine Bade-
wanne aus dem Hotel de Rome ins Potsdamer Schloss kommen oder er
soll einfach zum Baden in dieses Hotel gegangen sein.[19]

Das Hotel, das es in der heutigen Art erst seit dem vorigen Jahrhundert gibt, war seiner Zeit voraus und daher, was Komfort und Lebensart anbelangt, stets Vorbild für vornehmes Leben. Die Hotels der Jahrhundertwende in den noblen Kurorten und den großen Städten waren
regelrechte Luxuspaläste, die für vornehme Reisende so etwas wie ein
zweites Zuhause darstellten. Auch heute ist es noch so, dass das Hotel
den Reiz des Nicht-Alltäglichen hat. Hier kommen Menschen zusam-

men, die sich sonst nicht begegnen würden, Geschicke verflechten sich, man findet aber auch Diebe und Betrüger. Das Hotel bietet also eine breite Plattform, auf der buntes Leben herrscht.

Eine besondere Form des Hotels ist das sogenannte Stundenhotel, wie es typisch für Großstädte, etwa Wien, ist. Sie sind nicht nur Vergnügungsstätten für Dirnen und ihre Kunden, sondern auch für andere Paare, die die Süße der Liebe mangels anderer Gelegenheiten dort genießen wollen. Das Hotel, in dem ich logiere, hat zwar nicht den Anschein, ein Stundenhotel zu sein, doch es ist in jedem Hotel möglich, Zimmer stundenweise anzumieten. Bisweilen dienen Hotels auch der geheimen Prostitution. Vor allem die Hotels im ehemals kommunistischen Osten – und in einem solchen bin ich abgestiegen – eigneten sich für die Geschäfte der Liebesdienerinnen mit Gästen aus dem Westen. Hotels bieten sich gerade für solche erotischen Kontakte an, auch für jene Paare, die verheiratet sind, aber nicht miteinander.

Für Prostituierte, so war es zumindest in Wien, waren Hotels besonders deshalb interessant, weil man Bordelle offiziell verboten hatte. Manchen Hotelbesitzern kam dieses Verbot sehr gelegen, da sie nun den Umsatz des Hotels – durch das oftmalige Vermieten einzelner Zimmer pro Tag – steigern konnten. Geschickte Portiere knüpften und knüpfen Beziehungen zu Prostituierten, um sie zum Besuch der Hotels zu bewegen, in denen sie arbeiteten. Früher sagte man in der Sprache der Ganoven Wiens dazu: „Das Hotel X lässt Rennpferde laufen!" Dirnen oder Zuhälter, die sich mit dem Portier eines Hotels angefreundet haben, sind naturgemäß darauf aus, in der Umgebung dieses Hotels die Kundschaft zu suchen. Die Prostituierten können auch damit rechnen, einen gewissen Schutz durch den Hotelbesitzer und den Portier zu genießen. In Wien gibt es diese Tradition seit einigen Jahren wieder, weil Zuhälter in frei werdenden Häusern Bars mit Bordellcharakter einrichteten.

Dirnen, die auf Kunden warten, gehören seit jeher zu den Städten. In früheren Zeiten zogen sie dem Tross der Krieger in alten Heerzügen nach und gehörten in meinen Augen zum weiten Kreis der Gaukler. Die freundliche Kunst des Gauklers bestand seit jeher darin, andere Menschen dazu zu verlocken, ihnen zumindest kurze Zeit bei Kunststücken und allerlei anderem zuzusehen und dann dafür zu bezahlen.

## DIE TRADITION DER GAUKLER

Wenn ich schon Dirnen mit Gauklern vergleiche, weil sich beide mit Charme gegen gutes Geld anzubieten wissen, ist es an der Zeit, ein paar Gedanken zur Geschichte der Gaukler einzubringen. Die Gaukler waren stets Wandernde, die mit ihren Bällen, Keulen und Seilen von Ort zu Ort zogen. Zirkusse sind nichts anderes als Gemeinschaften von Gauklern, nämlich von Künstlern, die von ihrer Geschicklichkeit leben.

Bereits im Altertum gab es Zirkusse, und die Gaukler verstanden es, die Menschen der antiken Städte zu unterhalten. Schon der alte Xenophon erzählt: „Gaukler beiderlei Geschlechts, bald einzeln, bald zu Banden vereinigt, durchwanderten die Welt und schlugen stets da, wo es viel Gewinn gab, ihre Schaubühnen auf. Sie wurden häufig zu Festlichkeiten herangezogen, um die Gäste durch ihre Vorführungen zu erfreuen."[20]

Wahrscheinlich waren es kultische Ereignisse, bei denen Gaukler zum ersten Mal auftraten. Die Kirchweihfeste erinnern noch heute daran, und bei den alten Kultstätten, wie Olympia oder Stonehenge, gab es tatsächlich Rummelplätze. Es ist anzunehmen, dass als erste Schausteller Leute auftraten, die sich dem Publikum tanzend präsentierten. In diesem Sinn berichtet Tacitus in seiner „Germania":

„Sie (die Germanen) kennen nur ein einziges Schauspiel, dieses kann man bei jeder Festlichkeit sehen. Junge Krieger, die das Spiel als Sport betreiben, tanzen nackt zwischen Schwertern. Je mehr sie üben, desto geschickter werden sie und mit der Geschicklichkeit wächst auch die Anmut ihrer Bewegungen. Sie treiben diesen Tanz nicht als Beruf oder um Geld zu verdienen: die Freude der Zuschauer ist ihnen der schönste Lohn für ihr verwegenes Spiel …"[21]

Von Fechtern, reisenden Schauspielern, Leuten, die Possen reißen, Schwänke aufführen, mit Puppen spielen oder dressierte Tiere vorführen, berichten römische Autoren. Sie berichten aber auch von herumziehenden Bettelpriestern, die sich als Verehrer der „Großen Göttin" oder der „Großen Mutter" ausgaben und mit einem kleinen Bild der Göttin von Ort zu Ort zogen.

Die Tradition dieser Leute wird weit bis in die Gegenwart weitergeführt. Im „Liber vagatorum" werden sie angeführt. Die Vaganten haben also ihre Wurzeln in der vorchristlichen Zeit. Zu ihnen zählten Zauberer und Wahrsager, Traum- und Sterndeuter, aber auch fahrende Ärzte und Quacksalber, zu denen der kluge Paracelsus gehörte. Ebenso traten fahrende Frauen auf, die als Tänzerinnen, Sängerinnen, Flöten- und Paukenspielerinnen die Zuschauenden zu erfreuen suchten.[22]

Hoch angesehen war es nicht, dieses fahrende Volk, aber es schuf eine eigene Kultur, nämlich die der Gaukler. Der Sesshafte stand ihnen mit äußerster Skepsis gegenüber. Gaukler waren so ziemlich in allem rechtlos. Sie durften kein öffentliches Amt bekleiden, sie vermochten weder zu erben, noch zu vererben. Die öffentlichen Stellen konnten fast willkürlich über sie verfügen. Der Bürger distanzierte sich sogar im Tod von ihnen, und man verscharrte die Gaukler außerhalb des Friedhofes.[23] Aber dennoch hielt sich das Gauklertum und die Tricks, mit denen sie auftraten, wurden immer fantasievoller. Auf Märkten konnte man Schwertkämpfer sehen und an Glücksspielen teilnehmen. Die gibt es bereits seit dem Ende des 15. Jahrhunderts. Kleider, Becher, Gürtel, Waffen und andere Dinge waren zu gewinnen. Daraus entwickelte sich im 16. Jahrhundert in Italien und Holland die Lotterie.

Gaukler nützten Zusammenkünfte aller Art, wie Schützen- und Kirchenfeste, um Geld zu verdienen. So wurden auf der Leipziger Ostermesse des Jahres 1630 folgende Spezialisten beobachtet: ein Vater mit sechs Kindern, die mit Lauten und Geigen musizierend auftraten, eine Frau, die mit den Füßen nähen, schreiben und essen konnte, ein voll behaartes und bärtiges einjähriges Kind, Seiltänzer, Feuerfresser, starke Männer, Taschenspieler und Bänkelsänger.

Noch in den 1940er- und 1950er-Jahren, in den Jahren meiner Kindheit, zogen Gaukler über Land und waren bei großen Dorffesten anzutreffen. Heute noch gibt es dieses fahrende Volk, allerdings nicht mehr in der alten Form. In fahrbaren Verkaufswägen kommen sie mit ihren Schießbuden und die Autodrome haben die alten Ringelspiele verdrängt.

Ich glaube, es war früher mehr Leben auf den Vergnügungsplätzen der Dörfer, die Straßen waren voll von Leuten, die als Fahrende davon lebten, den Sesshaften ein Schauspiel zu bieten und ihnen etwas zu verkaufen. Die Vaganten, die Fahrenden, waren ein buntes Volk, vor dem sich, wie gesagt, der brave Bürger hütete.

Wie schon erwähnt, hatte das fahrende Volk mit Rotwelsch auch seine eigene Geheimsprache,[24] die ihre Faszination hat.

An alle diese Leute, die auf den Märkten der Städte als Dirnen und Gaukler ihre Dienste anboten, denke ich und werde auf ihr Wohlsein ein großes Glas Bier trinken.

# 12. *Tag – Umrundung Rügens*

Ich frühstücke gut und lasse mir Zeit. Heute will ich die Insel Rügen umrunden, meine Mutter hat mir viel davon erzählt. Sie verbrachte hier als Medizinstudentin vor dem Krieg einen schönen Urlaub, von dem sie immer wieder schwärmte, und erzählte von dieser Insel und von dem großen weißen Felsen. Dort will ich mit meinem Fahrrad hin. Nicht nur meine liebe Mutter, auch große Geister, wie Gerhart Hauptmann, waren angetan von der Landschaft und der Ruhe auf der Insel.

Ich hole mein Fahrrad aus dem Keller, bepacke es und radle in Richtung Rügen. Über eine Deichstraße gelange ich auf die Insel. Eine Straßenarbeiterin fällt mir auf, die eine grellrote Jacke trägt, einen richtigen Blickfang. Ich frage sie, wo man eine solche Jacke erwerben könne, die auch für mich als Radfahrer von Vorteil wäre, um gut gesehen zu werden. Sie sagt, sie habe das Stück in einem Geschäft für Arbeitskleidung erstanden. Ich danke höflich und fahre auf einer Nebenstraße weiter, die mich an den östlichen Rand der Insel Rügen führt.

Randgebiete sind meist interessanter als das Landesinnere, und ich werde lieber dort fahren, wo das Land ans Meer grenzt. Wahrscheinlich ist das auch der Grund, warum mich Randkulturen faszinieren, also Bereiche, die vom braven Bürger als unangenehm, ekelig, widerwärtig, böse oder eben unanständig begriffen werden. Die Leute am Rande der Gesellschaft können viel erzählen, haben einen eigenartigen Reiz und meist eine alte Kultur, wie zum Beispiel die Stadtstreicher. Ihre Vorfahren sind bereits im Mittelalter als Vaganten zu finden und im „Liber vagatorum", dem Buch der Vaganten aus dem 15. Jahrhundert, sind ihre Bettlertricks und andere Kniffe eingehend geschildert, die teilweise bis heute Gültigkeit haben.

Ich kam darauf, als ich über die Wiener Sandler, wie man in Wien die Stadtstreicher nennt, forschte. Menschen am Rande der Gesellschaft haben Geschichte und sind für das Zentrum, also die Menschen, die in der Mitte leben, verdächtig, aber auch notwendig. Ohne Mitte würde es keine Ränder geben und umgekehrt, denke ich, während ich weiter den Rand der Insel entlang fahre und nicht die Mitte suche. Die größte Stadt Rügens, Bergen, die sich im Zentrum befindet, lasse ich links liegen.

## DAS SCHICKSAL DES PHILOSOPHEN SCHLICK UND ERNST MORITZ VON ARNDT

Ich komme nach Garz, einem lieblichen Dorf, wo eine Tafel darauf hinweist, dass man hier in einem Museum Ernst Moritz Arndt gedenkt.

Das interessiert mich, und ich bleibe bei einer Kate stehen, die das angegebene Museum sein könnte. Ein kleiner Zaun umgrenzt den Garten, in dem ein mit roten Ziegeln gedecktes Haus steht. Ein paar ältere Herrschaften tummeln sich hier. Ich betrete das Museum und wandle durch die Ausstellung, die an die DDR-Zeit erinnert. Bücher, Bilder und kleine Erinnerungen, wie etwa eine Schnupftabakdose, breiten hier das Leben eines Mannes aus, der von unfreien Bauern auf Rügen abstammt, sich eine umfassende Bildung aneignete und ein großer Literat wurde.

Arndt, der von 1769 bis 1860 lebte, war ein heftiger Gegner Napoleons. In den Freiheitskriegen von 1813 rief er die Studenten zum Widerstand auf, und diese fochten halsbrecherisch gegen die Franzosen. Eines der Lieder Arndts beginnt mit den Worten:

„Der Gott, der Eisen wachsen ließ, der wollte keine Knechte." Es ist ein wildes Lied, in dem er die Deutschen beschwört, gegen den Welteroberer zusammenzustehen. Ähnlich hat Charles der Gaulle im Zweiten Weltkrieg französisches Nationalgefühl beschworen, um die deutschen Besatzer hinauszuwerfen. Beide, Arndt und de Gaulle, haben versucht, eine Nation zum Widerstand zu bewegen, die stolz auf sich sein kann. Den deutschen Sänger Arndt hat die ehemalige DDR besonders verehrt. Sie sah sich als alleinige Trägerin der wahren deutschen Tradition und benannte die im nahe gelegenen Greifswald befindliche Universität „Ernst-Moritz-Arndt-Universität".

Ich komme mit einer freundlichen Dame ins Gespräch, der Museumsleiterin, die schon zu DDR-Zeiten diesem Beruf nachging. Nach der Wende war es ihr unangenehm, in einem Museum zu arbeiten, das der Erinnerung an Ernst Moritz Arndt diente, einem Mann, auf den sich auch die Nationalsozialisten beriefen. Ich denke aber, ein freier Geist wie Arndt hätte sich von Hitler distanziert. Ich erzähle ihr eine Geschichte, die geradezu tragikomisch ist, sich in Wien ereignete und mit Ernst Moritz Arndt zu tun hat.

1935 wurde der bekannte Philosoph Moritz Schlick von einem Studenten aus Eifersucht erschossen. Daraus konstruierte man bei Gericht einen Totschlag, ausgeführt von einem Studenten. Man hielt Schlick, der den bei Juden beliebten Vornamen Moritz trug, für einen Juden und behauptete von ihm, ein Universitätslehrer zu sein, der die Jugend verführe. Der Mörder kam damals relativ glimpflich davon, da Gerichte und Geschworene wesentlich vom Antisemitismus geprägt waren. Professor Paul Neurath, ein väterlicher Freund von mir, der 1938 als Jude in die USA fliehen musste, schrieb dazu einen interessanten Aufsatz.

In diesem führte er aus, dass Schlick nicht deshalb Moritz hieß, weil er Jude war, sondern seine Eltern ihn nach seinem großen Vorfahren Ernst Moritz Arndt so nannten. Wahrscheinlich, so meinte Neurath, hätten seine Eltern auch das Lied „Der Gott, der Eisen wachsen ließ, der wollte keine Knechte" gesungen. Diese Umstände dürften bei dem Prozess von Schlick unbekannt gewesen sein.

Es ist übrigens bemerkenswert, dass auf der Philosophenstiege der Universität Wien, auf der der Mord an Schlick geschah, in einer Stufe eine Tafel eingelassen wurde, auf der steht, dass Schlick hier erschossen worden sei. Diese Tafel soll vor Rassismus und Antisemitismus warnen. Auch diese Aufschrift deutet fälschlicherweise an, dass Schlick aus rassistischen Gründen sein Leben lassen musste. Aber vor Rassismus und Antisemitismus zu warnen ist jedenfalls richtig.

Nachdem ich diese Geschichte erzählt habe, meint die Dame, ich solle ihr den Aufsatz von Professor Neurath schicken, sie wolle die betreffende Stelle hier im Arndt-Museum der Öffentlichkeit zeigen. Es fasziniert sie, im Philosophen Schlick einen Nachkommen Arndts zu sehen. Ich verspreche, den Artikel zu übersenden. Das kleine Museum beeindruckt mich, es gibt einen guten Einblick in die politische und kulturelle Situation zur Zeit der Franzosenkriege. Ich verabschiede mich von ihr und einigen älteren Museumsbesuchern, die erstaunt sind, dass ich von Österreich mit dem Fahrrad hergekommen bin.

Ich verlasse Garz nicht, ohne mir Gedanken über die Herkunft des Ortsnamens zu machen. Garz weist auf eine alte slawische Siedlung hin, vielleicht aus der Zeit des 7. oder 8. Jahrhunderts. Darin steckt dieselbe Wurzel wie im steirischen Graz oder im niederösterreichischen Gars, nämlich „hrad" oder „gradiska" für Burg oder befestigte Anlage. In Gars am Kamp habe ich vor vielen Jahren als Student der Urgeschichte an einigen Ausgrabungen auf einem nahe gelegenen Hügel, der sogenannten Pfarrwiese, teilgenommen. Wir gruben an einer befestigten slawischen Anlage, die wahrscheinlich aus der Zeit des 7. oder 8. Jahrhunderts stammt. Typisch für die Slawen dieser Zeit war eine charakteristische Dekoration ihrer Tongefäße mit Wellenbändern. Man spricht daher von der Wellenbandkeramik.

Bei Garz erinnere ich mich an die alte slawische Tradition der Wellenbandkeramik und an die Siedlungen der Slawen. Weit waren sie vorgedrungen, nur allmählich wurden sie, wie die urgeschichtlichen Quellen zeigen, von Bajuwaren und anderen germanischen Stämmen zurückgedrängt. In meiner oberösterreichischen Heimat lebten einst auch Slawen, an die der Name des Nachbarortes „Windischgarsten" erinnert. Die germanische Kolonisation war es, die die Slawen in ihre heutigen Gebiete zurückdrängte. Dennoch haben sie ihre Spuren hinterlassen, wie eben den Ortsnamen Garz.

Ich komme nach Binz. Ich fahre wieder auf Kopfsteinpflaster und stürze, als das Vorderrad zwischen zwei Steine dieses Pflasters gerät. Mühsam erhebe ich mich von der Landstraße und reibe fluchend das Knöchelgelenk meines linken Fußes. Ich befürchte schon eine Verstauchung, doch nach einigen Tritten in die Pedale weiß ich, dass der Fuß in Ordnung ist.

Ich radle weiter durch schöne Alleen, die allerdings zum Großteil mit Kopfsteinpflaster ausgestattet sind. Über Karow gelange ich nach Sassnitz, einer berühmten Seestadt, von der Fähren in alle Gegenden der Ostsee führen, nach St. Petersburg ebenso wie nach Stockholm.

In einer Bäckerei kaufe ich mir ein großes Stück Kuchen, an dem ich längere Zeit kauen werde, denn ich nehme mir vor, nur jeweils ein kleines Stück während des Radelns zu verzehren. Mit einem Ehepaar aus der ehemaligen DDR komme ich ins Gespräch. Sie zeigen mir ihr neues Auto, auf das sie sehr stolz sind. Vergeblich verweise ich auf den Zauber des Radfahrens und lenke mein Rad dann weiter zum „Königsstuhl", einem imposanten Kreidefelsen, der steil ins Meer abfällt. Viele Autos parken in der Nähe, die nicht ganz hinauffahren dürfen. Einige Autofahrer haben ihre Fahrräder auf dem Dach ihres Autos mitgenommen und können womöglich die letzten hundert Meter mit dem Fahrrad fahren. Es ist ein Widerspruch, den ich beobachte: Das Fahrrad wird als Fortbewegungsmittel hochgelobt, weil es die Umwelt schont. Andererseits findet man nichts dabei, mit den Rädern auf dem Autodach bis in die Wälder hineinzufahren, um dann in guter Luft zu radeln.

In unmittelbarer Nähe des Königsstuhls lehne ich mein Rad an einen Baum und schlendere mit der Masse von Besuchern zu dem berühmten Kreidefelsen, der durch das Bild des Malers Caspar David Friedrich bekannt wurde. Um dessen Kanzel zu betreten, muss ich zwei Deutsche Mark zahlen. Dafür erhalte ich ein Billett, auf dessen Rückseite zu lesen ist, dass in früheren Zeiten derjenige zum König ernannt wurde, dem es gelang, vom Meer aus den steilen Felsen hinaufzuklettern. Viele dürften es nicht geschafft haben, vermute ich, als ich die Steilwände des Kreidefelsens hinunterblicke, der etwas Imposantes an sich hat. Ich kann mir vorstellen, dass viele junge Burschen von der Schwierigkeit, den Felsen zu erklimmen, angezogen wurden und versucht haben, diesen zu bezwingen. Ich entfliehe der Masse von Besuchern, die zu diesem Naturdenkmal pilgern, und radle die Nordküste entlang durch Kiefernwälder, gelbe Felder und kleine Dörfer, die voll von Sommergästen sind. Die Gegend hier ist überlaufen mit Leuten aus dem Westen, was ich verstehen kann. Es dürften von Jahr zu Jahr mehr werden, denn Rügen hat einen guten Ruf als Erholungsgebiet. Glowe, Altenkirchen, Kap Arkona, der nördlichste Punkt der ehemaligen DDR, Wiek, Neuenkirchen, so heißen die Orte, die ich beim Radeln wahrnehme. Ich komme rasch vorwärts, das Wetter ist schön. Bei Neuenkirchen wartet eine Fähre. Ich überhole eine Autoschlange und lasse mich über diesen Wasserarm fahren.

Es ist schon gegen 19 Uhr, als ich über ein Nachtquartier hier auf Rügen nachdenke.

In einem kleinen Dorf, abseits der Hauptstraße, mache ich mich auf die Suche. Das Dorf trägt den schönen Namen Gagern und erinnert mich an den Schriftsteller Friedrich von Gagern, den Autor des „Grenzerbuches", in dem es um Grenzkämpfe zwischen Indianern und weißen Siedlern im 19. Jahrhundert geht. Ich habe das Buch gelesen und nun taucht es in meinen Gedanken auf. Bei einem kleinen Gasthaus halte ich an und frage nach einem Zimmer. Die Wirtin betrachtet mich, den Radfahrer, wenig wohlwollend, sie schätzt offenbar die Autofahrer mehr. Nein, die Zimmer seien alle besetzt, erfahre ich und radle nun schnell weiter Richtung Stralsund, um wieder im Hotel Baltic zu übernachten. Ich rufe vorher dort an und bitte, mir dasselbe Zimmer, das ich schon hatte, zu reservieren.

Es ist bereits dämmrig, als ich von Rügen nach Stralsund, das in seiner ganzen Pracht vor mir liegt, radle. Schon aus der Ferne sind die gotischen Türme des Rathauses und die der Kirchen zu sehen. Die Backsteingotik gefällt mir, ich sehe sie schon von der Deichstraße aus, an deren Rand ich kurz stehen bleibe, um meine Blicke über die Dächer und Fassaden der Bauwerke schweifen zu lassen. Wieder erscheint mir, im Licht der untergehenden Sonne, Stralsund als eine der schönsten Städte der Welt.

Vielleicht ist sie das wirklich, trotz der langen kommunistischen Vergangenheit und dem dadurch bedingten, schlechten Zustand der schönen Bauwerke.

Ich lasse den Anblick der Stadt auf mich wirken, denke an meine liebe Frau, die im fernen Österreich auf mich wartet, besteige mein Rad und gelange zu einer Schiffsbrücke unmittelbar vor Stralsund. Diese wird gerade hochgezogen, um ein Schiff mit einem hohen Schornstein durchfahren zu lassen. Ich überhole eine Schlange von wartenden Autos und beobachte das Heben und Senken der Brückenarme. Neben mir wartet auch ein junger Radfahrer auf die Weiterfahrt, wir kommen ins Gespräch. Ich erfahre, dass er hier aufgewachsen ist und konfrontiere ihn mit folgender These:

„Mir gefällt es hier gut auf dem Gebiet der ehemaligen DDR. Die Leute im Westen meinen, hier im Osten seien alle, bedingt durch das kommunistische Regime, samt und sonders zu faul gewesen, um zu arbeiten." Da bin ich an den Richtigen geraten, denn er erwidert mir etwas zornig:

„Das ist typisch für die Leute, die aus dem Westen zu uns kommen. Sie behaupten alle, wir im Osten müssten das Arbeiten erst lernen. Das ist übel. Dass es früher auf den Straßen schmutzig war, hatte seinen Grund im System. Es ist auch gut, dass sich dabei einiges geändert hat, überhaupt auf dem Gebiet des Umweltschutzes. Aber auch bei uns gab es tüchtige und fleißige Leute."

Der Radfahrer erzählt mir, er sei Arzt und käme gerade aus dem Krankenhaus, in dem er arbeite. Ich gebe ihm recht und füge hinzu, dass mir die Leute hier, weil sie mir bescheidener erscheinen, sehr sympathisch seien. Er begleitet mich noch ein Stück auf meinem Weg zum Hotel Baltic, und ich erzähle ihm unterwegs von meiner Radtour und dass mir Stralsund so besonders gut gefalle. Das freut ihn. Wir verabschieden uns mit dem guten Gefühl, einander in dem kurzen Gespräch nähergekommen zu sein. Zwei Radfahrerseelen haben sich hier getroffen.

Im Hotel Baltic beziehe ich erneut das Zimmer, aus dem ich in der Früh ausgezogen war. Mein Fahrrad darf ich neben der Küche, die unterhalb des Straßenniveaus liegt, abstellen. Der Koch selbst weist mir einen Platz für mein Fahrrad in einem Abstellraum zu. Auch mit ihm komme ich ins Gespräch, denn ich möchte wissen, wie er über die ehemalige DDR denkt. Er lächelt und sagt:

„Ich bin recht froh, dass wir nun die Freiheit haben. Konkurrenz gab es früher nicht, aber sie ist gut für die Wirtschaft, da leisten die Leute auch etwas. Wir Jungen haben nun die Chance, aus uns etwas zu machen. Das war früher nicht so, da hat man uns alle bevormundet und uns gesagt, was wir tun sollen."

Hier liegt ein wesentliches Problem der ehemaligen DDR, das vorher schon der Arzt angedeutet hat, nämlich die fehlende Freiheit und

Selbstbestimmung, wodurch Menschen keine Möglichkeit hatten, ihre Zukunft selbst zu gestalten. Statt frei zu entscheiden, wurde das Individuum bevormundet und eingeschränkt. Die ältere Bevölkerung hatte immerhin gelernt, in einem solchen System mehr oder weniger gut zu überleben, wobei es keine Bedeutung hatte, ob zum Beispiel Straßen schmutzig waren oder nicht. Hauptsache, die Menschen wurden in Ruhe gelassen. Mit dieser Ruhe war es freilich nach der Öffnung der Grenzen vorbei. Früher konnten nur Privilegierte, vor allem jene mit schönen Staatspensionen, auf Rügen billig ihre Ferien verbringen. Auch das hat nun zum Glück ein Ende.

Die jungen Leute sehen dem Neuen optimistisch entgegen und genießen die Freiheit. Die gab es vorher nicht, aber dafür einen sicheren Arbeitsplatz. Aber auch wenn der Arbeitsplatz unsicher ist, glauben die Jungen daran, dass sich beides – Freiheit und Arbeit – vereinigen lässt. Der junge Koch, der sich um mein Fahrrad kümmert, freut sich jedenfalls über die neue Freiheit.

In meinem Zimmer angekommen, dusche ich mich, ziehe mich um und spaziere anschließend wieder durch das schöne Stralsund. Ich betrete eine Pizzeria, die es nun überall in der ehemaligen DDR gibt, esse und trinke ein Bier dazu. Dieser Pizzeria merkt man noch an, dass sie früher wohl ein typisches DDR-Gasthaus gewesen ist.

Ich spaziere zum Hotel zurück, liege noch lange wach und denke an Rügen. Meine Gedanken gleiten über den Deich. Ich habe die Heimat von Arndt kennengelernt und gesehen, wie schwierig und spannend es ist, mit der neuen Freiheit umzugehen, die ich auf meiner Fahrt durch dieses Gebiet genieße. Es war eine schöne Tour heute, etwa 170 Kilometer, und ich weiß viel zu erzählen von meiner Rundfahrt um die Insel Rügen.

## DER ZAUBER DER HÄFEN UND
## IHRE SITTENGESCHICHTE

Den heutigen Tag habe ich an der Ostsee verbracht. Von der alten Hafenstadt der Hanse fuhr ich zur Insel Rügen und auf dieser immer entlang des Meeres. Ich erlebte das Treiben in Sassnitz, von wo Schiffe zu den großen Häfen des Ostens, wie Sankt Petersburg und Königsberg, abfahren.

Besonders hat es mir aber Stralsund mit seinem bunten Treiben angetan. Hier liegen majestätische Schiffe, hier gibt es Brücken, die sich für deren Durchfahrt in die Höhe heben lassen, hier ist ein enormer Warenumschlagplatz. Es ist die Tradition der alten Hanse, der deutschen Kaufmannsgilde zu Schiff, die Kultur geschaffen hat und hier noch lebt. Sie hat auch Leben hergebracht, das an alte Seeräuber, an hübsche Dirnen und liebeshungrige Matrosen erinnert.

Es sind zwei Welten, die sich in den Hafenstädten berühren: Da ist die Welt des Tages, der großen und kleinen Schiffe, von denen manche bis zum Eismeer unterwegs sind, und es gibt die Welt der Nacht, mit Vergnügungen aller Art, Ausgelassenheit und schnellem Genuss. Die Darsteller sind im Wesentlichen dieselben: Seeleute, die die Bühnen der Häfen bevölkern. Während des Tages singen Kräne und Maschinen ihr lautes Lied, in der Nacht sind es professionelle Sänger und Männer, die Musikkästen bedienen, um die Besucher der Kneipen zu erfreuen und zu animieren, ihrer Lust nachzugehen. Der Alkohol fließt in Strömen, und an verschwiegenen Plätzen und Ecken bieten Dirnen, wie auch hier in Stralsund, ihre Liebesdienste an. In meiner Fantasie sehe ich schon, dass es hier bald so wie in Hamburg zugehen wird. Dort ist die Reeperbahn voll von Pornoshops und Pornokinos, in denen Männer in Einzelkabinen Sexfilme genießen. Diese Kabinen mit den Videofilmen haben eine interessante Tradition. So wird bereits aus den 1920er-Jahren von der Reeperbahn berichtet, dass man in einem Haus, nach Bezahlen des Eintrittsgeldes, durch Gucklöcher die Fotografien von nackten Frauen in allen möglichen Stellungen besehen konnte. Die Männer standen dort nebeneinander und sahen sich die Fotos an. Da es ziemlich dunkel in diesem Haus war, konnte man seinen Nachbarn nicht erkennen. Eine solche Anonymität, die heute in den abschließbaren Kabinen mit den Videofilmen gegeben ist, garantierte dem Zuseher Intimität.[25] Es gibt also wenig Neues hier in den Häfen zur Nachtzeit. Die Lichter des Vergnügens leuchten grell, die Liebesmärkte der Häfen waren stets wüst. Von Hamburg weiß ich über die Tricks der Dirnen und über die Kämpfe unter den Zuhältern um die besten Plätze. Wie brutal es in Hamburg zuging, zeigt diese Schilderung, die überdies auch die Bedürfnisse der Dirnen anspricht:

„In den finsteren Straßen St. Paulis ... in den Tanzkaschemmen werden die Seeleute um ihre Heuer geprellt ... sämtliche Zuhälter sind organisiert. Keiner lässt den anderen im Stich. Die Mädchen aber, die von ihren Beschützern auch noch die geschlechtliche Befriedigung verlangen, die meist eine kolossale Potenz erfordert, haben ihre ‚Amis‘ ständig in der Hand. Gerne lassen sie sich prügeln, peitschen und niederschlagen. Gern geben sie sich zu allen, zu den unmenschlichsten, unwürdigsten geschlechtlichen Extravaganzen her, nur um ihr Geld abliefern zu können. Aber wehe, wenn der ‚Louis‘ (der Zuhälter) sie betrügt. Dann gehen sie unerbittlich zur Polizei und lassen ihren Liebhaber ‚verschütten‘.“[26]

Zu einem ähnlichen Ergebnis kam ich auch bei meiner Studie über den Wiener Strich, wo ich mit Frauen in Kontakt kam, die eine große Liebe zu ihrem Zuhälter empfanden und die sich von ihm lösten, wenn sie merkten, dass ihre Liebe nicht mehr erwidert wurde. Dabei konnte es zu Problemen kommen, wie oben zitiert.

Aber auch schon in der Vorkriegszeit fanden sich in den Häfen Dirnen und Strichjungen, die – gänzlich verlottert – vom Rauschgift, früher dem „Koks", abhängig waren. Die Häfen hatten aber nicht nur eine gewisse Anziehungskraft, sondern auch ihre Tristesse. Von Knabenbordellen wird schon aus dem 17. Jahrhundert in englischen Hafenstädten berichtet. Homosexuelle und Transvestiten gehörten ebenso zum Leben in den Häfen der Welt wie jene Leute, die abenteuerlustige Schiffsjungen, voll sexueller Neugierde, gegen gutes Geld in die Häuser vornehmer Päderasten schleppten. Sexuelle Betätigungen jeder Art fanden sich in den Hafenstädten. Darüber wurde und wird genug geschrieben.[27]

Nicht nur die Seeleute, auch so mancher Bewohner einer Hansestadt, wie Stralsund oder Hamburg, löst sich von den strengen Normen des Alltags und besucht die zwielichtigen Einrichtungen am Hafengelände im Schutze der Nacht. Es ist übrigens nicht uninteressant, dass gerade aus jenen Häfen, die in prüden Kulturen, wie z. B. in England, angesiedelt sind, die wildesten sexuellen Geschehnisse berichtet werden. Das Leben in den Nächten am Hafen muss ein besonders zügelloses sein. Es wundert daher nicht, dass von London Folgendes erzählt wird: „Jedenfalls ist London, Englands stolze Hafenstadt an der Themse, in allen Schichten, vom Lord bis zum Trimmer, von einer sexuellen Verdorbenheit, einer Ausbreitung der widernatürlichen Laster, die im krassen Gegensatz zu dem nüchternen, phlegmatischen Temperament dieser Menschen steht und in unglaublichem Widerspruch zu der lächerlichen Prüderie der oberen Gesellschaftsklasse, deren Scheinheiligkeit jedem deutlich klar wird, der das Sittenleben dieser Stadt und besonders ihres Hafenviertels kennen zu lernen Gelegenheit hat."[28]

Übrigens haben Mädchenhändler, die auch heute noch für die Polizei ein Problem sind, eine Geschichte, die eng mit den Häfen verknüpft ist. Interessant ist folgende alte Schilderung über Mädchenhandel, die der heutigen Situation in gewisser Weise ähnelt. Ein berühmter Hafen für den Mädchenhandel war früher Marseille, über diesen ist zu lesen: „Hierher (nach Marseille) werden die Mädchen gebracht, die nach

Afrika transportiert werden sollen für die Bordelle der reichen Schwarzen, von wo es keine Rückkehr mehr gibt. Hier sitzen die internationalen Mädchenhändler, sie haben hier ihre großen Büros, in denen die ‚Annoncen‘ fertig gemacht werden, wo ‚Sekretärinnen‘, ‚Reisebegleiterinnen‘, ‚Kindermädchen‘ nach Algier und Tunis gesucht werden. Glänzend sind die Angebote, die den ahnungslosen Provinzjungfrauen gemacht werden, und flugs eilen diese nach Marseille, wo sie glauben, einer glücklichen Zukunft entgegenzugehen. Zuerst empfängt sie ein Herr am Bahnhof und geht mit ihnen in ein solides hübsches Lokal auf dem Cannebière, dem Boulevard von Marseille, essen. Es wird getrunken, gelacht, getanzt und, wenn das Opfer in einem leichten Rausch ist, wird es in die Droschke gelegt und unter den rohesten Androhungen in die Altstadt geschafft. Hier haben die Türen keine Ohren und die Wände ebenfalls nicht. Hier müssen die Opfer zunächst einmal, damit die Unkosten hereinkommen, Gästen dienen …“[29] Von den Häfen geht es für die Mädchen hinaus in die Welt, in der sie ihr Glück suchen. Die Zukunft kann furchtbar für sie sein, wie diese Beschreibung andeutet, aber dennoch haftet dem Hafen der Zauber der fernen Welt und der ungewissen Zukunft an.

Auch dieser Hafen in Stralsund, der einst schwedisch war, von dem aus die weite Welt der nördlichen Meere und dann weiter der Atlantik mit den Schiffen befahren wird, hat seine spannende Geschichte.

Auf das Wohl der Menschen, die hier die Geschichte durchwandert haben, auf das Wohl der nach Liebe sich sehnenden Seeleute und der Dirnen, die hier begehrt wurden, trinke ich ein Glas Stralsunder Bier.

# 13. Tag – Von Stralsund durch Mecklenburg nach Mirow

Gestern habe ich noch mit Birgitt, meiner gütigen Frau, telefoniert, die meinte, ich sei schon lange unterwegs, und sie hoffe, dass ich bald wieder nach Österreich kommen werde. Ich erinnere an meine Wette und dass ich nicht anders könne, als noch ein paar Tage zu radeln, aber ich würde viel an sie denken.

Bei schönem Wetter fahre ich heute gleich nach dem Frühstück los. Es geht nach Süden, in Richtung der berühmten Mecklenburgischen Seenplatte. Das Hotel Baltic werde ich in guter Erinnerung behalten, bereits zu DDR-Zeiten nächtigten hier vornehme Genossen. Nun gibt es in jedem Zimmer Telefon und einen Fernseher, aber WC und Dusche sind am Gang. Von der Dame an der Rezeption habe ich erfahren, dass das Hotel in Besitz einer westdeutschen Gesellschaft sei, was ich auch gut finde, denn auf diese Weise kommt mit neuen Ideen auch Komfort herein. Die Menschen, die schon immer hier lebten, müssen sich erst daran gewöhnen, Geschäfte zu machen, von denen alle profitieren, sie selbst ebenso wie die Kunden. Ich verstehe daher, dass sich gerade ältere Menschen vom Westen „überfallen" fühlen. Die Jungen dagegen weniger, sie sehen ihre Chancen, auch wenn sie noch einiges lernen müssen.

Sehr schnell angepasst haben sich übrigens die Ganoven, wie ich von meinen Forschungen weiß. Schmuggel und Prostitution, ihre Spezialgebiete, boten sich an, und sie machten vor allem in Großstädten wie Berlin und Dresden Profit. Hier in Stralsund geht es ruhiger zu als in der Bundeshauptstadt.

Ich radle aus Stralsund hinaus Richtung Grimmen und gelange auf eine Nebenstraße, eine wunderschöne Allee. In Demmin, dem nächsten Ort, kaufe ich mir ein Stück Kuchen in einer Bäckerei. Daneben ist ein Geschäft ganz im Stile des Westens, wo billige Hosen und Blusen, aufgereiht auf Stangen, angeboten werden.

Auch ein Vagabund hält sich hier auf. Er ist tätowiert und sein vollbepacktes Fahrrad älterer Bauart lehnt neben ihm an der Wand. Ein heiterer Herr, der wahrscheinlich schon etwas getrunken hat. Die nackten Oberarme schauen aus der Jacke heraus und die Mütze auf dem blonden Haar passt ins Bild, zu dem auch ein blonder Bart gehört. Vielleicht war er ein Seemann, der nun mit dem Fahrrad durch die Welt gondelt. Kleine Buben bleiben bei ihm stehen, er scherzt mit ihnen. Ich begrüße ihn, gebe ihm die Hand und höre, dass er Hamburger sei. Ich sage, dass ich aus Wien komme, und er freut sich und sieht in mir einen vagabundierenden Kollegen. Ich fühle mich ihm verbunden durch das Band der Landstraße im alten Sinn, die es in unseren Herzen noch gibt. Ein Symbol dafür sind die wunderschönen Alleen, die heute nur noch wenige breite Straße zieren. Hoffentlich fällt man die Bäume nicht, um dem Auto noch mehr Platz zu geben. Als die Alleen angelegt wurden, geschah dies aus tiefer Weisheit, um wanderndem Fußvolk und Pferden durch das Laub der Bäume Schatten zukommen zu lassen. Die Nachfahren dieses Fußvolkes sind wir beide, der Vagabund mit seinem alten Fahrrad und ich, der schon wieder auf dem Weg nach Wien ist.

### FRITZ REUTER – „AUS MEINER FESTUNGSZEIT"

Ich verabschiede mich mit den Worten: „Alles Schöne, lieber Freund, und viel Glück auf der Straße." Er lacht laut und winkt. Es geht ein leichter Wind, als ich entlang wogender Getreidefelder und durch schöne Alleen weiterfahre. Ich komme nach Stavenhagen, der Reuter-Stadt. Hier werde ich eine Pause einlegen und des großen Fritz

Reuter gedenken, dem Revolutionär von 1848, dessen ursprüngliches Todesurteil in sieben Jahre Festungshaft umgewandelt wurde. Darüber schrieb er, der Student aus Jena, ein Buch mit dem Titel „Ut min Festungstid". Er hat es in Plattdeutsch, in der Sprache, die man hier in Mecklenburg sprach, geschrieben. Ich habe es vor vielen Jahren in der hochdeutschen Fassung gelesen, weiß aber nicht mehr viel von der Zeit der Festungshaft Reuters, die schon in Vergessenheit geraten ist. Er hat dort aber einige schöne Tage verbracht und sogar mit der Tochter des Festungskommandanten freundliche Worte wechseln können.

Hier in Stavenhagen hat man das Reuter-Museum eingerichtet, vor dem der Namensgeber als Bronzestatue sitzend dargestellt ist. Reuter ist für mich ein sehr sympathischer Mensch, der stolz darauf war, das „schwarz-rot-goldene Band" getragen zu haben, wie er schreibt. Das war das Band der Jenaer Burschenschaft, die sich im Kampf für die Freiheit eingebracht hat, im Kampf gegen die Fürsten und monarchischen Unterdrücker.

Das Reuter-Museum ähnelt dem Museum von Arndt, das ich gestern auf Rügen besuchte. Beide stammen aus DDR-Zeiten und werden in ihrer alten, fast klassenkämpferischen Ausrichtung von Frauen geführt, überhaupt finden sich kaum Männer als Museumsangestellte.

Diese Museen scheinen aufgrund ihrer Ausrichtung keine Gefahr für die Ideologen aus dem Westen darzustellen, im Gegensatz zu dem Berliner Geschichtsmuseum bei der Humboldt-Universität. Dort besuchte ich vor Jahren eine Dauerausstellung, die sich auf die alte, revolutionäre Tradition Deutschlands, vor allem um das Jahr 1848, bezog. Der Spruch Freiligraths aus dem Revolutionsjahr zierte den Eingang der Ausstellung: „Pulver ist schwarz, Blut ist rot, und golden flackert die Flamme." Heute gibt es beides – wie ich erfahren habe – nicht mehr, weder die Ausstellung noch diese Inschrift.

Das Reuter-Museum blieb auch nach der Wende unberührt.

Mir jedenfalls gefällt die Ausstellung über das Leben und Schaffen Reuters, der in seinen Büchern und Gedichten das ehedem leidvolle Leben der Bauern, die unter der Knute des grundbesitzenden Adels ächzten, bildhaft beschrieben hat. Ich plaudere mit der Dame im Museum, kaufe einige Ansichtskarten mit dem Bild Reuters und verneige mich vor der Statue dieses großen Mannes, bevor ich Stavenhagen verlasse. Die Straße mit ihren Alleen führt mich nach Waren, dann nach Röbel. Es ist eine schöne Landschaft, die Mecklenburgische Seenplatte, die mich wundersam gefangen nimmt.

In Röbel ist ein Seefest, viele Menschen drängen sich auf den Straßen, laute Musik dröhnt an meine Ohren, junge Leute scherzen, lachen und umarmen sich. Hier herrscht Lebensfreude, wie sie typisch für Jahrmärkte und Feste ist, um den eintönigen Alltag zu unterbrechen. Den Regeln des Alltags folgen solche Feste und sind stets begleitet von Heiterkeit und Übermut. Feste und Jahrmärkte bieten auch Möglichkeiten, erste Bande zu knüpfen, die manchmal ein Leben lang halten. Aber vor allem verspüre ich hier Freude. Vielleicht weiß man in den Gebieten der ehemaligen DDR noch intensiver zu feiern als im saturierten Westen, für den Feste und Jahrmärkte, wie sie noch typisch für meine Jugend in den 1950er-Jahren waren, zu vertrauten Ereignissen gehören.

Es ist schon spät und ich möchte noch bis Mirow kommen, um dort zu übernachten. Ich radle auf einem Damm, rechts und links dehnen sich Wasserflächen aus, die Ufer sind von festem Schilf bewachsen. Ich bin schnell unterwegs, denn bald wird es dunkel. An einigen Häusern sind Tafeln angebracht, auf denen Privatzimmer angeboten werde. Ich frage nach, aber alle sind schon belegt. Ich radle nach Mirow und sehe hinter einer Kurve ein altes Gasthaus mit schönem Gastgarten und einer blauen Anzeige, dass es hier Gästezimmer gebe. Ich bin schon müde und hoffe inständig auf ein freies Zimmer mit einem guten Nachtlager.

Der Gastraum erinnert mich in seiner Einrichtung an die 1950er-Jahre bei uns in Oberösterreich. Ein Schanktisch alter Bauart, an den Tischen mit Kunststoffplatten sitzen Arbeiter und alte Männer. Eine Dame mit weißer Schürze erwidert meinen Gruß und nickt, als ich nach einem freien Zimmer frage. Ich habe Glück und kann eines im ersten Stock beziehen. Es ist altmodisch, sparsam eingerichtet und macht den Eindruck, als sei hier seit ewigen Zeiten nichts renoviert worden. WC und Duschen befinden sich am Gang. Ich dusche und ziehe frische Sachen an. Mit meinem Heft, in das ich meine Gedanken niederschreibe, und meiner Brieftasche setze ich mich in den Gastgarten und freue mich auf ein gutes Bier. Das bekomme ich auch und trinke es durstig. Ich esse gut und komme dann mit dem Mann der Wirtin ins Gespräch. Er erzählt, dass sie beide Angestellte und nicht die Besitzer dieses Hauses sind. Das Gasthaus war zur Zeit der DDR ein Erholungsheim für Genossen, die hier ihre Ferientage, natürlich mit allen Privilegien, verbringen durften. Der ursprüngliche Eigentümer dieser gastlichen, aber in die Jahre gekommenen Stätte sitzt irgendwo im Westen. Sicherlich werde er, vermutet der Pächter, irgendwann sein Recht auf dieses schöne Haus mit dem prächtigen Gastgarten geltend machen. „Ich glaube, gehört zu haben, dass der Eigentümer sich schon gemeldet hat", wirft die Ehefrau ein.

Es stellt sich als Problem dar, dass die ursprünglichen Eigentümer, die in der ehemaligen DDR enteignet worden waren, nach der Wende ihre Häuser, Gründe und andere Liegenschaften zurückverlangen. Ungewissheit bei den neuen Bewohnern und Betreibern macht sich breit. Das freundliche Ehepaar, das dieses Gasthaus in altem Stil weiterführt, sieht die eigene Zukunft nicht rosig. Sie wissen nicht, was aus ihnen wird, wenn tatsächlich der gefürchtete Eigentümer auftaucht. Ähnliche Schwierigkeiten sind aus Ostberlin bekannt, wo fleißige Arbeiterfamilien kleine Häuser erworben und eingerichtet hatten, deren Eigentümern vor vielen Jahren die Flucht in den Westen gelungen war. Die meldeten sich nun wieder und wollten ihre Häuser zurückhaben. Die Verzweiflung war groß, es soll sogar zu Selbstmorden gekommen sein, denn die Häuser waren für die Bewohner zur Heimat geworden. Ich bleibe noch eine Zeit lang im Gastgarten sitzen und sinniere über die Situation.

Gegenüber dem Gasthaus steht das alte Schloss der früheren, adligen Grundherren. Die Jahreszahlen auf dem Gebäude wecken meine Aufmerksamkeit. 1820 wurde das Schloss im Empirestil erbaut, eine zweite Jahreszahl, 1848, weist darauf hin, dass es damals abbrannte. Die dritte Jahreszahl, 1870, bezieht sich auf den Wiederaufbau. Womöglich waren es wütende Bauern, die das Schloss im Revolutionsjahr angezündet hatten. Ich sehe förmlich in Gedanken vor mir, wie das brennende Schloss zum Symbol der Bauern wurde, die sich gegen den Adel auflehnten. Zornige Männer, hungernde Mütter und weinende Kinder vor dem Schloss – und im Schloss die im Überfluss lebenden Damen und Herren, die nichts von der Not der Bauern wissen wollten. Über diese kleinen Leute schrieb Fritz Reuter, durch dessen Geburtsstadt ich geradelt bin. Heute sind es wieder die kleinen Leute hier in Mirow, die befürchten müssen, unter die Räder zu kommen.

Mir gefällt es in diesem Gasthaus, auch wenn man sieht, dass es die besten Tage schon hinter sich hat. So wie ich fühlen sich auch die anderen Gäste, ein paar Familien aus dem Westen, unter den Kastanienbäumen im Gastgarten ausgesprochen wohl.

Es war ein schöner Tag, als ich mit dem Fahrrad über die Mecklenburgische Seenplatte fuhr. Immerhin war ich ungefähr 155 Kilometer unterwegs. Fritz Reuter hat mit den kleinen Leuten sympathisiert, was ich gut verstehe. Die Geschundenen und Gedemütigten, die vornehmen Herren dienen mussten, fanden stets Mitleid bei weit denkenden und großherzigen Menschen. Von den unterdrückten Bauern der beginnenden Neuzeit wurden nicht wenige Vagabunden, weil sie es nicht länger ertragen konnten, von einem Gutsherrn geknechtet zu werden. Die Straßen waren voll mit Menschen, die von ihren Bauernhöfen in die Städte oder weiter weg zogen. In den Ländern der sogenannten Dritten Welt gibt es heute wieder das Problem, dass verarmte und verschuldete Bauern dazu getrieben werden, den Wanderstock zu nehmen. Ich erlebte dies in Indien, wo sich die Slums der Städte mit Menschen füllen, die vom Land in die Stadt ziehen, weil sie sich bessere Überlebenschancen versprechen. Die Vagabunden erschienen den Sesshaften unheimlich und waren oft Zorn und Hass ausgesetzt.

## ALTE ARMUT UND KINDERERZIEHUNG BEIM FAHRENDEN VOLK

Fritz Reuter war an den kleinen Leuten und ihren Problemen interessiert, vor allem an den Fahrenden. Menschen die auf der Straße lebten, ging es schlecht. Mich interessiert, wie es diese Menschen mit der Kindererziehung hielten. Darauf will ich hier eingehen.

Mit dem Ausgang des Mittelalters verstärkte sich die Anzahl der Fahrenden in den Städten durch Menschen aus den Dörfern, die in Zeiten von Missernten hofften, in den Städten überleben zu können. Dort wurden sie mit den alten Traditionen der Vagabundierenden konfrontiert und waren bereit, sich anzupassen.

Das fahrende Volk war arm und ständig irgendwelchen Repressalien ausgesetzt. Aber es sympathisierte mit den herumziehenden, kleinen Ganoven und anderer Leute Kinder und versuchte, sie zu ehrbaren Mitgliedern seiner Banden zu machen. Es ist wert, das einmal aufzuzeigen.

Kinder von Gaunern bedurften, ebenso wie jene von Aristokraten und Bürgern, einer umfassenden, spezifischen Ausbildung, um in der Kultur der Gauner akzeptiert zu werden und zu überleben.

Es fällt auf, dass in alten Berichten über Ganoven die Beziehung zwischen Eltern und Kindern, im Gegensatz zu Bürgern oder Aristokraten, eine sehr innige ist. So heißt es in einem Buch über das Gaunerleben im 18. Jahrhundert: „Die Weiber lieben ihre Kleinen meistens außerordentlich, warten sie besonders wenn sie noch unmündig sind, mit mütterlicher Zärtlichkeit, verwahren sie bei rauer Witterung, pflegen ihrer, wenn sie krank sind, mit möglichster Sorgfalt und unterziehen sich eher den größten Beschwerlichkeiten und Gefahren, als dass sie solche vernachlässigten."

In dieser Kultur der Ganoven wuchs das Kind offenbar in einer Atmosphäre großer Liebe auf. Es lernte in diesen Kreisen auch, wie man möglichst gut in dieser Kultur überleben konnte. Das freilich entsetzt den Chronisten:

„So weit geht alles gut. Aber desto schlimmer steht es, wenn von Erziehung und moralischer Bildung die Rede ist. Nicht genug, dass sie bei ihren Kindern alles versäumen, was im Stande wäre, gute Gesinnungen bei ihnen anzufachen und zu unterhalten: sie arbeiten auch aller Entwicklung guter Triebe entgegen und machen sich's zum Geschäfte, die zarten Gemüter zu verderben, mit dem Gift sie anzustecken, wovon sie selbst angesteckt sind. An Unterricht im Lesen und Schreiben und in der Religion ist bei ihnen nicht zu denken. Das sind Dinge, davon sie meistens selber gar nichts verstehen ..."

Für diese spezifische Kultur waren allerdings ein typisches Wissen und typische Fähigkeiten notwendig, die jedoch im krassen Gegensatz zu den Vorstellungen von einem „anständigen" Leben standen. Die Beschreibung dieser „Gegenkultur" hat einen eigenen Reiz, denn sie zeigt, dass bestimmte Formen der Kriminalität oder von abweichendem Verhalten nicht anlagebedingt sind, wie oft gemeint wird, sondern in einem charakteristischen sozialen Umfeld gelernt werden.[30] In diesem Sinne ist weiter zu lesen:

„Sie (die Kinder) sind bestimmt, einmal zu werden, was ihre Väter und Mütter sind. Auf diesen Zweck wird bei ihnen alles losgearbeitet. Ihre Erziehung ist Anleitung zur Gaunerei. Frühzeitig, so wie sich ihr Verstand und ihre Kräfte entwickeln, werden sie nach Verhältnis ihrer Fähigkeit in allem unterrichtet, was zur Gaunerei gehört. Man lehrt sie die Gaunersprache, man zeigt ihnen die Handgriffe des Stehlens, man bringt ihnen die Kunst und die Fertigkeit bei, sich zu verstellen, zu schweigen, zu lügen, wo zur Sicherheit Verstellung, Verschwiegenheit und Lügen nötig sind. Man nimmt sie zu kleineren Diebstählen mit, lässt sie Zeugen davon sein, lässt sie, wenn sie den mündlichen und praktischen Unterricht hinlänglich begriffen zu haben scheinen, selbst Proben mit kleiner und gefährlichen Diebstählen besonders auf Märkten machen, muntert sie dazu auf, erteilt ihnen Lob, wenn sie einen Diebstahl schlau und glücklich vollbracht haben, schimpft sie, wenn sie zu träg zum Stehlen sind, und zwingt sie wohl auch dazu. Das schlimme Beispiel der übrigen gottlosen Aufführung und Lebensart der Eltern vollendet ihre klägliche Erziehung. Alles, was sie an Eltern sehen und von ihnen hören, hilft dazu, sie zu verschlimmern. Die unzüchtigsten und ruchlosesten Gespräche werden vor ihnen geführt, ähnliche Handlungen vor ihren Augen begangen, Händel und Schlägereien in ihrer Gegenwart angefangen, und nichts von der Vorsicht gebraucht, die lasterhafte Leute im bürgerlichen Leben noch gebrauchen, um ihre Schandtaten vor ihren Kindern zu verbergen. Unter solcher Aufführung wachsen sie heran, und die Früchte zeigen sich sehr frühzeitig. Kinder von sechs bis sieben Jahren sind oft treffliche Diebe, und tun es im Fluchen, Schwören, in Schimpfreden und rohen Scherzen manchem Alten zuvor, bei dem geringsten Anlass schlagen sie sich mit ihresgleichen, und kein Mutwille ist, den sie nicht verüben. Selbst die unzüchtigen Handlungen, die sie bei den Erwachsenen sehen, machen sie nach, und man hat schon vierzehnjährigen

Knaben mit noch jüngeren Mädchen in einem Bette angetroffen. Die Eltern sehen und hören dies alles, ohne Missbilligung und Bestrafung, oft mit Wohlgefallen und lautem Gelächter … Die Knaben treten (im Alter von vierzehn Jahren) sofort in die Gesellschaft der Männer ein, von der sie als Kinder ausgeschlossen waren, werden mit zu ihren Saufgelagen und Beratschlagungen, und dann auch zu ihren Einbrüchen und Diebsunternehmungen gezogen, und bekommen dabei ihre Rollen. Die Mädchen begeben sich von dieser Zeit an auch mit ihresgleichen auf den Strich, fangen ihre Liebschaften an …"[31]

Um ein „guter" und angesehener Ganove zu werden, bedurfte es demnach eines weiten Wissens, das hart erlernt werden musste. War der so erzogene Spross aus altem Ganovengeschlecht zum Manne gereift, so war er, ähnlich wie auch „feine" Leute, einigermaßen stolz auf seinen Stand, dem voll anzugehören er seiner sorgfältigen Erziehung verdankte.

Aus den zitierten Sätzen geht hervor, dass es also so etwas wie einen Stolz des Ganoven gab. Sie verweisen auf das Selbstbewusstsein des Ganoven, der sich einigermaßen hochgemut über den Bürger stellte:

„Je mehr einer dies (ein großer Gauner) ist und die angeführten Vorzüge bei ihm sich vereinigen, um desto aufgeblasener und übermütiger ist er, desto mehr verachtet er alles andere neben sich … Voll von diesem Stolz sehen sie mit einem Blick der Geringschätzung auf jeden, der nicht ist, was sie sind, dünken sich besser als der Bürger, der im Schweiße seines Angesichts und mit Unterwerfung unter die Gesetze sich nährt …"[32]

Der feine Ganove und Vagabund machte seine vornehme Distanz zur Arbeit deutlich und zeigte, dass er eine „hervorragende" Erziehung genossen hatte, die ihn über andere Menschen stellte.

Diese Kultur der Kriminalität gibt es heute nur mehr in Relikten, aber eine Erziehung zu bestimmten Formen abweichenden Verhaltens und das Erlernen diverser Strategien, um dies alles anzuwenden, ist auch heute noch feststellbar.[33] (Nicht bloß in der „Unterwelt", sondern ebenso in der Geschäftswelt und dort, wo Korruption gepflegt wird.)

In Gedanken an das alte, fahrende Volk und seine „braven" Kinder erhebe ich heute mein Glas mit schäumendem Bier.

## 14. Tag — Von Mirow nach Berlin

In dem kleinen Gasthaus mit dem schönen Gastgarten habe ich gut geschlafen. Hier scheint die Zeit stillgestanden zu sein, zumindest in den letzten 40 Jahren. Nichts ist perfekt. Das Zimmer, in dem ich übernachtete, zierte eine alte Waschmuschel, die im Westen schon wieder als antik eingestuft würde, und die Wände waren auf eine Art angemalt, wie sie bei uns früher üblich war. Die Kultur der ehemaligen DDR hat musealen Charakter, der mich fasziniert.

Die „Wende", wenn auch unbestritten sehr positiv, ist für die Menschen hier in Bezug auf Arbeitsplatz und Versorgung nicht einfach umzusetzen. Bald wird die Wirtschaft auch hier so sein wie bei uns im Westen, moderne Raststätten, perfekte Straßen, schnelle Autos und Geschäfte, in denen es alles zu kaufen gibt. Noch ist es nicht so weit, wenn auch das Angebot an Waren aller Art schon beachtlich ist. Die Einkaufsgepflogenheiten der Menschen aus dem Westen wirken als Vorbild.

Es gibt sie aber noch, die Schatten spendenden Alleestraßen, die an die alte Fuhrmannskultur erinnern. Diese Alleen gefallen mir, wenn auch manchem breitere Straßen lieber wären, um dann im Auto schneller durch die Gegend zu flitzen.

Ich frühstücke gut und besteige erst um 11 Uhr mein Rad. Heute will ich nach Berlin, fahre nicht auf der Hauptstraße, sondern wähle eine Nebenstraße in Richtung Rheinsberg. Gemütlich radle ich über feuchten Waldboden, bleibe in einem kleinen Ort bei einer Bäckerei stehen und kaufe mir eine Quarktorte, die in Österreich Topfentorte heißt. Es ist das letzte Stück, und die Verkäuferin ist froh, es verkauft zu haben, denn gleich ist Geschäftsschluss. Heute ist Samstag. Ich stecke die Torte in die Tasche am Lenker des Rades, um sie zu essen, wenn ich nach einigen Kilometern Hunger verspüre. Weiter geht es durch einen dunklen Wald, der mich an Märchen meiner Kinderzeit erinnert. In einem Dorf mit dem schönen Namen „Flecken Zechlin" frage ich eine ältere Frau, die vor ihrem kleinen Häuschen steht, nach der Straße, die nach Rheinsberg führt. Sie beginnt den Weg zu beschreiben, als ihr Gatte aus dem Haus tritt, sie unterbricht und darauf hinweist, dass er den Weg besser erklären könne. Sie erwidert wenig begeistert, dass er auch nicht mehr Ahnung habe als sie, und verschwindet mit einem Kopfschütteln in dem Häuschen mit den bunten Blumen an den Fenstern und dem schönen Garten. Ich erfahre tatsächlich nicht mehr, als mir die Frau schon mitgeteilt hat, danke freundlich und fahre durch Flecken Zechlin. An der alten Kirche vorbei gelange ich zu einer neuen Asphaltstraße, auf der ich rasch vorwärtskomme. Aus dem Nebel taucht links von der Straße ein altes, verfallenes Herrenhaus auf. Hier lebten wohl die Herren, denen die Bauern ihre Robote zu erbringen hatten.

An Wäldern und fruchtbaren Feldern vorbei erreiche ich das Städtchen Rheinsberg. Viele Straßen sind aufgerissen, es wird gearbeitet, Schutt liegt auf den Gehsteigen, die Häuser zeigen Spuren des langsamen Verfalls. Wenn die Straßen erneuert und der alte Glanz der Häuser wiederhergestellt ist, kann ich mir vorstellen, dass dieser Flecken sehr schön aussehen wird. Noch ist es aber nicht so weit und ich schiebe mein Rad auf dem Gehsteig, neben der aufgerissenen Straße, die menschenleer ist. Nur ein Mann ist unterwegs, der in der Hand eine Wodkaflasche hält, vielleicht zum Trost in dieser Zeit des Umbruchs und der Verunsicherung. Die Symbole dafür sind die aufgerissenen Straßen, die rege Bautätigkeit an den oft sehr desolaten Häusern und der Alkohol. Der einsame Mann hält die Wodkaflasche fest in der Hand und freut sich womöglich, mit ihr einen gemütlichen Nachmittag zu verbringen. Ich spreche ihn an und frage, wie es ihm gehe. Mich als Österreicher interessiere die neue Situation nach der Wende. Er antwortet mir, während er seine Flasche auf den Boden stellt und sich an die Hauswand lehnt:

„Wir sind hier nicht glücklich, es fehlt uns an Arbeit. Wohl können wir jetzt ins Ausland reisen, aber wenn man kein Geld hat, kann man es doch nicht." Ich gebe ihm recht, wir unterhalten uns noch eine Weile, dann verabschiede ich mich und sehe noch, wie der Mann mit der Wodkaflasche ein nahe gelegenes Haus betritt.

Ein Stück schiebe ich das Rad noch bergauf, bis zu einer gut asphaltierten Straße. Nun trete ich fest in die Pedale, passiere Lindow und dann Herzberg, freundliche Orte mit ansprechenden Häusern.

An der Straße nach Sommerfeld steht ein Herr Mitte siebzig, der mir winkt. Ich halte an und frage, was er wolle. Er lacht und freut sich, einen Österreicher, wie er an der Sprache erkannt hat, vor sich zu haben. Er greift in seine Tasche, die über der Schulter hängt und überreicht mir einen schönen roten Apfel mit den Worten:

„Sie als sportlicher Radfahrer haben sich einen Apfel verdient. Beißen Sie hinein." Das tue ich gern und freue mich über diesen netten Herrn, der einem wildfremden Radfahrer einen Apfel anbietet. Er erzählt mir noch, dass er sich als Deutscher in einem großen Land fühlt und stolz darauf sei. Unter den Kommunisten habe man genug gelitten, und jetzt heiße es, die Freiheit zu genießen, was aber auch mit Verantwortung verbunden sei. Der Mann ist ein Denker, geht es mir durch den Kopf, und wir plaudern weiter, während die Autos an uns vorbeibrausen. Er will ein stolzer Deutscher sein, gerade jetzt in der Zeit des Umbruchs, in der eine Welt unterging und sich eine neue entwickelt. Ich hoffe mit ihm das Beste für die Zukunft. Er greift noch einmal in seine Tasche, holt noch einen großen Apfel hervor und gibt mir den mit auf den Weg. Er sei erfreut, einen netten Österreicher kennengelernt zu haben. Ich schüttle seine Hand, schwinge mich auf mein Rad und fahre los. Dass jemand einem Radler, noch dazu einem völlig unbekannten, der gerade vorbeizieht, Proviant überlässt, berührt mich und regt zum Nachdenken an.

Vielleicht ist dieses menschenfreundliche Verhalten typisch für Kulturen, in denen es den Menschen eher schlecht geht, da sie einander brauchen, um überleben zu können. In satten Wohlstandsgesellschaften ist es kaum üblich, Vagabundierende zu laben. Es wird geradezu als aufdringlich angesehen, einem Fremden Hilfe, Schutz oder Essen anzubieten.

Die leicht hügelige Landschaft hat ihren Reiz. Bei Sommerfeld steht ein Bauer an der Straße und verkauft den haltenden Autofahrern Karotten und anderes Gemüse. Auch ich bremse und kaufe mir einen Bund Karotten.

Ich werde sie Frau Grünert, der Gattin meines verehrten Freundes, Univ.-Prof. Dr. Grünert, anstelle von Blumen als Willkommensgruß mitbringen. Eine originelle Idee, finde ich.

Mit dem Verkauf von Karotten und anderen Früchten machen die Bauern am Rande der Straße kleine Geschäfte. In der ehemaligen DDR war das wohl kaum möglich, aber jetzt kann der kleine Mann zu etwas Geld kommen.

Ich denke über den Bauern nach, der am Straßenrand seine Karotten preisgünstig feilbietet, die noch dazu aus dem eigenen Boden und nicht aus Holland kommen. Nach Berlin ist es noch weit.

Dieser Bauer hat es mir angetan, er steht für eine Kultur der Freiheit, in der der kleine Mann mit Einfallsreichtum seine Geschäfte machen kann, ohne dass der Staat eingebunden ist oder gar dabei verdient. Es ist eine „Schattenwirtschaft", die es überall dort gibt, wo es mit der Versorgung der Menschen nicht so funktioniert. Also in Zeiten großer Umbrüche, wie nach Kriegen oder jetzt nach der Wende, sind Menschen unterwegs, um andere mit den für sie nötigen Dingen zu versorgen. Wichtig dabei ist das Umgehen der Kontrolle durch den Staat.

Dort, wo der Staat, wie es in Diktaturen üblich ist, alles kontrolliert, sind solche „freien" Wirtschaften nur schwer möglich.

Umbrüche sind immer auch Zeiten einer gewissen Verunsicherung und damit einer mangelhaften Kontrolle. Wer schnell und geschickt ist, weiß das zu nutzen, um Waren als Schmuggler oder Händler anzubieten. Oft stehen Traditionen der Fahrenden dahinter, wie sie Griechen, Armenier, Juden oder Zigeuner kennen.

Aber auch andere nützen die Chance, um handelnd oder sonst irgendwie zu überleben. Der Mensch ist ein schöpferisches Wesen, im Gegensatz zum Tier, das sich einfach nur anpasst, dem Wald, der Steppe oder dem Schnee. Der Mensch passt sich nicht nur an, sondern schafft etwas Neues, sucht nach Ideen, um für sich das Beste herauszuholen. Er versucht, die ganze Situation zu überblicken, die sich ihm wie ein Schachbrett anbietet. Er überlegt, wie die anderen auf dem Schachbrett ziehen, und dann zieht er, indem er nach fremdem Terrain greift oder seine Gegner täuscht, um mit mehr oder weniger Noblesse zu überleben. Den Bauern am Wegesrand mit seinen Karotten oder Mohrrüben, wie der deutsche Nachbar zu diesem Wurzelgemüse sagt, verstehe ich vor diesem Hintergrund. Hier an der Straße kommt er schnell zu Geld.

Nun fahre ich durch einen kleinen Ort, wo mich wieder das alte Stöckelpflaster erwartet, das typisch für diese Gegend ist. Am Straßenbelag ist schon zu erkennen, ob ich auf einer Landstraße oder auf einer Dorfstraße fahre, die auf beiden Seiten von Alleebäumen begrenzt wird.

Zwischen zwei Bäumen lugt ein Haus hervor, davor werden auf einem Sessel in einer Holzkiste Kirschen zum Verkauf angeboten. Ich bleibe stehen, und ein älterer Herr kommt aus dem Haus und freut sich, einen Kunden zu haben. Ich beuge mich über die Kirschen, da sagt der Herr: „Ja, ja, die sind aus meinem Garten, heuer sind sie besonders süß. Wollen Sie ein Kilogramm?" Diese schönen Kirschen, hier am Garteneingang angeboten, erinnern mich an meine Kinderzeit. Seit damals liebe ich

Kirschen und lasse ein Loblied auf die Kirschen im Allgemeinen und auf die seinen im Besonderen erklingen. Der Mann lächelt, während er sich an den grünen Zaun lehnt, der den gepflegten Garten mit seinen Obstbäumen umgibt. Er ist stolz auf seine Kirschen und mit der Würde eines noblen Mannes überreicht er mir ein Sackerl Kirschen und fügt hinzu: „Diese Kirschen schenke ich Ihnen, Sie sind mir sympathisch." Ich freue mich über die großzügige Geste, bedanke mich und radle winkend weiter, nachdem ich die Kirschen in meiner Radtasche verstaut habe. Es ist eine Freude, so schöne Geschenke ergattert zu haben.

Ich fahre weiter in Richtung Berlin, vorbei an Oranienburg, und frage nach Pankow, wo mir mein Freund Heinz Grünert ein Nachtlager zugesagt hat. Er weiß, dass ich komme, aber es ist gar nicht so einfach, von Norden kommend den Weg nach Pankow zu finden. Eine nette ältere Dame zeigt mir die Straße, die Klausthalerstraße, in der die Grünerts wohnen.

## BEI MEINEM FREUND HEINZ GRÜNERT

Ich läute die Glocke. Heinz Grünert, der ehrenwerte Professor für Urgeschichte, öffnet die Tür. Solche Häuser wurden wahrscheinlich in den 1960er-Jahren für würdige alte Professoren erbaut. Wir freuen uns sehr, einander wiederzusehen. Das Fahrrad wird in den Keller gebracht, dann gehen wir hinauf in den ersten Stock. Frau Grünert kommt mir lächelnd entgegen und freut sich über mein Kommen. Mit einer höflichen Verbeugung übergebe ich ihr die erworbenen Karotten statt Blumen. Ihre Freude darüber hält sich in Grenzen, und so überreiche ich ihr auch noch die Kirschen. Das scheint sie sehr zu freuen.

Das Arbeitszimmer von Heinz wird mir als Unterkunft zugeteilt. Ich mache mich frisch, und gemeinsam verlassen wir das Haus, um eine Pizzeria zu suchen. Nicht weit von ihrem Haus habe unlängst eine aufgemacht, erinnert sich mein Gastgeber. Bald stehen wir vor der Pizzeria, und eine junge Frau empfängt uns mit freundlichem Gruß in ihrem Lokal, das mit Gegenständen aus der Jugendstilzeit dekoriert ist. Wir nehmen Platz und lassen uns Pizza mit gutem Bier servieren. Wir haben einander viel zu erzählen und marschieren schließlich müde nach Hause. Es war schön, mit Heinz einen Abend gezecht zu haben. Müde falle ich nach einem schönen Tag ins Bett und gehe ihn in Gedanken noch einmal durch. Mich faszinieren die Menschen, die am Straßenrand ihre Feld- oder Baumfrüchte verkaufen. Das tut man bei uns zwar auch, aber es ist in Österreich bloß ein kleiner Zusatzverdienst, hier aber scheint es Lebensgrundlage zu sein. Der Bauer, von dem ich die Karotten erworben habe, hat mir noch gesagt, die Kameradschaft in der ehemaligen DDR sei besser gewesen als heute. Ich verstehe ihn. Ähnlich wie Kletterer, die einander in einer Seilschaft brauchen, um ihr Leben zu sichern und nicht abzustürzen, so brauchen die Menschen einander vor allem in Kulturen der Armut, um nicht im Elend zu versinken. Kameradschaft hat einen hohen Stellenwert. Dieses Wort entstammt übrigens der Ganovensprache, in der „komrad" so viel wie „Freund" heißt. Der Kamerad ist also der Freund auf der Landstraße, mit dem man wandert und auch zecht. Es klingt schön, das Wort Kameradschaft, und es beinhaltet einen tiefen Sinn, der mir in Gesprächen mit den Bauern immer wieder bewusst wird.

Zu den Überlebenstricks in schwierigen Zeiten, wie zum Beispiel in der ehemaligen DDR oder eben in einer Kultur der Armut, gehört die Kameradschaft. Sie ist regelrecht charakteristisch, wie ich auch heute bei meinem Gespräch mit dem Bauern erfuhr, der mir die Karotten verkaufte. So weit der kultursoziologische Aspekt der heutigen Fahrt.

Von ausnehmender Schönheit sind die Alleen, die viele Straßen Mecklenburgs bis hin nach Berlin streckenweise schmücken. Hoffentlich fallen sie nie der Säge zum Opfer, um dem neu aufkommenden

Autoverkehr gerecht zu werden. Weise Leute haben die Bäume gepflanzt. Sie zeigen einem den Verlauf der Straße und spenden Schatten, wenn die Sonne kräftig herunterbrennt. Fuhrwerker mit ihren Pferden wussten das zu schätzen und waren dankbar. Die Alleen führen in die Großstadt, an ihnen orientiert sich das fahrende Volk, über das ich bereits gesprochen habe. Diese Leute zogen in die Großstadt, dort konnten sie mit ihren Tricks überleben. Die Stadt ist auch Rückzugsgebiet für Menschen, die die Anonymität bevorzugen (darauf bin ich in meinem Buch „Randkulturen" näher eingegangen).

So einen Mann, der die Großstadt als Rückzugsgebiet braucht, kenne ich. Es ist mein Freund Johannes L., ein Beispiel für einen Vagabunden der Großstadt.

## JOHANNES L. – EIN VAGABUND DER GROSSSTADT

Johannes ist nach Wien gezogen, er braucht die Großstadt wie seine Kollegen hier in Berlin und zog aus der Steiermark in die Bundeshauptstadt. In Wien habe ich ihn in einem Beisel, einem einfachen Gasthaus, kennengelernt. Er erzählte mir einiges aus seinem Leben, das ich sowohl für kleinere Studien als auch für Vorträge verwende. Es gab aber auch Ärger mit ihm, so entwendete er mir einmal mein Fahrrad, das unversperrt am Institut abgestellt war. Immerhin hinterließ er mir einen großen Zettel, auf dem geschrieben stand:

„Lieber Roland! Ich habe mir dein Fahrrad ausgeborgt, um zum Oberbürgermeister Zilk zu fahren. Ich stelle es dir wieder in die Kammer. Herzliche Grüße Justizminister Johannes L."

Er bezeichnet sich gerne als Justizminister, da er sich im Laufe der Zeit, er ist ungefähr vierzig, einiges an juristischem Wissen angeeignet hat. Oft war er wegen kleinerer Delikte angeklagt und auch eingesperrt worden, einmal hat er angeblich sogar während einer Verhandlung einer Richterin das Gesetzbuch gestohlen. Jedenfalls ist er unter seinen Kollegen, den Stadtstreichern, als Rechtsberater sehr beliebt.

Das Fahrrad, das er mir gestohlen hat, habe ich bis heute nicht zurückbekommen. Meine Wut hielt sich aber in Grenzen, da es sich bei dem Fahrrad um ein altes, teilweise ramponiertes Modell gehandelt hat, und schließlich verzieh ich ihm. Leider neigt Johannes in der Öffentlichkeit zu exzessivem Verhalten, wenn er getrunken hat, und das kommt nicht selten vor. So wird folgender Vorfall in einer Meldung von zwei Wiener Polizisten geschildert:

*Meldung*

*Am 15.03.1989, um 07.35 Uhr kam ein unbekannter Passant ins Wachzimmer und teilte uns mit, dass sich in der Bahnhofshalle ein Alkoholisierter befindet, welcher aus dem Hosenschlitz eine Extra-Wurst hängen hat. Daraufhin begab ich mich mit Insp. Miller Andreas in die Bahnhofshalle, wo wir L. Johannes, ohne Unterstand ... antrafen. "*

Mit seinem Verhalten eckt Johannes L. also in der Öffentlichkeit an. Dies brachte ihn wieder einmal in das Wiener Landesgerichtliche Gefangenenhaus. Von dort erhielt ich folgenden Brief, den ich auszugsweise wiedergeben will:

*Lieber Roland! Seit 29. August sitze ich in Untersuchungshaft. Komme mich bitte besuchen ... außerdem brauche ich dringend etwas Geld zum Rauchen und für Kaffee. Wenn du keine Zeit hast, persönlich zu kommen, dann schick mir bitte 500 Schilling per telegrafischer Postanweisung ins Landesgerichtliche Gefangenenhaus I ... Bitte lasse mich nicht im Stich. Am wichtigsten sind aber die 500 Schilling. Wie schon ein altes chinesisches Sprichwort sagt: ,Nichts ist besser verkauft, als einem Freund, der bedürftig ist, etwas zu schenken.' Mit bestem Dank im Voraus und mit freundlichen Grüßen an Dich und Deine liebe Familie verbleibe ich mit vorzüglicher Hochachtung*

*Dein Freund Johannes L.*

Ich schickte dem Johannes L. das Geld, schließlich fühlte ich mich auch wegen seiner diversen Informationen dazu verpflichtet. Nach einiger Zeit erhielt ich wieder einen Brief aus dem Gefängnis von Johannes L., in diesem hieß es:

*Mein lieber Freund Roland! Herzlichen, aufrichtigen und besten Dank für die 500 Schilling, die Du mir überwiesen hast. Das war Rettung in höchster Not. Dafür bin ich Dir ewig dankbar. Das Geld habe ich bekommen, und damit komme ich 1 Monat mit Zigaretten und Kaffee aus. Weihnachten bin ich dann wieder pleite. Ich bräuchte noch einmal 500 Schilling, damit das Weihnachts- und Neujahrsfest nicht zu traurig wird. Zum letzten Mal bei dieser Untersuchungshaft brauche ich das Geld wirklich dringend.*

*Am 20. Dezember 1994, 9 Uhr, Saal 14/Parterre habe ich Hauptverhandlung. Komme bitte, wenn Du Zeit hast, zu dieser Verhandlung. Bitte lasse mich mit dem Geld nicht im Stich, sonst wird es das traurigste Weihnachtsfest meines Lebens.*

*Ich wünsche Dir und Deiner Familie von ganzem Herzen ein gesegnetes Frohes Weihnachtsfest und ein glückliches, gesundes Neues Jahr. Mit bestem Dank im Voraus und mit freundlichen Grüßen an Dich und Deine liebe Familie verbleibe ich mit vorzüglicher Hochachtung Dein Freund Johannes L.*

Mich interessierte, warum Johannes wiederum angeklagt war. Ich ging also in das Landesgericht und war um neun Uhr pünktlich im Verhandlungssaal.

Am Richtertisch saßen zwei Richter und zwei Schöffen, also Laienrichter. Der eine Richter kannte mich und fragte, ob ich eine Fallstudie mache. Ich nickte. Dann herrschte Stille im Saal, die durch das Vorführen von Johannes L. unterbrochen wurde. In Handschellen wurde er, der deutlich sichtbar die Strafprozessordnung mit sich trug, von einem Justizwachebeamten hereingeführt. Bevor ihm die Handschellen abgenommen wurden, ging er mit ausgestreckten Händen auf mich zu und begrüßte mich, indem er sagte: „Servus, Roland!" Johannes L. war wegen einer Kleinigkeit angeklagt. Er wurde zu seinen Straftaten, deren Zahl inzwischen auf 24 angestiegen war, befragt und aktuell beschuldigt, eine Frau Mitte fünfzig in der Halle einer U-Bahn-Station sexuell belästigt zu haben. Johannes L. verneigte sich höflich und hielt fest, dass er sie nicht, wie sie behauptet hatte, an der Brust festgehalten hätte. Das wäre auch gar nicht möglich gewesen, denn in der einen Hand hätte er eine Bierflasche und in der anderen Hand einen Regenschirm gehalten. Eine sexuelle Belästigung, wie die Dame, die in einem Nebenraum wartete, behauptet, hätte er keine getätigt, das wäre eine glatte Lüge. In Handschellen wurde er wieder abgeführt. Dann kam die betroffene Dame herein, wurde befragt und verwickelte sich in Widersprüche. Bei der Polizei hatte sie angegeben, sie sei häufig Opfer von sexuellen Belästigungen, und sie musste schließlich zugeben, dass Johannes L. eine Bierflasche und einen Regenschirm in Händen gehalten hatte. Sie könne nicht genau sagen, wie er sie belästigt habe.

Sie durfte nun gehen und Johannes L. kam wieder herein. Ich merkte den Richtern an, dass sie Zweifel an der Aussage der Frau hatten, dennoch sagte der Vorsitzende:

„Nach Aussagen der Frau hätten Sie sich mit einer Hand 30 Sekunden an ihre rechte Brust gekrallt. Was sagen Sie dazu?"

Johannes L., der wohl zugab, dass er sich in alkoholisiertem Zustand manchmal furchtbar aufführe, blieb dabei, die Frau sicher nicht derart belästigt zu haben. Die Richter glaubten ihm. Der Staatsanwalt fragte noch, wie viel Bier er am Tag trinke. Johannes L. meinte, er würde es auf 20 Krügerl bringen. Er wurde schließlich, weil im Zorn das Fenster eines Eisenbahnwaggons zertrümmert hatte, zu sechs Monaten Haft verurteilt. Er war heilfroh über dieses Urteil, bedankte sich höflich und wünschte schließlich frohe Weihnachten.

Der Justizwachebeamte, der Johannes L. hereingebracht hatte, fragte mich, als sich das Gericht zurückgezogen hatte, ob ich ein Verwandter von Johannes L. wäre. Ich verneinte und zeigte ihm meinen Dienstausweis, um zu erklären, dass berufliche Interessen der Grund für meine Anwesenheit wären. Johannes bekam wieder die Handschellen angelegt und rief mir zu, als er abgeführt wurde:

„Servus, Roland! Du bist mein bester Freund, bitte schicke mir 500 Schilling." Ich nickte und grüßte. Ich habe ihm das Geld ein paar Tage später geschickt, schließlich fühlte ich mich ihm gegenüber aufgrund seiner Geschichten, die ich von ihm aufzeichnen konnte, auch dazu verpflichtet. Er ist zwar, wenn er getrunken hat, ein unmöglicher Kerl, hat aber auch seine guten Seiten.

Solche Leute wie Johannes L. können nur in Großstädten existieren. Hier haben sie ihre versteckten Plätze und schummrigen Lokale, in denen sie unter sich sind und bei übermäßigem Alkoholgenuss Freundschaften schließen.

An Johannes L., den Vagabunden der Großstadt, denke ich hier in Berlin. Er ist anderen Kollegen gegenüber ein guter „komrad". Auf sein Wohlsein, aber auch auf das meines Freundes Heinz und seiner lieben Frau erhebe ich in Gedanken mein Glas Bier.

# 15. Tag – Von Berlin nach Dresden

Ich frühstücke gut bei den Grünerts. Liebenswürdig kredenzt mir Frau Grünert, eine pensionierte Lehrerin, die Karotten, die ich ihr gestern in heiterer Stimmung anstelle von Blumen überreicht habe. Allerdings hat sie sie schmackhaft zubereitet, sie schmecken vorzüglich und sind neben Brot und Tee eine Köstlichkeit. Ich greife ordentlich zu und bedanke mich für das gute Frühstück. Dann hole ich mein Fahrrad aus dem Keller, bepacke es und verabschiede mich mit einem Handkuss von Frau Grünert. Bis zur S-Bahn-Station Pankow begleitet mich mein Freund Heinz, ein liebenswürdiger Mensch und liebevoller Ehemann. Wir verabschieden uns herzlich voneinander, und ich steige in die Schnellbahn ein, denn ich will die Großstadt Berlin möglichst rasch verlassen. Die Benützung der S-Bahn gilt nicht als Benützung eines Zuges im Sinne der Wette.

In Schönefeld, gleich beim Flughafen, suche ich nach einer Straße in Richtung Süden, nach Dresden. Reisende, die von hier in alle Teile der Welt fliegen, hasten an mir vorbei und nehmen mich gar nicht wahr. Ich gelange auf eine gemütliche Nebenstraße, wo mir ein freundlicher Herr mit Tätowierungen am nackten Oberarm, der sich auf einer sonntäglichen Radfahrt befindet, gute Ratschläge hinsichtlich einer angenehmen Route nach Dresden gibt. So gelange ich in das freundliche Städtchen Rengsdorf und weiter nach Zossen. Es ist kaum Verkehr auf dieser Straße, für den die nahe vorbeiführende Autobahn attraktiver ist. Ich habe es mir zur Regel gemacht, Straßen zu benützen, die unweit von Autobahnen verlaufen. Für gewöhnlich kann man da einigermaßen unbehelligt von Autos fahren.

## DER RUHELOS IN SEINER FANTASIE WANDERNDE KARL MAY VULGO OLD SHATTERHAND VULGO KARA BEN NEMSI

Die Seitenstraßen, fernab der Hauptverkehrsadern, führen mich durch Kiefernwälder und schattige Alleen, und ich komme durch die kleinen Dörfer Golßen und Luckau und über leicht hügeliges Land nach Doberlug-Kirchhain. Ich raste am Waldrand, wo mir eine freundliche Dame, die mit zwei Kindern unterwegs ist, eine Forststraße nach Elsterwerde nennt. Nach zwei Stunden durch einen Kiefernwald, auf braunem, erdigem Boden, erreiche ich eine Asphaltstraße. Es ist bereits später Nachmittag.

Ich bin nun schnell unterwegs, um mein geplantes Reiseziel, die schöne Stadt Dresden, zu erreichen, die doch 180 Kilometer von Berlin entfernt ist. Ich sause dahin, das schnelle Tempo macht Spaß auf ebenen Straßen. Irgendwo in der Nähe ist Radebeul, wie ich auf meiner Karte sehe.

Von hier stammt der große Autor Karl May, dessen Werke ich in meiner Jugendzeit regelrecht verschlungen habe. Je mehr ich aus seinem Leben erfuhr, desto mehr Gefühl brachte ich diesem Mann entgegen, der die Helden meiner späten Kindheit und frühen Jugend geschaffen hatte. Er war ein großer Schwindler und nicht das, was man üblicherweise unter einem honorigen Menschen versteht. Er war ein Uhrendieb und musste ins Gefängnis. Kleinere Betrügereien brachten nichts ein, so wurde er Schriftsteller. Der wahre Schriftsteller ähnelt einem Vagabunden, denn er bricht Grenzen auf und führt den Leser in eine andere Wirklichkeit. Das tat auch Karl May, der auf eine abwechslungsreiche Karriere zurückblicken konnte, vom kleinen Ganoven zum gefeierten Verfasser spannender Bücher, wie „Durch die Wüste" oder „Winnetou". Ich glaube, ich habe 30 bis 40 „Karl Mays" gelesen. Die meisten verschönten mir meine Internatszeit in der Klosterschule zu Kremsmünster, in der ich während der 1950er-Jahre einiges zu erleiden hatte. Langweilige Schulstunden überbrückte ich durch das Lesen von Büchern, die dieser Mann aus Radebeul geschrieben hatte, und in den sogenannten Exerzitien leistete mir Karl May fröhliche Gesellschaft.

Diese Exerzitien waren „fromme" Tage in der Fastenzeit, während derer wir nicht sprechen durften, uns in religiösen Übungen zu ergehen hatten und „heilige" Bücher lesen sollten. Diese Bücher waren jedoch nicht nach meinem Geschmack, und ich las stattdessen die Bücher von Karl May, wobei ich, um die geistlichen Herren, die uns mit aller Strenge beaufsichtigten, in die Irre zu führen, das jeweilige Karl-May-Buch mit einem Umschlag von einem „heiligen" Buch versah. So überstand ich bestens und ohne mich zu fadisieren Exerzitien, die für mich dennoch von geistigem Zugewinn waren. Dafür sei Karl May gedankt. Das geht mir alles durch den Sinn, als ich an Radebeul vorbeiradle.

Ich kann mir gut vorstellen, dass Karl May um die Jahrhundertwende viele Gegner gehabt haben muss, da seine Lügengeschichten beim Publikum gut ankamen. Er war von Neidern umgeben, hatte aber auch große Verehrer, wie zum Beispiel den berühmten „rasenden Reporter", Egon Erwin Kisch. Dieser schrieb einmal, er sei nach Radebeul gefahren, um Karl May für eine Zeitungsgeschichte zu interviewen. Vorher fragte er jedoch an, ob er ihn überhaupt empfange. Karl May antwortete freundlich, er solle kommen, er werde ihm schon einiges erzählen. Seinen Brief unterschrieb dieser große Meister der Jugendromane, der trefflich zu lügen wusste, mit „Doktor Karl May", obwohl er nie ein Doktorat erworben hatte. Kisch gefiel offenbar, dass dieser Mann, der mit Old Shatterhand und Kara Ben Nemsi ganze Generationen von jungen Menschen begeisterte, gut zu schwindeln wusste und sich als Doktor ausgab. Für Kisch war Karl May ein eleganter Ganove mit kleinen Tricks, die typisch für die Welt der Gauner und Herumzieher sind.

Aber Karl May hatte Talent und schuf Geschichten von zauberhafter Genialität. Ich habe viel aus seinen Schriften gelernt.

So las ich in seinem ersten Reiseroman „Durch die Wüste", dass *Kara Ben Nemsi* übersetzt *Karl der Deutsche* heißt, wobei *Nemsi* eigentlich *der Österreicher* heißt, denn für die arabische Kultur, in der die Handlung des Buches spielt, waren die Österreicher, mit denen sie direkt in Kontakt waren, identisch mit ihren deutschen Nachbarn oder waren überhaupt Deutsche schlechthin. Bereits als Bub wurde ich also mit dem Problem konfrontiert, das heute noch manche Gemüter erregt, ob nämlich Österreicher Deutsche seien und umgekehrt. Für Karl May war das kein Problem. Ich war damals stolz darauf, dass mein Held Karl May, der unter Beduinen lebte und auf einem feurigen arabischen Hengst durch die Wüste sprengte, als Kara Ben Nemsi bezeichnet wurde, also Karl der Österreicher hieß. Der Erzähler, der meine Jugendträume bereicherte, hatte nichts dagegen, als Österreicher bezeichnet zu werden, wie die nächste Geschichte zeigt.

Dieser Karl May, viel geschmäht wegen seiner Flunkereien, überraschte mich vor ein paar Jahren, als ich mich auf einer Tagung in Leoben aufhielt. Dort zeigte man mir das Gästebuch der Stadt, und in diesem fand ich ein wunderschönes Gedicht, das weitgehend unbekannt sein dürfte. In diesem Gedicht preist ein Kara Ben Nemsi Österreich, das Steirerland und Leoben. Ich möchte dieses Gedicht, an das ich mich hier in der Nähe von Dresden erinnere, dem freundlichen Leser kundtun:

*Sei mir gegrüßt, Du liebes Österreich!*
*Du ragst so hoch und bist so tief gegründet.*
*Schon graut der Morgen, und nun kommt wohl gleich*
*Die Sonne, welche dir den Tag verkündet.*
*Es schauen dir der Erde Völker zu,*
*Ob du wohl wirst aus diesen Tiefen steigen,*

*Und hast du es getan, so öffnest du,*
*Das Eisenthor, um dich als Held zu zeigen.*

*Sei mir gegrüßt, du liebes Steirerland!*
*Wär ich dein Sohn, wie wollte ich dich ehren.*
*Läg mir zur Wahl die Erde in der Hand,*
*Ich würde doch nur dich, nur dich begehren.*
*Wenn fromm und still im hellen Schein*
*Rings deine Berge im Gebete liegen,*
*So möchte ich deines Volkes Seele sein*
*Und wie ein Engel auf zum Himmel fliegen.*

*Sei mir gegrüßt, du liebe Stadt!*
*Noch lebt der Strauß, auch trägt er noch die Eisen.*
*Wer dich gesehn und dich verstanden hat,*
*Der geht nicht weiter, ohne dich zu preisen.*
*Ich schließe dankbar dich ins Herze ein,*
*dass du mich hier so freundlich aufgenommen,*
*und wenn du mir versprichst, mir gut zu sein,*
*So werd ich gern und fröhlich wiederkommen!*

Geschrieben hat Karl May das am 13. Oktober 1904 zu Leoben, wo er offensichtlich als Gast freundlich empfangen wurde. Wahrscheinlich hatte er auch in Leoben Verehrer.

Während ich in Richtung Dresden radle, beschäftige ich mich in Gedanken mit Karl May. Hier in dieser Gegend hat er gelebt, hier wird er wohl auch wegen kleinerer Gaunerstücke hinter Gittern gesessen sein. Da es nur kleinere Gaunereien waren, möge man ihm verzeihen. Er war ein begnadeter Erzähler.

Es wird schon dämmrig und ich sitze bereits sieben Stunden auf meinem Fahrrad. Ich fahre auf einer Hochebene, die dann steil zur Elbe abfällt, nach Dresden. Bei einem Bauernhof, dessen Tor weit offen steht, bleibe ich stehen und betrete mit lautem Gruß den Hof. Freundliche Bauersleute und drei Kinder kommen mir entgegen. Ich frage, ob ich in Dresden ein freies Zimmer bekommen würde oder ob ich mich besser schon hier umsehen solle. Sie meinen, es dürfte keine Probleme in Dresden geben. Ich bitte noch höflich, einen kurzen Anruf nach Österreich tätigen zu dürfen, und man bringt mir stolz ein drahtloses Telefon, einen Gegenstand, der gerade erst erworben worden sein dürfte und ein Symbol für die Errungenschaften des Westens ist. Das tragbare Telefon verweist auf Wohlstand und modernes Leben. Im Hof wird mir ein Sessel an einem wackeligen Tisch angeboten, die Mauern des Hofes sind weiß getüncht, und ein neues Auto ist auch zu sehen. Ich telefoniere mit meiner lieben Frau und teile ihr mit, dass ich kurz vor Dresden bin. Wenn alles planmäßig weitergeht, kann ich die Wette gewinnen. Noch habe ich drei Tage Zeit, um nach Wien zu gelangen. Meine sogenannte weitaus bessere Hälfte, wie sie ein Freund von mir bezeichnet, wünscht mir viel Glück und ist froh, dass ich mir guter Dinge den Weg durch Deutschland bahne.

Ich bedanke mich mit Handschlag bei den netten Bauersleuten, radle weiter und winke noch ein letztes Mal. Es ist eine schöne Nebenstraße, die ich gewählt habe, sie führt über Weixdorf hinunter nach Dresden. Schnell wird es dunkel auf meiner Fahrt, und die Straßenbeleuchtung ist, vor allem in den Außenbezirken von Dresden, mangelhaft. Man sieht überall, wie gearbeitet und renoviert wird, aber jetzt ist Abend, die Arbeit ruht, und auf der Straße sind kaum noch Menschen. Ich würde jemanden brauchen, der mir den Weg zu einem Hotel im Zentrum Dresdens zeigen könnte.

Ich komme durch eine dunkle Gasse und finde zufällig ein Hotel, das schlecht beleuchtet ist. Davor steht ein Herr, offensichtlich der Besitzer der Herberge. Ich bleibe stehen und frage, ob er ein freies Zimmer hätte. Er mustert mich und antwortet mit den bedeutungsvollen Worten:

„Ja, wir haben freie Zimmer, aber die können Sie sich nicht leisten." Er sieht also in mir, dem Radfahrer, einen armen Vagabunden. Ich lächle nur, finde aber seine vorschnelle Einschätzung eines Radfahrers unverschämt und radle weiter, um mir ein anderes Hotel zu suchen. Das finde ich in der nächsten Straße, wo ich auch bereitwillig aufgenommen werde. Allerdings handelt es sich bei diesem Hotel um eines, das noch der Sanierung durch viele fleißige Hände bedarf. Ich darf mein Rad in dem renovierungsbedürftigen Hof dieser Herberge abstellen, beziehe mein Zimmer, dusche, ziehe mich um und spaziere in das Zentrum Dresdens.

Hier hat sich viel getan. Alles leuchtet und glitzert, hier demonstriert man den Besuchern schon die neue Welt des Westens. Über die Elbbrücke gelange ich in die belebte Fußgängerzone mit moderner Beleuchtung und gemütlichen Restaurants. In eines kehre ich ein. Den ganzen Tag habe ich mich auf diesen Augenblick gefreut, war immerhin neun Stunden und dreißig Minuten unterwegs. Von Berlin bin ich gegen 11:30 Uhr losgeradelt, 180 Kilometer gefahren und um neun Uhr abends in Dresden angekommen. Darauf trinke ich nun ein großes Glas Bier. Mittlerweile wurde mir die Pizza serviert, über die ich mich hungrig hermache.

Auch die MacDonald's-Restaurants haben Dresden schon erobert – die jungen Leute lieben die speziellen Speisen, die auch Inbegriff der Öffnung zum Westen sind. Anschließend wandere ich durch die Innenstadt Dresdens mit Semperoper und Dresdner Zwinger. Hier ist viel Zerstörtes wieder aufgebaut worden, noch immer sind die Schäden des letzten Weltkrieges sichtbar.

Dresden wurde im Februar 1945 durch Bomben total zerstört. Tausende von Menschen fanden den Tod. Meine Mutter hatte stets Tränen in den Augen, wenn sie uns Kindern vom Luftangriff der Engländer auf diese schöne Stadt an der Elbe erzählte, und sie erzählte oft davon, denn die Zerstörung dieser Stadt ist ihr sehr nahegegangen.

Diese Zerstörung stand symbolhaft für einen furchtbaren Krieg ebenso wie der Untergang der Kosaken in Kärnten, von dem meine Mutter uns Kindern auch oft erzählte. In den letzten Kriegstagen hatten sich Kosaken mit ihren Familien aus dem Osten nach Österreich zurückgezogen. Sie hatten mit der Deutschen Wehrmacht sympathisiert, weil sie keine Kommunisten sein wollten, und flohen daher vor der sowjetischen Armee, die sie mit großem Hass verfolgte. In gutem Glauben ergaben sich die Kosaken den bereits in Kärnten stationierten Engländern, deren General ihnen sein Ehrenwort gab, sie nicht an die Sowjets auszuliefern. Doch als sie ihre Waffen wie vereinbart abgegeben hatten, wurden sie den Russen ausgeliefert. Auf dem Transport zu den Russen begingen viele Kosaken Selbstmord, Frauen sprangen mit ihren Kindern in die reißende Mur. Sie zogen diesen Tod den zu erwartenden Erniedrigungen durch die Sowjets vor.

Meine Mutter berührte das Schicksal dieser Menschen ebenso sehr wie das der Dresdner, die in einer gigantischen Feuersbrunst von Napalmbomben ihren Tod fanden. Ich denke während meines Spazierganges durch die Dresdner Altstadt an diese Unglücklichen und spreche ein leises Gebet.

Aber wiederum denke ich an Karl May, über den ich in Wien bei einem Glas Bier berichten werde. Das nehme ich mir vor, denn dieser Meister der Fantasie führte viele junge Leute in eine Welt, in der es Menschen gab, die für das Gute zu kämpfen wussten. Im Grunde seines Herzens war der Schöpfer des Winnetou und des Old Shatterhand ein feinsinniger Mann mit weitem Herzen, der einem ferne Welten vorstellen und fremde Kulturen nahebringen konnte – zu einer Zeit, wo das Reisen schwierig und kostspielig war. In seinen Werken zeigt Karl May, wie viel Schönes und Interessantes in anderen Kulturen zu finden und zu erleben ist. Ich sehe in diesem großen Autor von Jugendbüchern auch einen Verfechter der Toleranz, der im Wüstensohn, im Indianer und im Bewohner des wilden Kurdistan seine Brüder sieht. Vor allem die Indianer, die durch die Landgier der „Weißen" entrechtet und erniedrigt wurden, hatten es ihm angetan. Dabei fällt mir ein Witz ein, der hier kurz erzählt sei:

Ein Mann sagt zu einem anderen, dass er gerade das Buch von Karl May „Das Kapital" lese. Worauf der andere meint, dieses Buch sei nicht von Karl May, sondern von Karl Marx. Darauf erwiderte der Leser, dass ihm jetzt alles klar sei. Er wäre schon auf Seite 100, und es käme noch immer kein Indianer vor. Ich schmunzle über diesen Witz. Mein heutiger Tag war von Karl May geprägt.

## DAS AUTO ALS DES KAPITALISMUS „LIEBSTES KIND"

Aber noch eine andere Begebenheit, die mich als Sozialwissenschaftler interessiert, hat diesen Tag oder diesen Abend bereichert, nämlich das Erlebnis mit dem Hotelier, der den Radfahrer als jemanden einschätzte, der sich kein Hotel leisten könne. Gerade hier in der ehemaligen DDR scheint nach dem Niedergang des Kommunismus der Kampf um Symbole der Kaufkraft entbrannt zu sein.

In meinem Buch „Die feinen Leute" habe ich den Menschen als „animal ambitiosum" bezeichnet, als ein Wesen, das nach Vornehmheit und Beifall strebt. Dazu bedarf es gewisser Symbole, und ein solches Symbol ist das Auto. Irgendjemand hat einmal das Auto als des Kapitalismus „liebstes Kind" bezeichnet. Tatsächlich sind es vor allem die Autos, wie ich in den vorhergehenden Kapiteln schon darlegte, mit denen der Osten überschwemmt wird. Auch machen Ganoven große Geschäfte mit dem Diebstahl von Autos im Westen und deren Verschiebung nach dem Osten.

Das Auto ist für den „kleinen Mann", der nach „oben" strebt, von ungeheurer Wichtigkeit. Mit ihm kann er in aller Öffentlichkeit seine finanzielle Potenz und den eigenen Erfolg demonstrieren. Die Art der Fortbewegung auf dem Fahrrad war früher typisch für eine Kultur der Armut. Erst in den von Autos gesättigten Kulturen, wie der des Westens, neigt man dazu, das Fahrrad zu akzeptieren, da ohnehin fast jeder ein Auto besitzt oder leicht eines erwerben kann.

Ich habe es also nicht leicht, als Radfahrer in dieser aufstrebenden Kultur des Ostens von Hoteliers akzeptiert zu werden. Das gelingt mir aber spätestens, wenn ich im Anmeldeformular meinen Beruf bekannt gebe.

Mir wird immer wieder vor Augen geführt, wie wichtig Symbole für den Menschen sind. An sie klammern sich auch Autoverkäufer, Hoteliers und Ganoven. Der Mensch ist ein Naturwesen, das mit kognitiven Fähigkeiten ausgestattet ist. Er hat Kultur geschaffen und schafft Kultur, zu der Symbole gehören wie Häuser, Autos, Kleidung und so ziemlich alles, was der Mensch produzieren kann.

In Bezug auf Symbole ist, wie ich schon im Kapitel über die Verfolgung des fahrenden Volkes festgehalten habe, seit Jahrtausenden der Wandernde im Nachteil. Dieser trägt nur so viel bei sich, wie er tragen kann. Gaukler, herumziehende Scherenschleifer und heute auch Radfahrer auf Tour ähneln einander äußerlich und sind gerade in Kulturen der Armut und auch in der ehemaligen DDR verdächtig. Vagabundierende Menschen passten nicht in das Bild einer kommunistischen Gesellschaft. Anders dürfte dies in Hochkulturen sein, in denen sich Überfluss bemerkbar macht. Hier mag es ehrenwert sein, wenn ein Generaldirektor oder Universitätsprofessor auf das Statussymbol Auto verzichtet und mit dem Fahrrad auch längere Strecken fährt. Ich glaube, eine solche Feststellung treffen zu dürfen, da ich über Erfahrung auf diesem Gebiet verfüge. Ich war mit dem Fahrrad schon in Frankreich und Italien, nirgends hatte ich Probleme mit Hotelportiers. In diesen Ländern sah man in mir, der im Raddress vorfuhr, einen sportlichen, nicht mittellosen, aber vielleicht kuriosen Herrn, dem es Vergnügen macht, durch die Länder zu radeln.

Der Radfahrer ähnelt also einem Vagabunden im klassischen Sinn, denn er benützt seine eigenen Muskeln, um von Ort zu Ort, von Stadt zu Stadt zu gelangen. Dies macht ihn verdächtig gegenüber dem Sesshaften und eventuell einem Hotelportier, wie in meinem Fall. Der Autofahrer gleicht einem Sesshaften. Für seine Autoreisen benötigt er keine separate Reisekleidung, er ist nicht in direktem Kontakt zum Staub der Landstraße und zu den nassen Überraschungen des Himmels, wirkt daher immer nett und adrett und hat keine Probleme bei Hotelportiers, da sie ihn für einen honorigen Menschen halten.

Der Radfahrer dagegen trägt den Stempel des alten Fahrenden, dem man nach einer langen Fahrt die Anstrengung ansieht. An ihm haftet der Staub der Landstraße, sein Gesicht ist gerötet und die Sonne hat seine Haut gebräunt.

Auf das Wohl der Radfahrer in der Tradition des alten fahrenden Volkes trinke ich in Gedanken ein Glas mit schäumenden Bier.

# 16. Tag – Von Dresden nach Mělník

Im Hotel „Zur Stadt Rendsburg" frühstücke ich gut. Hier sind nicht viele Gäste, nur ein paar Vertreter aus dem Westen, die in Dresden Geschäfte machen wollen. Auch sie genießen den ruhigen Morgen bei Kaffee und frischem Gebäck. Es ist kurz nach neun Uhr, als ich mein Rad bepacke, um Dresden zu verlassen. Das ist gar nicht so einfach, denn das Stöckelpflaster macht die Fahrt zu einem gefährlichen Abenteuer, weil ich darauf achten muss, dass mein Vorderrad nicht in einen Spalt zwischen die Steine gerät. Ich frage nach der Straße nach Pirna, die schlecht beschildert ist, was mich ärgert. Bergauf geht es durch eine parkähnliche Landschaft, an deren Scheitelpunkt ich vor einem Fotogeschäft halte, das bereits ein großes Angebot an Filmen und diversen Fotoapparaten anzubieten hat. Nachdem ich einen Film gekauft und eingelegt habe, mühe ich mich weiter über das Stöckelpflaster aus der Stadt hinaus. Endlich habe ich es geschafft, und die Elbe ist mein Richtungszeiger.

Im Osten beginnt das Lausitzer Bergland, das zu Wanderungen in angenehme Höhen einlädt. Es ist die Sächsische Schweiz, die ich durchradle, vorbei an reizvollen, kleinen Dörfern entlang der Elbe. Auf einmal sehe ich vor mir eine riesengroße Burg mit vielen Mauern und Zinnen. Der Prachtbau ist strategisch klug auf einem felsigen Hügel errichtet. Königstein heißt die Burg, wie ich meiner Karte entnehme. Hier wurde sicher Geschichte geschrieben, und wilde Heere rannten gegen diese Festung an, während in den Verliesen Gefangene schmachteten. Mich fasziniert die Lage dieser Burg, in der vermutlich buntes Leben unter den Rittern und Burgfräulein herrschte.

In einem kleinen Ort vor der Grenze kaufe ich mir in einer Bäckerei einen Kuchen. Bei Hřensko gelange ich nach Tschechien und werde weiterhin von der Elbe begleitet. Hohe Felsen des Elbsandsteingebirges laden zum Klettern ein, und ich entdecke tatsächlich Kletterer, die in den Felsen hängen. Sie sind berühmt unter den Spezialisten, die sogar aus Wien hierherfahren. Die Straße ist herrlich zu fahren, keine Probleme wie in der ehemaligen DDR, ein tolles Abenteuer. In Teschen und dann in Aussig erfreuen mich prachtvolle Marktplätze mit schönen, malerischen Häusern, in denen früher Sudetendeutsche gewohnt haben, die nach dem letzten Weltkrieg ihre Heimat verlassen mussten, obwohl ihre Vorfahren durch Jahrhunderte hier gelebt und gearbeitet haben. Der Obmann des Deutschen Schulvereins in Teschen soll ein Onkel des früheren österreichischen Bundeskanzlers Dr. Bruno Kreisky gewesen sein. Es erinnert hier viel an das alte Österreich. Auch meine Vorfahren stammen aus Böhmen, aus Lissa an der Elbe, wo ich morgen sein will. Ich radle durch Aussig oder Ústí, wie es auf Tschechisch heißt.

### DIRNEN AN DER STRASSE

Neben der Straße, die leicht bergab führt, stehen einige junge Frauen, die auffallend gekleidet und grell geschminkt sind. Die kurzen Röcke und ihr eindeutiges Verhalten lassen ihr Gewerbe erkennen. Junge Prostituierte, nicht viel älter als 16 Jahre, bieten gegen Geld ihre Dienste an. Zahlungskräftige Ausländer, vor allem Deutsche, die schnell über die Grenze fahren, kaufen sich dieses Vergnügen. Die Preise der Damen hier liegen sicherlich günstiger als die ihrer deutschen Kolleginnen auf der anderen Seite der Grenze. Ähnlich verhält es sich auch an der österreichisch-tschechischen Grenze, wie ich aus meinen Forschungen weiß. Hier sind es vorwiegend die Österreicher, die ein preisgünstiges amouröses Abenteuer suchen. Ich radle an den beiden Liebesdienerinnen vorbei, die auf begüterte Kunden in teuren Autos warten.

Die Zuhälter hier in Tschechien haben schnell erfasst, dass mit jungen Frauen viel Geld zu machen ist. Soweit ich aus Gesprächen mit Wiener Polizisten weiß und auch selbst gesehen habe, schicken diese Zuhälter ihre Damen auch auf den Wiener Strich und werden so zu Konkurrenten der einheimischen Strizzis, wie man in Wien die Zuhälter nennt. Es ist interessant, dass in dem Wort Strizzi das tschechische Wort „strýc" für Onkel steckt. Möglich, dass der Zuhälter als Onkel gesehen wird oder von den Dirnen so genannt wird, da er ja auch Beschützerfunktion hat. Der Zuhälter schickt die Dirnen, damit sie schnelles Geld machen, hier am helllichten Tag, es ist gegen 16 Uhr, zur „Arbeit". Für gewöhnlich gehen die Damen im Schutz der Dunkelheit diesem Gewerbe nach. Offenbar floriert das Geschäft aber schon am Tag. Zu Zeiten des Kommunismus war das undenkbar. Das Niederreißen des Eisernen Vorhanges brachte also auch hier enorme Veränderungen. Ganoven aller Art, wie Schmuggler und Zuhälter, ergriffen die Chance, um Geschäfte zu machen. In der Verunsicherung der Menschen nach dem Ende des Kommunismus konnten sich illegale Transaktionen, zu denen das Verschieben von gestohlenen Autos über die Grenzen hinweg oder auch die Prostitution gehört, entfalten.

Ich radle weiter am östlichen Ufer der schönen Elbe, vorbei an den Städtchen Lobositz und Rounice. Nun verlässt die Straße die Elbe, sie schlängelt sich steil bergauf nach Osten, was eine Herausforderung für mich darstellt. Ich trete kräftig in die Pedale, vorbei an einem Bauernhof, vor dem zwei Mädchen stehen und mir fröhlich zuwinken. Welch ein anderes Bild, denke ich mir und erinnere mich der Lieder der alten Wanderburschen und herumziehenden Studenten, in denen der Anblick lachender Mädchen mit fliegenden Haaren den Vagabunden erfreut. In einem großen Bogen führt die Straße wieder hinunter zur Elbe.

## DIE „LINDENWIRTIN", DER SCHIPKAPASS, ALTES
## PRAGER STUDENTENLEBEN – EGON ERWIN KISCH

Ich radle an alten Häusern vorbei, die von der späten Nachmittagssonne beschienen werden. Ein Haus erregt mein Interesse, nicht nur wegen seines schlechten Zustandes. Die Fenster sind desolat und auf der furchtbaren Tünche an der Außenmauer sind vergilbte, abgewaschene, kaum lesbare Buchstaben zu sehen. Die verblasste Eleganz des Hauses ist aber noch erkennbar. Ich bleibe stehen und schaue mir das Haus und die blasse Schrift genauer an. Zu entziffern sind die deutschen Worte: „Gasthaus zur Linde". Über diesem Schriftzug entdecke ich zwei kreisrunde Bilder, die bei einem oberflächlichen Blick gar nicht auffallen, so sehr sind sie eins geworden mit der gelblichen Hausmauer. In dem rechten Bild ist ein junger Bursche abgebildet, der auf einer Bank vor einem Haus, offensichtlich unter einer Linde, sitzt. Es dürfte eine blaue Studentenmütze sein, die er auf dem Kopf hat. Neben ihm steht eine junge Frau, die ihre Hand auf die Schulter des jungen Mannes gelegt hat und auf ihn niederblickt, als wolle sie sagen: „Junger Wanderer, wenn du Durst hast, dann trinke." Auch auf dem linken Bild ist bei genauem Hinsehen eine schöne Frau zu erahnen, vor sich einen Tisch mit Flaschen und Gläsern.

Geradezu verzaubert verharre ich vor diesem Haus und den beiden kaum sichtbaren Bildern. Man braucht Fantasie, um die Lindenwirtin zu erkennen, die in Studentenliedern viel besungen wird, jene Glück verheißende junge Frau, die ein Symbol der Labung für staubbedeckte, durstige Studenten auf Wanderschaft ist. Dieses armselige, unbewohnte Haus hier erinnert also an eine alte Kultur der Wanderer und Studenten. Ich mache ein Foto, das mich an früheres Wirthausleben erinnert, und radle weiter. Nun habe ich Zeit, mich in Gedanken mit der Lindenwirtin zu beschäftigen, die hier, ungefähr 40 Kilometer nordöst-

lich von Prag, vor langer Zeit köstliches Bier und süffigen Wein ausge-
schenkt haben muss.

In Kreisen der deutschen Studenten und Wanderer war die „Lindenwirtin" berühmt, denn ihr war ein Lied gewidmet. Es stammt von
Rudolf Baumbach. Wenn es auch nicht die Lindenwirtin dieses Hauses
ist, so passt sein Lied auf jede Lindenwirtin, von denen es einige gegeben hat und die alle Freude verbreiteten. Ich summe, während ich so
dahinradle das Lied:

*Keinen Tropfen im Becher mehr,*
*Und der Beutel schlaff und leer*
*Lechzen Herz und Zunge.*
*Angetan hat's mir dein Wein,*
*Deiner Äuglein heller Schein, Lindenwirtin, du junge.*

*„Angekreidet wird hier nicht,*
*Weil's an Kreide uns gebricht",*
*Lacht die Wirtin heiter.*
*„Hast du keinen Heller mehr,*
*Gib zum Pfand dein Ränzel her,*
*Aber trinke weiter."*

*Tauscht der Bursch sein Ränzel ein*
*Gegen einen Krug voll Wein,*
*Tät' zum Geh'n sich wenden.*
*Spricht die Wirtin: „Junges Blut,*
*Hast ja Mantel, Stab und Hut;*
*Trink und lass dich pfänden!"*

*Da vertrank der Wandersknab'*
*Mantel, Hut und Wanderstab,*
*Sprach betrübt: „Ich scheide.*
*Fahre wohl, du kühler Trank,*
*Lindenwirtin jung und schlank,*
*Liebliche Augenweide!"*

*Spricht zu ihm das schöne Weib:*
*„Hast ja noch ein Herz im Leib;*
*Lass mir's, trauter Wand'rer!"*
*Was geschah, ich tu's euch kund:*
*Auf der Wirtin roten Mund*
*Brannte heiß ein anderer.*

*Der dies neue Lied erdacht,*
*Sang's in einer Sommernacht*
*Lustig in die Winde.*
*Vor ihm stand ein volles Glas,*
*Neben ihm die Wirtin saß*
*Unter der blühenden Linde.*

Es ist ein wunderschönes Lied, das von dem 1840 in Thüringen geborenen Rudolf Baumbach gedichtet wurde. Baumbach studierte in Leipzig, wo er Senior der Landsmannschaft „Lipsia" wurde und promovierte 1864 in Heidelberg. Später war er Hauslehrer, ein im vorigen Jahrhundert bemerkenswerter Beruf für all jene, die entweder nie fertig studiert haben, wie zum Beispiel Adalbert Stifter, oder als Akademiker keine Anstellung fanden, wie Rudolf Baumbach. Als Hauslehrer kam er nach Triest. Dort entstand seine Liedersammlung „Lieder eines fahrenden Gesellen". In dieser findet sich das Lied von der „Lindenwirtin", aber auch das berühmte Lied „Bin ein fahrender Gesell', kenne keine Sorgen", an das ich bereits am Beginn meiner Radtour dachte. In der Nähe von Triest, in Basovizza, befand sich tatsächlich ein „Gasthof zur Linde", dessen Wirt behauptete, in diesem wäre die besungene Lindenwirtin zu Hause gewesen. Aber es gibt noch ein zweites Gasthaus, wo eine Lindenwirtin mit dem Ausschank von Bier und Wein die Studenten erfreute, dieser sei hier gedacht. Sie übte ihren Beruf in Bad Godesberg aus[34] und hieß Ännchen Schumacher. 1878, nach dem Tod ihres Vaters, wurde sie mit knapp 18 Jahren die Wirtin des Gasthofs „zum Godesberg", in dem Studenten verkehrten und sicherlich auch das Lied von der Lindenwirtin sangen. Sie muss in ihrer Art, wie sie den Studenten begegnete, viel von der schön besungenen Lindenwirtin gehabt haben, denn die Studenten identifizierten diese mit dem Ännchen. Tatsächlich dichtete 1885 ein Gast namens Dr. Dafert, der interessanterweise aus Wien angereist kam, zu Ehren des Ännchens eine Zusatzstrophe, die ich nun wiedergeben will:

*Wisst ihr, wer die Wirtin war,*
*Schwarz das Auge, schwarz das Haar?*
*Ännchen war's, die Feine.*
*Wisst ihr, wo die Linde stand,*
*jedem Burschen wohl bekannt?*
*Zu Godesberg am Rheine.*

Ännchen hörte es gerne, dass man sie als Lindenwirtin besang und nannte ab 1891 ihr Gasthaus „Zur Lindenwirtin". Es steht noch heute, und die Erinnerung an die Lindenwirtin lebt in dem Lied, das Baumbach 1877 geschrieben hat, wie man nachweisen kann.[35] Baumbach soll nie in Bad Godesberg gewesen sein, aber dieses Lied beflügelte die zechenden Studenten, die dann im schönen Ännchen mit dem schwarzen

Haar „ihre" Lindenwirtin sahen. Man fragte Baumbach, welche Wirtin ihn inspiriert habe, und er antwortete, die Anregung zu diesem Lied sei aus Thüringen gekommen.[36]

Vielleicht war es dieses Gasthaus an der Straßenenge, vor dem ich verzaubert stehen blieb, in dem eine schöne Maid unter einer blühenden Linde ihm, dem durstigen Studenten Baumbach, einen funkelnden Wein kredenzte. Wer weiß?

Die Landschaft, durch die ich radle, ist wundervoll. Als die Sonne ihre letzten Strahlen schickt, wirkt das Gebiet um die Elbe mit seinen grünen Matten und Weinrieden wie mit sanftem Gold überzogen. Im Geiste sehe ich Wanderburschen und Studenten aus früheren Zeiten, die sich auf einen Becher Wein freuen. Wie viele Prager Studenten mögen in das Gasthaus „Zur Lindenwirtin" gezogen sein und dieses schöne Lied auf den Lippen gehabt haben. Diese Stätte, an die nur mehr die kaum sichtbare Aufschrift „Zur Lindenwirtin" und die beiden vergilbten und zum Teil durch die Witterung zerstörten Bilder erinnern, ist für mich Symbol einer vergangenen Zeit, in der es ein bewegtes, lustiges Prager Studentenleben gab.

Eine der wohl schönsten Darstellungen dieses Studentenlebens, das um die Jahrhundertwende einen seiner Höhepunkte erreichte, stammt von dem berühmten „rasenden Reporter" Egon Erwin Kisch. Er, der später zum Kommunisten wurde, war Mitglied einer deutschnationalen Burschenschaft namens „Germania". In einem Protokoll dieser Burschenschaft aus dem Jahre 1909 heißt es, dass „bis auf ein Duell des Ehrenburschen Redakteur E. E. Kisch" die Burschenschaft sich tadellos verhalten hätte. Seine Sympathie für schlagende Verbindungen teilte Egon Erwin Kisch mit seinem Bruder Paul. Paul war Klassenkamerad Franz Kafkas und dann Germanistikstudent in Prag. Er war deutschliberal orientiert und der deutschen Kultur zugetan. Da die Kischs wegen ihrer Herkunft von den Nazis als Juden definiert wurden, musste

Paul in ein Konzentrationslager, wo er dann umkam. Er soll zu einem SS-Wärter gesagt haben: „Wir sind doch die besseren Deutschen." Womit er wohl ausdrücken wollte, dass der Nationalsozialismus mit seinen Konzentrationslagern und der Erniedrigung und Ermordung anderer Menschen meilenweit von einem Deutschland entfernt war, wie es sich die deutschen Studenten von 1848 vorgestellt hatten, nämlich ein liberales, großmütiges und tolerantes.

Das jüdische Bürgertum in Prag fühlte sich als Träger der deutschen Kultur. In den deutschen schlagenden Studentenverbindungen von Prag fanden viele jüdische Studenten Aufnahme. Sie konnten später nicht verstehen, dass es in Wien und anderswo deutschnationale Studenten gab, die sich dem Antisemitismus zugewandt hatten. Das alte Prager Studentenleben muss schön gewesen sein. Die Studenten pilgerten zu den Gasthäusern in die Dörfer um Prag, wo sie zechten und ihre Mensuren fochten. Sicher sind sie auch im Wirtshaus „Zur Lindenwirtin" eingekehrt.

In der Nähe von Prag gab es noch ein anderes Gasthaus, das den eigentümlichen Namen „Schipkapass" trug. Hier will ich mit meinen Gedanken kurz verweilen.

Den Namen verdankt diese Gaststätte dem türkisch-russischen Krieg von 1877. Damals waren viele Tschechen auf der Seite ihrer „slawischen Brüder", der Russen. Die Prager hielten sich zunächst in ihrer Parteinahme zurück, doch bald fand man Sympathien für die Tapferkeit der türkischen Streitkräfte.

Solche Sympathisanten, drei Prager Medizinstudenten, trafen sich in den Augusttagen des Jahres 1877 in einem Wirtshaus bei Prag. Der Wirt dieser Gaststätte, ein Riese von Gestalt, trug einen Fez, die türkische Kopfbedeckung, die er am Tag zuvor einem Zechpreller abgenommen hatte. Das verschaffte dem Wirt ein kriegerisches Aussehen und man verglich ihn bald mit dem ruhmvollen, türkischen Heerführer Osman

Pascha. Nach einigen Gläsern Bier verpasste man dem freundlichen Riesen auch diesen Namen, und bald hieß das Wirtshaus nach einem Ort des Kampfes auf dem Balkan „Schipkapass". Die Frau des Wirtes erhielt den Namen Suleika, und der Wald bei dem Gasthaus wurde zum „Balkan". Es dauerte nicht lange, und die Prager Studenten pilgerten zum „Schipkapass", dem netten Gasthaus mit seinem Wirt Osman Pascha. Der Weg zum „Schipkapass" war nicht einfach. Von der Altstadt ging es über die Karlsbrücke, dann über den Burgberg, beim Hradschin vorbei durch das Bruska-Tor weiter nach Dewitz – die Mauer dort wurde als „Chinesische Mauer" bezeichnet – und schließlich einen Hügel hinauf zum „Schipkapass". Es herrschte ein lustiges Studentenleben im Gasthaus von Osman Pascha, viele Studenten haben sich dort regelrecht „versoffen". Man nannte das Wirtshaus am „Schipkapass" auch „Bieruniversität", in der Osman Pascha als „Rektor Magnifizenz und Munifizenz" fungierte. So entstand ein richtiger „Bierstaat". Verkehrte ein Student mehr als sechs Semester hindurch regelmäßig auf dem „Schipkapass" und hielt in den letzten drei Semestern mindestens je dreimal drei Tage und drei Nächte nacheinander dort aus, so konnte er „promoviert" werden. Als Dekane und Promotoren traten alte, in Ehren ergraute, trinkfeste Studenten auf. Die „Promovierten" erhielten zwar nicht den Titel eines „Doktors", aber den nicht minder ehrenvollen Titel eines „Oberflamänder". „Oberflamänder" war also der höchste Titel, den die „Balkanische Bieruniversität" vergeben konnte. Sehr verdiente und uralte Stammgäste konnten sogar zum „Vaterflamänder" aufsteigen.

Bloßer „Flamänder" konnte man bereits werden, wenn man zwei Semester hindurch am „Schipkapass" auftauchte.

Das Wort „Flamänder", ein Ausdruck des deutsch-tschechischen Jargons, leitet sich übrigens von dem tschechischen Wort „flamovat" ab, was so viel wie „Bummler", „Landstreicher" oder „Nichtstuer" heißt.

Vermutlich dürfte die Ähnlichkeit zum Französischen „flâneur" bei dieser Wortbildung Pate gestanden haben. Auf dem „Schipkapass" entwickelten diese „Flamänder" eine Menge Bierrituale. Es gab einen Zeremoniengesang, zu dem ein mit Bier gefüllter Krug gehörte. Wer bei dem dazugehörenden Kartenspiel den ersten König zog, durfte als Erster trinken und so weiter. Der Zecher, auf den der vierte König fiel, musste den Krug leertrinken und den nächsten zahlen. Benahm sich einer schlecht, so bezeichnete man ihn kurzerhand als „Rebell", und als Strafe wurde er mit „Acht und Bann" belegt. Er bekam kein Bier mehr. Volltrunkenheit und daraus folgend schlechtes Benehmen gab es selten, stattdessen wurde viel gesungen und viele Lieder wurden auf den „Schipkapass" gedichtet. Aus einem, es ist betitelt mit „Das Lied vom Schipkapass", möchte ich eine Strophe wiedergeben:

*„Schwing hoch dich auf mein heller Sang.*
*Du sollst viel Hohes preisen:*
*Ein Wirtshaus hoch am Bergeshang,*
*Der Schipkapass geheißen.*
*Sei mir gegrüßt, du Wallfahrtsort*
*Refugium peccatorium*
*Sturmsicherer Port, bierdurst'ger Hort*
*Der Prager Studiosorum.* "[57]

Mit dem Beginn des Ersten Weltkriegs hörte sich das Studentenleben am „Schipkapass" auf. Aber eines Mannes sei hier noch gedacht, nämlich des „Assistenten" des Osman Pascha, des Abraham, der eigentlich Sigmund Pick hieß und jüdischer Herkunft war. Abraham, der es zum „Kanzler der balkanischen Bieruniversität" gebracht hatte, war bei den Studenten beliebt, weil er ihnen regelmäßig Geld borgte. Er starb 1922. Einen wunderschönen Nachruf hat ihm Dr. Paul Kisch, der Bruder von

Egon Erwin Kisch geschrieben, und ich möchte abschließend daraus zitieren, weil er liebevoll auf altes Prager Studentenleben, das im Feuer des ersten Weltkrieges unterging, verweist:

*„Mein lieber Freund Abraham! Gewiss, als ich von Deinem Tode hörte, wurde mir echt wehmütig ums Herz, wie es schon mal geht, wenn man erfährt, dass eine treue und ehrliche Seele, die einem freundlich gesinnt war, dahingeschieden ist. Ich will Dir ein gutes Andenken bewahren. Und wenn ich wieder in Prag im gewohnten Winkel des ‚Deutschen Hauses‘ sitze, dann will ich Dir mit der ersten Blume (der erste Schluck Bier), die ich Dir sonst zinste, einen feierlichen Trauersalamander reiben. Fiducit … Und darum, wenn wir an jene goldenen Tage zurückdenken, dann ersteht auch Dein Bild in der Erinnerung, nicht das eines schäbigen Wucherers, sondern eines Wahlverwandten, Vertrauten, und je mehr wir uns heute überlegen, was Du eigentlich gewesen warst, desto deutlicher blicken wir in dieses sonderbare Gemisch von Romantik und Leichtsinn, Gemüt und Treue, das Deiner Gestalt ihr besonderes Gepräge gibt. Und so etwas war nur in Prag möglich, nur in einem Prag, dessen merkwürdig verschnörkelter Rahmen auch Dein Bild eigentümlich fasste. So schwebst auch Du in dem Reigen jener Gestalten mit, die wir Prager Studenten oft mit geschlossenen Augen an uns vorüberziehen lassen, wenn uns die Tretmühle des Lebens gar zu arg hernimmt. Da gleiten sie an mir vorbei, mein Leibbursch, meine Farbenbrüder und Kontrapaukanten, der dicke Kneipwirt und die Kellnerfräcke, in deren Büchern ich stand, die schöne junge Frau, die mich das Küssen lehrte …*

*Wenn ich mich erinnere, wie manchen Krug – oder sagen wir besser wie viele Krüge – ich mit Dir vom ‚Schipkapass‘ bis zum ‚Kreuzl‘ geleert habe, dann wird mir zwar weh ums Herz, dass dies alles vorüber und Du Zeuge dieser schönen Zeit, nun ins Grab gesunken bist – aber wenn ich daran denke, wie schön diese Zeit war und was für sonderbare Gesellen einem damals über den Weg gelaufen sind, und darunter auch so ein Prachtstück aus dem Raritätenkabinett des lieben alten Herren im Himmel, wie Du, mein lieber Abraham, dann muss ich doch leise lächeln.* Und ich habe gelächelt, *als ich Dir diesen Nachruf schrieb, und ich hoffe zuversichtlich, dass alle die, die ihn lesen, auch dabei lächeln werden. Wehmütig, aber doch lächeln. Und so oft sie sich Deiner erinnern, wird durch das Grau des Alltags dieses Lächeln aufdämmern. Und es soll Dich auch durch die Ewigkeit geleiten.*"[38]

Auch ich werde heute Abend beim Bier dieses liebenswürdigen Herrn Abraham, aber auch des Schreibers dieses schönen Nachrufes, Dr. Paul Kisch, gedenken. Sein Bruder, der weltberühmte Journalist Egon Erwin Kisch, schrieb übrigens die schönsten Geschichten über das vergangene Prager Studentenleben. Mit solchen Erinnerungen radle ich an der alten Elbe in das Dorf Mělník.

Ich erblicke das prächtige Schloss des Fürsten Lobkowitz, der aus Messina in Sizilien einen Afrikaner hierherholte. Dieser Mann, Angelo Soliman hieß er, ist berühmt geworden. Darüber berichte ich später.

Es ist beinahe acht Uhr am Abend und ich habe 160 Kilometer heruntergespult. Jetzt, in Mělník angekommen, habe ich mir ein bequemes Nachtlager verdient. Das zu finden ist nicht einfach, denn die wenigen Hotels, die es gibt, sind ausgebucht. Vor allem Holländer wohnen hier, nachdem sie herausgefunden haben, wo man billig und gut Urlaub machen kann. Jetzt kommen sie und andere Gäste aus dem Westen in Scharen nach Böhmen. Ich versuche bei Privatvermietern ein Quartier zu bekommen, doch auch dort sind alle Zimmer ausgebucht. So schlendere ich mit meinem Fahrrad über den glanzvollen, barocken Marktplatz von Mělník, der sich unweit des schönen Schlosses der Lobkowitz befindet. Ein Herr um die sechzig kommt mir entgegen, und ich frage ihn auf Deutsch, ob er ein freies Zimmer für mich wüsste. Der Mann ist Tscheche, spricht aber gut Deutsch. Er sagt, er habe es während des Krieges in der Schule gelernt und viel mit Deutschen, die ja dann vertrieben wurden, gesprochen. Er hat ein Herz für mich und marschiert mit mir durch Mělník, um nach einem freien Zimmer zu fragen, doch überall schüttelt man den Kopf. Wir kommen zu einer siebzigjährigen Frau, die in ihrem Garten vor ihrem Häuschen steht. Für fünf Mark wolle sie mir das Zimmer, in dem sonst ihre Enkelin schläft, eine Nacht vermieten, sagt sie in vorzüglichem Deutsch, mit dem klassischen böhmischen Akzent. In Wien würde man sagen, sie „böhmakelt". Meine Quartiergeberin heißt Frau Lindnerova. Ich freue mich über den Namen, der mich an meine „Lindenwirtin" erinnert, und ich freue mich, ein Zimmer bekommen zu haben. Trotz ihres deutschen Familiennamens fühlt sich Frau Lindnerova als Tschechin, so wie sich Leute mit tschechischem Namen wie Dworak, Nowak oder Pawlitza bei uns als Österreicher fühlen, und das ist gut so.

Ich beziehe das Zimmer, in dem es nach Katze riecht, was mich an unseren rothaarigen Kater namens Kreisky erinnert. Wir hatten diesen Kater nach unserem verstorbenen Bundeskanzler Dr. Bruno Kreisky genannt, nicht nur weil er auch rote Haare hatte, sondern weil er ein eigenwilliges und majestätisches Tier war, das wir liebten. Der Kater meiner Schwester Erika heißt übriges Bruno, wahrscheinlich auch aus Hochachtung vor unserem Kanzler.

## MĚLNÍK — ALTER ADEL UND FREMDENVERKEHR

Ich erzähle der guten Frau Lindnerova von meinem Problem mit dem Katzengeruch. Sie öffnet sofort das Fenster und stupst die Katze zur Tür hinaus. Das Zimmer ist freundlich, mit einem Fenster zum Garten. An den Wänden hängen viele Bilder. Ich verabschiede mich von Frau Lindnerova, nachdem auch mein Fahrrad im Haus gut untergebracht ist. Der Herr, der mich auf der Quartiersuche begleitet hat, hilft mir auch bei der Suche nach einem Lokal, und ich will ihn zum Essen einladen. Zunächst gelangen wir in das Nobelrestaurant im Schloss. An einigen Tischen sitzen Holländer und Deutsche, denen es offensichtlich gefällt, von Kellnern, die in ihrer Livree an klassische Diener erinnern, bedient zu werden. Wir nehmen Platz, stehen jedoch bald wieder auf, noch bevor sich ein Kellner nähert, und verlassen diese vornehme Stätte, die uns wenig gemütlich erscheint.

Die adlige Familie Lobkowitz hat schnell auf das Ende des Kommunismus reagiert und sich wieder in den Besitz des Schlosses gesetzt, um Geschäfte zu machen. Die macht sie jetzt mit dem teuren Hotel und dem Nobelrestaurant. Überhaupt hat es der alte Adel verstanden, seine böhmischen Güter zurückzubekommen. Vielen „kleinen Leuten" ist das nicht gelungen. Dem Adel hier ging es nicht immer gut. Im 17. Jahrhundert, zu Beginn des Dreißigjährigen Krieges, wurde der alteingesessene, böhmische Adel vernichtet. Seine Besitzungen gingen auf deutsche und vor allem österreichische Adlige über. Die Nachfahren dieser Leute beanspruchen heute Besitzungen in Böhmen. Gerecht sei das nicht, meint mein Begleiter, außerdem hätten die Adligen die Bauern ganz schön ausgebeutet, wodurch sie erst ihre Schlösser hätten bauen können.

Wir betreten eine kleine, gemütliche Gaststätte, die eben erst eröffnet worden ist. Auch hier sind Holländer und Deutsche, und wir setzen uns an einen kleinen Tisch. Hier ist es weniger vornehm, aber es gibt gutes tschechisches Bier, von dem wir uns jeder einen Krug bestellen und ordentlich essen. Mein Begleiter, er ist ein Bäckergeselle und dürfte nicht viel verdienen, langt tüchtig zu. Er freut sich über meine Einladung. In einem Lokal wie diesem verkehren kaum Tschechen. Sie können sich nicht leisten, hier zu essen, es ist einfach zu teuer. Die Menschen aus dem Westen verfügen über mehr Geld und haben in gewisser Weise auch das Sagen. Der tschechische Bäcker erzählt mir:

„Der Kommunismus war am Ende. Das ist gut so. Wir standen alle unter einem großen Zwang. Für uns war es aber dennoch früher besser, wir hatten alle unsere feste Arbeit, und die Versorgung war auch in Ordnung. Ich hoffe aber, dass es jetzt bergauf geht." Er trinkt mir mit seinem Bier, das schäumend über den Rand schwappt, zu. Traurig teilt er mir noch mit, dass er geschieden ist, weil seine Frau einen jüngeren Mann gefunden hat. Wir trinken noch ein Bier und brechen dann auf. Mein tschechischer Kumpan begleitet mich zum Haus von Frau Lindnerova. Ich drücke ihm die Hand und verspreche, eine Karte aus Österreich zu schreiben.

Es ist beinahe 22 Uhr, als ich das Haus betrete, Frau Lindnerova hat auf mich gewartet. Ihre zwei wohlgenährten Hunde umgeben sie schwanzwedelnd. Leider riecht es noch immer sehr streng nach Katze. Eigentlich handelt es sich um einen Kater, den Frau Lindnerova kastrieren lassen will. Er sei die letzten Tage nicht aufzufinden und komme hoffentlich bald wieder, meint sie. Ich wünsche eine gute Nacht und begebe mich in mein Zimmer, wo ich mich niederlege und erfolglos versuche, den Katzengeruch zu ignorieren.

Es war ein erlebnisreicher Tag heute. Ich erinnere mich an das schöne, alte Gasthaus, das sich einmal „Zur Linde" genannt hat, und an die „Lindenwirtin". Ich sehe mich mit ihr an einem alten Wirtshaustisch sitzen und höre sie sagen:

„Wir trinken auf das Wohl der alten Prager Studenten, die am Schipkapass heiter ihr Studium beim Bier verlängerten. Wir erinnern uns des Dr. Paul Kisch, des Bruders von Egon Erwin Kisch, der die studentische Kultur liebte. Es war eine schöne Zeit. In Prag und im Gasthaus ‚Zur Linde' können sich doch Tschechen und Deutsche vertragen. Trinken wir noch einen Schluck."

Der Tag rundet sich schön ab, denn nun nächtige ich bei einer „Lindenwirtin", bei Frau Lindnerova.

# 17. Tag – Von Mělník nach Iglau

Um acht Uhr weckt mich Frau Lindnerova und bereitet mir das Frühstück. Den Tee mache ich mir selbst, auf einer alten Elektroplatte. Da ich etwas Milch in den Tee geben möchte, eilt meine Gastgeberin zur Nachbarin, um meinen Wunsch zu erfüllen. Ich genieße meinen Tee mit Milch, dazu bietet mir Frau Lindnerova eine Semmel mit etwas Käse an. Sie erzählt mir einiges über ihre Tochter und ihre Enkelin. Die Tochter sei Lehrerin und lebe mit einem Kanadier zusammen, dem Vater der gemeinsamen Tochter.

Meine Gedanken wandern von der „Lindenwirtin" weiter zu einem bemerkenswerten Afrikaner, der eng mit der fürstlichen Familie Lobkowitz hier in Mělník verbunden war. Ich frage Frau Lindnerova, ob sie etwas von diesem Mann wisse. Sie schüttelte den Kopf und ich beginne zu erzählen.

## DER AUSGESTOPFTE „HOCHFÜRSTLICHE MOHR"
### ANGELO SOLIMAN

Die Lebensgeschichte eines früheren Hofmohren des Fürsten Lobkowitz spielte sich im 18. Jahrhundert ab.

Hofmohren waren typisch für eine Zeit, in der man sich exotische Menschen als Vorzeigeexemplare neben Elefanten und Pferden an fürstlichen Höfen hielt. Mit „Hofnarren" und „Hofmohren" brüstete man sich wie mit einem großen Goldschatz. Hofmohren fungierten zumeist als Kammerdiener und modischer Zierrat nobler und reicher Herren.

Friedrich der Große soll als Kind einen kleinen afrikanischen Spielgefährten gehabt haben. Afrikaner sah man damals als Angehörige einer Rasse an, die weit unter der der „Weißen" stand. Sogar Kant ließ sich von solch unmenschlichen Ideen leiten, und man fand offensichtlich nichts dabei, Afrikaner nach Europa zu holen. So kam auch der Hofmohr zu Johann Georg Christian Fürst Lobkowitz, den dieser um 1735 in Messina auf Sizilien von einer reichen Gräfin übernahm.

Dorthin war Angelo Soliman, wie die Dame ihn nach der Taufe nannte, durch einen Europäer gelangt, der ihn irgendwo in Nordafrika gekauft hatte. Karoline Pichler, eine Schriftstellerin des Biedermeier, ist dem Leben dieses verkauften Afrikaners nachgegangen und hat darüber eine kurze Biografie verfasst, die schließlich Grundlage für ein Buch wurde, das Wilhelm Bauer 1922 schrieb.[39] Frau Pichler erzählt aufgrund von Angaben, die von Freunden Angelo Solimans stammen, dass er 1721 in einem Land, das „Pangusitland" geheißen haben soll, als Sohn eines Stammeskönigs geboren wurde. Nach Solimans Erzählungen habe sein Vater viele Elefanten gehabt. In einem Krieg mit dem Nachbarstamm fiel Mmadi-Make, wie Angelo ursprünglich hieß, in die Hände der Feinde, die ihn an den besagten Europäer verkauften. Damit begann eine der merkwürdigsten Lebensgeschichten der Neuzeit.

Soliman sprach sechs Sprachen und soll innerhalb von nur siebzehn Tagen beim Haushofmeister des Fürsten Lobkowitz Deutsch gelernt haben.

Er wurde zum ständigen Begleiter seines kriegerischen Herrn, war sogar in den Schlachten an seiner Seite. Darüber schreibt Karoline Pichler Folgendes:

*„Freiwillig zog er mit ihm zu Felde, teilte jede Gefahr mit seinem geliebten Herren, kämpfte heldenmütig an seiner Seite und trug seinen Gebieter, als dieser verwundet wurde, auf seinen Schultern aus dem Schlachtgetümmel."*

Auf einem Gemälde, das im Schloss Hořín der Lobkowitz in Mělník aufbewahrt worden war, ist Angelo Soliman auf einem edlen Pferd zu sehen. Nach dem Tod von Lobkowitz kommt der „hochfürstliche

Mohr" auf den Hof des Fürsten Wenzel Liechtenstein. Bis zu seinem Tod blieb Soliman nun in Wien, wo er hohes Ansehen ob seiner Bildung und seines höfischen Benehmens genoss. Wenzel Liechtenstein nahm seinen Kammerdiener Soliman auf seine Reise nach Parma mit, um von dort die Braut Josefs II., Isabella von Parma, nach Wien zu holen. Auch bei der Krönung Josefs II. zum Deutschen Kaiser in Aachen war Angelo anwesend. Im Jahre 1768 heiratete unser „Hofmohr" heimlich Frau von Christiani, eine Witwe. Als der Fürst hinter dieses Geheimnis kam, warf er ihn hinaus. In der Trauungsurkunde von St. Stephan in Wien wird Angelo als „nobilis dominus", also als „edler Herr", bezeichnet, der, „natus in Africa", in Afrika geboren wurde. Als Trauzeugen schienen ein Fechtmeister der Wiener Universität und Franz Gottwald, der Sekretär des Fürsten Liechtenstein, auf.

Soliman musste nun aus dem Palais der Liechtensteins ausziehen und bezog mit seiner Frau ein Haus auf dem Gebiet des heutigen dritten Wiener Bezirkes. Nach fünfjähriger Ehe wurde dem Paar die Tochter Josephine geboren, deren Erziehung sich Angelo mit aller Sorgfalt widmete. Als der Erbe des Fürsten Wenzel Liechtenstein Angelo von seinem Wagen aus auf der Straße sah, hielt er an, stellte ihn wieder ein und zahlte ihm ein jährliches Gehalt.

1781 wurde Soliman Freimaurer in der Loge „Zur wahren Eintracht", zu der auch Josef II. Beziehungen gehabt haben soll.

Nach dem Tode von Solimans Frau führte dieser ein zurückgezogenes Leben und starb 1796 im Alter von 75 Jahren, tief betrauert von allen, die ihn kannten. Mit seinem Tod ist Angelos Biografie aber nicht zu Ende, denn Kaiser Franz II., der von der edlen Statur des Afrikaners angetan war, ließ ihn vom Bildhauer Franz Thaller präparieren. Nun konnte man den so aufbereiteten „hochfürstlichen Mohren", angetan mit einem Lendenschurz und einer Federkrone auf dem Haupt, zehn Jahre hindurch im Naturalienkabinett in Wien betrachten, aufgestellt neben einem Wasserschwein und einem Tapir. Etwas später leisteten ihm noch drei ausgestopfte Afrikaner als „Repräsentanten des Menschengeschlechtes" Gesellschaft. Nicht einverstanden mit dem Präparat war die Tochter Solimans, die sich an diverse Stellen, so auch an den Fürsterzbischof wandte, um die Überreste ihres verewigten Vaters zu erhalten. Sie hatte damit keinen Erfolg, der Vater blieb weiter ausgestellt und kam 1806, zusammen mit den drei „Repräsentanten des Menschengeschlechtes", in das Magazin des Museums. Dort wurden sie bis 1848 verwahrt, als Fürst Windischgrätz auf das revoltierende Wien mit Kanonen schießen ließ. Ein Geschoss traf das Magazin des Museums, das gänzlich ausbrannte und mit ihm die Präparate von Soliman und den Afrikanern.

Die Tochter Solimans war zu einer Schönheit herangewachsen und heiratete 1797 einen Freiherrn von Feuchtersleben, einen Kreisingenieur in Galizien. 1798 gebar sie einen Sohn und nannte ihn Eduard. Dieser wurde 1832 Sudhüttenmeister in Bad Aussee, wo er 1857 kinderlos starb. Er war der letzte Nachkomme des Angelo Soliman, und die Familie ist mit ihm ausgestorben. Allerdings, so meint der Biograf Bauer mit feinen Worten, sei es möglich, dass es vielleicht noch uneheliche Nachkommen Eduards von Feuchtersleben im Ausseerland gäbe. Sein Stiefbruder war der bekannte Dichter Ernst von Feuchtersleben, der aus einer anderen Ehe des Freiherrn stammte, der insgesamt viermal verheiratet war.

Wenn es auch keine legitimen Nachkommen des „hochfürstlichen Mohren" im Ausseerland gibt, ist es dennoch möglich, dass es Nachkommen von ihm gibt, die nicht bekannt sind.

Die Geschichte des Angelo Soliman ist jedenfalls einmalig, und es dürfte nirgendwo auf der Welt ein Museum gegeben haben, in dem präparierte Menschen zu sehen waren. Der Befehl Kaiser Franz' II., einen Menschen zu präparieren, lässt sich nur dadurch erklären, dass man damals Afrikaner als Wesen der Natur betrachtete, die eher mit dem Affen verwandt waren als mit den weißen Menschen allgemein bekannter Kulturkreise. Jedenfalls zeigt sich bei Franz II. ein ausgesprochen inhumaner und gegen die Aufklärung gerichteter Geist, der ganz im Gegensatz zu dem Geist des aufgeklärten und weitherzigen Josef II. stand. Unter Josef II., der Soliman gekannt hatte, wäre dieses Präparieren nicht möglich gewesen. Er bezeichnete Franz II., als er noch jung war, als „Holzkopf". Immerhin haben die Fürsten Lobkowitz und Liechtenstein den „hochfürstlichen Mohren" zu Lebzeiten geachtet und geschätzt.

Frau Lindnerova, der ich diese Geschichte erzähle, wundert sich. Sie kann kaum glauben, dass Fürst Lobkowitz den schönen Angelo Soliman hierher nach Mělník gebracht hat.

Nun ist es Zeit, von meiner Lindenwirtin Abschied zu nehmen. Ich verspreche, eine Karte zu schreiben, besteige mein Rad und fahre davon.

Mein nächstes Ziel ist Lissa an der Elbe oder Lysá nad Labern, wie es jetzt heißt. Von dort stammen meine Vorfahren, deren Spuren ich heute nachgehen will. Ich fahre an diesem verhangenen Vormittag entlang der Elbe nach Norden und komme durch kleine Städte, in denen die Industrie ihre Abgase ungefiltert in die Luft schleudert, die dementsprechend schlecht ist. Das erinnert an die alten Zeiten des Kommunismus, in denen man stolz auf Fabriken und Hochöfen war.

## IN LISSA AN DER ELBE — MEINE VORFAHREN FRANZ UND DOMINIK ZUR ZEIT NAPOLEONS

Wieder muss ich an das Prager Studentenleben denken, da ich nahe an Prag vorbeiradle. Für einen Besuch der Stadt reicht meine Zeit nicht, und außerdem graut mir als Radfahrer vor Großstädten. Heute habe ich in Bezug auf die vergangene böhmische Kultur Wichtiges vor, nämlich die Geschichte meiner Vorfahren, der Girtlers, zu erforschen.

Aus Urkunden weiß ich, dass sie aus Lissa an der Elbe stammen, und dort will ich hin. Gegen 11 Uhr am Vormittag nähere ich mich langsam meinem heutigen Reiseziel. Ich fahre auf einer Nebenstraße durch kleine Wälder und an lieblichen Dörfern vorbei, bis ich endlich das Ortsschild „Lysá n. Labem" sehe. Ich bitte einen Mann, der auf einem uralten Rad des Weges kommt, mich mit meinem Rad vor dem Ortsschild zu fotografieren, und radle dann weiter in den Ort hinein.

Der Ort mit seinen alten, kleinen Häusern wird von einem großen, aus dem 18. Jahrhundert stammenden Schloss dominiert, das hoch über der Elbe thront. Die Eigentümer waren die Grafen Sweerts und Spork, der Verwalter der Güter mein direkter Vorfahre Franz Girtler, ein vornehmer Herr, wie ich herausfinden konnte. Nebenbei soll er Experimente mit dem Anbau exotischer Früchte durchgeführt haben, was nicht immer von Erfolg gekrönt war. So wurden die Orangen in Lissa nicht heimisch. Mit seinen Dienstgebern, den Grafen, war er viel unterwegs und kam bis Rom. Ein Vorfahre des Grafen soll ein wilder Bursche hier in Böhmen gewesen sein, der einmal einem Rechtsanwalt eine Ohrfeige verabreichte und deswegen vom Gericht zu einer Geldstrafe verurteilt wurde. Er zahlte das Geld und fragte dann den Richter, was eine weitere Ohrfeige kosten würde. Der Richter antwortete, er müsse denselben Betrag noch einmal zahlen. Darauf versetzte er dem Rechtsanwalt, den er nicht leiden konnte, noch eine Ohrfeige und übergab sofort den in kleinen Münzen abgezählten Betrag an den Richter.

Bei solchen Leuten war also mein Vorfahre Verwalter. Als solcher muss er auch irgendetwas mit Klee zu tun gehabt haben, da im Wappen der Girtlers Kleeblätter auf silbernem Grund zu sehen sind. Dieses wurde dem Sohn des Verwalters, Josef Girtler, der Sekretär des Herzogs Albert Sachsen-Teschen und dessen Frau Erzherzogin Maria Christina war, 1795 von Kaiser Franz verliehen. Josef wurde als Girtler Ritter von Kleeborn geadelt und 1802 wegen seiner Verdienste um die Erbauung der Wiener Wasserleitung Ehrenbürger von Wien. Sein Name steht auf der marmornen Tafel der Ehrenbürger von Wien im Rathaus vor dem Eingang zum Festsaal.

In einem Brief vom Jahre 1814, in dem der kinderlose Josef um Übertragung des Adelstitels an seine Brüder ersuchte, wird mein Vorfahre Dominik Girtler, der Bruder von Josef, als „ein mit Wunden bedeckter Krieger" geschildert, „der zu Fulda als Opfer seines Berufes durch Ansteckung sein Leben endete".

Von diesem Dominik besitze ich eine Reihe von Dokumenten, die meine Vorfahren sorgfältig aufgehoben und an ihre Nachkommen weitergegeben haben. Mir wurden sie von meinem Vater übergeben, und darunter sind einige besonders interessante Stücke. So wird in einem Dokument aus dem Jahre 1797 kundgetan, dass Hauptmann Dominik von Girtler bei der Belagerung Mantuas durch das napoleonische Heer aus eigenem Antrieb, ohne einen Befehl abzuwarten, die Franzosen, zumindest vorübergehend, mit seinen Soldaten aus der Festung hinauswarf. Unterschrieben ist das Dokument von sieben Offizieren, gegeben zu Leoben. Vor einigen Jahren radelte ich nach Mantua, um die Stätte zu besichtigen, an der mein Vorfahre Dominik gefochten hatte.

Ein anderes Dokument besagt, dass nach der Schlacht von Regensburg, als die Österreicher von den Franzosen, auf deren Seite die Bayern kämpften, zum Rückzug gezwungen worden waren, mein Vorfahre verlangte, mit Napoleon persönlich zu sprechen. Die österreichischen „Blessierten", also die Verwundeten, waren von den Bayern in einem bayerischen Lazarett sehr schlecht behandelt worden. Darüber geriet Hauptmann Dominik von Girtler in Zorn und ersuchte Napoleon, den „Blessierten" zu helfen. Napoleon soll dem Hauptmann zwei Adjutanten zur Seite gestellt haben, die erreichten, dass die österreichischen Verwundeten den bayerischen Kollegen gleichgestellt wurden.

Napoleon besiegte die Österreicher im Juni 1809 in Deutsch-Wagram, war aber vorher, bei seinem Zug nach Osten, in der Lobau bei

Aspern durch das Heer Erzherzog Karls in Bedrängnis geraten. Der wahre Grund der Bedrängnis war das Hochwasser der Donau, das die Soldaten Napoleons fliehen ließ. Für die Österreicher war dieses Zwischenspiel von großer Bedeutung, man feierte es als bedeutenden Sieg. Noch heute erinnert das Denkmal von Erzherzog Karl am Heldenplatz daran. Den Ort Wagram ehren wiederum die Franzosen in besonderem Maße.

So ist einer der größten Boulevards von Paris, er führt vom Arc de Triomphe (Triumphbogen) in die Peripherie, nach diesem kleinen Ort in Niederösterreich benannt und heißt Avenue de Wagram.

Mein Vorfahre Dominik Girtler kämpfte also in dem erfolglosen Krieg gegen Napoleon, und 1806 kam ihm die Regimentskasse abhanden, auch das geht aus einem Dokument hervor. Deswegen wurde er vor ein Militärgericht gestellt, aber freigesprochen, da er glaubhaft versichern konnte, dass ihm französische Soldaten die Kasse aus seiner Kalesche gestohlen hätten. Er litt dennoch lange unter diesen Ärgernissen, bis er 1814 als „ein mit Wunden bedeckter Krieger sein Leben endete".

An diese Vorkommnisse denke ich hier in Lissa an der Elbe, der Stätte meiner Vorfahren. In dem Schloss wurde Dominik wahrscheinlich geboren, da sein Vater der Verwalter war.

Ich radle in den prachtvollen Hof des renovierten Schlosses, komme aber nicht weit, weil mir ein Herr nachläuft, der mir auf Tschechisch klarzumachen versucht, dass Radfahren im Schlosshof verboten sei, wie ich seiner Gestik entnehme. Ich schiebe nun das Fahrrad und besehe mir das Schloss, das heute wohl ein Pensionistenheim ist.

Ich besichtige die Schlosskirche, über deren Eingang das Wappen der Grafen Sweerts und Spork prangt, und betrete den Schlossgarten, der berühmt für seine Barockstatuen ist. Hier dürften meine Vorfahren gewandelt sein, und nun gehe ich die Wege, die sie einmal gegangen sind. Auf dem Friedhof gibt es keine Gräber mehr, die an Deutsche erinnern. Nichts erinnert hier noch an die Menschen, die hier, wie meine Vorfahren, lebten und später als Beamte oder Offiziere nach Wien zogen. Ich denke an Josef Girtler, der als Ehrenbürger von Wien eine ganz besondere Auszeichnung erhielt, und bin stolz und freue mich, die Lebenswelt meiner Vorfahren kennengelernt zu haben. Ich fahre aus Lissa hinaus und komme auf eine Eisenbahnbrücke. Hier bleibe ich stehen und blicke noch einmal auf das Schloss zurück. Dann geht es in südlicher Richtung weiter nach Nimburg, einem netten Städtchen an der Elbe. Auf der Hauptstraße schwillt der Verkehr wieder an. Ich radle schnell, denn es ist schon Nachmittag. In Kolín verlasse ich die Elbe und mein Weg führt weiter nach Kutná Hora, das früher Kuttenberg hieß. Wäre ich weiter die Elbe entlanggefahren, wäre ich nach Königgrätz gekommen, einem denkwürdigen Ort.

Hier wurden 1866, als es um die Vorherrschaft im Deutschen Bund ging, die Armeen Österreichs und anderer Staaten des Bundes von der Armee der Preußen geschlagen. Damit schied Österreich aus der deutschen Reichsgeschichte aus. Allerdings war dieser Krieg kein Krieg Österreichs gegen Preußen, wie es immer wieder heißt. Österreich kämpfte als Präsidialmacht des Deutschen Bundes mit anderen seiner Mitglieder, wie den Sachsen, den Hessen und den Bayern, gegen Preußen, was manchmal als eine Privatangelegenheit der beiden großen Staaten, nämlich Österreich und Preußen, verstanden wird. Dieser Krieg von 1866 wird auch als der „Deutsche Krieg" bezeichnet.

Ich radle aber auf meinem Weg weiter auf schönen Straßen, die zu beiden Seiten von Bäumen begrenzt sind, und komme schnell voran. Der Himmel ist wolkenverhangen, der Autoverkehr mäßig und so fahre ich fast einsam durch kleine böhmische Dörfer. Überall in den Dörfern und Städten wird gearbeitet, die baufälligen Häuser werden saniert oder abgerissen. Der Kommunismus ist beendet, die Welt verändert sich schnell, wie überall im Osten. Vor Jahren pilgerten noch viele Tschechen nach Wien, um westliche Ware, wie Jeans und moderne Elektrogeräte, zu bewundern oder zu kaufen. Das ist heute nicht mehr nötig, denn die Geschäfte sind ähnlich gefüllt wie im Westen. Die jungen Leute hier sind ebenso angezogen wie bei uns in Wien. Bergauf und bergab fahre ich auf meinem Rad und kaufe mir in einem kleinen Dorf ein paar Paradeiser. Anschließend quäle ich mich eine steile Straße bergauf. Es ist schon später Nachmittag. Wieder denke ich an meinen Vorfahren, den Sekretär von Herzog Albert. Er wurde Ehrenbürger von Wien, aber keine Gasse ist nach ihm benannt. Ich werde in dieser Angelegenheit dem Wiener Bürgermeister einen Brief schreiben. Vielleicht gelingt es mir, dass einmal eine Gasse den Namen meines Vorfahren trägt. Das wäre schön.

## PARADEISER – MEINE ÖSTERREICHISCHE SPRACHE

Ich radle flott dahin und befinde mich nun in Mähren. Allmählich regt sich Hunger, aber die Paradeiser sind schon aufgegessen. Am Straßenrand steht eine Bäuerin, die in einem Korb Paradeiser oder Tomaten, wie der Deutsche sagt, anbietet. Ich kaufe einige dieser herrlichen Feldfrüchte und beiße genussvoll in einen der Paradeiser. Er schmeckt frisch und bei Weitem besser als die, die in den Supermärkten angeboten werden.

Das Wort Paradeiser ist in Österreich fest verankert. Leider verschwinden diese alten österreichischen Wörter zusehends, zu denen auch „Ribisel" oder die gute „Topfenkolatsche" gehört. Gerade tschechische Wörter haben sich im Österreichischen erhalten. Es waren Böhmen, die nach Wien zogen, um Arbeit zu finden, oft als Ziegelarbeiter und Köchinnen. Sie alle haben dazu beigetragen, dass sich die österreichische Sprache in vielen Wörtern von der Deutschen unterscheidet.

Kolatsche kommt übrigens vom tschechischen „koláč", womit eine bestimmte Mehlspeise bezeichnet wird. Andere Beispiele für den tschechischen Einfluss auf unsere Sprache sind: Zeisig *(čižek)*, Stieglitz *(stehlík, steklik)*, Kürschner *(kožešník)*, Preiselbeere *(brusink)*, Kren, der Meerrettich *(chren, křen)*, Polka *(polka)*, Powidl, das Zwetschkenmus *(povidla)*, Sliwowitz *(slivovice)* und der schon früher erwähnte Strizzi (strýc – Onkel). Noch viele Wörter ließen sich als Beispiele aufzählen, die zeigen, wie eindrücklich sich die tschechische Sprache bei uns verewigt hat. Um die Jahrhundertwende, als Wien zwei Millionen Einwanderer durch die Zuwanderung aus dem Osten hatte, kamen viele junge Frauen aus Böhmen, um bei einer Wiener Herrschaft als Dienstmädchen angestellt zu werden. Diesen jungen Frauen ging es oft nicht gut, sie wurden geschunden, und der Lohn war gering. Dennoch haben sie wunderbare Mehlspeisen, wie Ribiselkuchen oder Topfenkolatschen, herzustellen gewusst.

Noch etwas ist mir aufgefallen, dass auf die Beziehung des Wienerischen zum Tschechischen hinweist, nämlich lang gezogene Vokale. So spricht der Wiener in der Umgangssprache zum Beispiel das „ei" in „schleich di" oder in „geh weiter" breit aus. Ähnlich ergeht es dem „a" in „Was hast g'sagt?" und so weiter.[40]

Wenn ich Tschechen sprechen hörte, meinte ich oft im ersten Moment, hier würde ein Wiener unverständlich reden, denn die lang gezogenen Laute waren nicht zu überhören. Im Gegensatz zu der lang gezogenen Aussprache des einfachen Wieners steht die nasale Betonung der Wörter, wie sie typisch für den vornehmen Wiener und vor allem für den österreichischen Beamten zu sein scheint. So soll auch der Kaiser etwas „genäselt" haben. Dieses „Näseln" ist allerdings mittelbayerischen Ursprungs, wie ich erfahren konnte. Tschechisches, Mittelbayerisches und sicherlich noch andere Idiome, wie das Ungarische und Slowenische, vermischen sich also im Wienerischen. Kulturen sind nichts Einheitliches, und das ist das Spannende. Die Wiener Gaunersprache mit ihren vielen tschechischen Wörtern ist ein ebenso gutes Beispiel dafür wie die Prager Studentensprache, in der das beeindruckende Wort „Flamänder" für einen verbummelten und heiter lebenden Studiosus entstand.

Ganz in diese Gedankenwelt versunken komme ich durch Hradby und schließlich durch Havlíčkuv Brod, das früher Deutsch-Brod hieß. Es ist schon Abend und ich bin seit Mělník ungefähr 130 Kilometer geradelt. Von Deutsch-Brod nach Iglau sind es noch 18 Kilometer, und dort werde ich mein Nachtquartier beziehen. Ich nähere mich dem mährischen Iglau, der alten Stadt, aus der der große Komponist Mahler stammt, fahre über eine Brücke und erkundige mich bei einer Dame am Straßenrand nach einem Hotel. In gutem Deutsch erklärt sie mir den Weg. Ich finde das neue, noble Hotel, benannt nach Gustav Mahler. Der Preis für das Zimmer ist gewaltig, umgerechnet 51 Euro. Da ich aber müde und mir auch sicher bin, dass andere Hotelzimmer hier genauso teuer sind, nehme ich dieses Quartier. Die Eigentümer des Hotels dürften Bauherren aus dem Westen sein, die wissen, dass westliche Kundschaft hier absteigt und auch diesen Zimmerpreis bezahlen kann – auf tschechische Gäste ist man nicht angewiesen. Zeitweise komme ich mir hier vor wie ein Amerikaner bei uns nach dem Krieg, denn ich kann mir jeden Komfort leisten.

Nun dusche ich mich, ziehe saubere Kleidung an und spaziere durch Iglau. Auf dem alten Marktplatz, der voll von jungen Leuten ist, finde ich eine Pizzeria, die noch sehr neu wirkt. Ich kehre ein und lasse mir mährisches Bier und eine italienische Pizza gut schmecken. Ich trinke im Andenken an die Lindenwirtin, an Angelo Soliman und an meine Vorfahren einen kräftigen Schluck dieses guten Bieres.

# 18. Tag – Von Znaim nach Wien

Heute ist der 21. Juli 1993. Ich bin also gut in der Zeit. Ich erwache in dem schönen Zimmer mit Dusche, großem Spiegel und grün gepolstertem Sessel und freue mich auf die heutige Tour über die Grenze nach Österreich und weiter nach Wien. Im Frühstücksraum, der nach amerikanischem Vorbild eingerichtet ist, esse ich Müsli und lasse mir Tee mit Milch schmecken. Anschließend hole ich mein Gepäck, bezahle, sattle das Rad und schiebe es zum Marktplatz hinunter.

Alte Bürgerhäuser umgeben den Platz, und ich lasse diesen Anblick auf mich wirken, schwinge mich dann auf mein Rad und mache mich auf den Weg in Richtung Österreich. Die Sonne lugt hinter den Wolken hervor und es scheint ein schöner Tag zu werden. Ich freue mich, durch Mähren zu radeln, ein interessantes Land, das uns so lange verschlossen war. Die Landschaft erinnert an das Wald- und Weinviertel. Ich bleibe bei einem kleinen Geschäft stehen und versorge mich mit köstlichen Paradeisern, hiesigem Käse und duftendem Brot. Anschließend lehne ich mein Rad abseits der Straße an einen Baum und lasse mich unter dem grünen Blätterdach nieder, um die eingekauften Köstlichkeiten zu verzehren.

Gut gesättigt geht es bald weiter auf meinem Rad, und die kleinen Steigungen bereiten mir keine Mühe. Ich durchfahre Mährisch-Budwitz und Pavlice und bin nach ungefähr 75 Kilometern in Znaim. Keine vier Stunden sind vergangen, und es ist Mittagszeit, als ich dort eintreffe.

## DER AUSWANDERER CHARLES SEALSFIELD

Hier bei Znaim wurde der berühmte, 1864 in der Schweiz verstorbene amerikanische Schriftsteller Charles Sealsfield geboren. Sealsfield nannte sich stolz „Bürger der Vereinigten Staaten von Nordamerika" und schrieb Bücher wie „Das Kajütenbuch", dessen erster Teil unter dem Titel „Die Prärie am Jacinto" berühmt wurde. Es handelt sich um einen Abenteuerroman vor dem Hintergrund des mexikanischen Freiheitskampfes. Für mich war Charles Sealsfield ein typischer Amerikaner, der Freude am Fabulieren hatte und sich selbst als Amerikaner sah. Erst viele Jahre später las ich, dass dieser große Abenteuerschriftsteller gar nicht so hieß und eigentlich ein Österreicher war. Das Geheimnis um seine Person wurde erst nach seinem Tod gelüftet, als man sein Testament veröffentlichte. In der amtlichen Brünner Zeitung vom 18. Juli 1864 heißt es:

„Charles Sealsfield ist todt! Wer ist dieser Charles Sealsfield? Manche unserer Leser werden sich des Namens nicht erinnern, oder, wenn etwa doch, nicht dieser Schreibart – bisher pflegte man Sealsfield zu schreiben: und doch war der Verstorbene eine literarische Größe erster Classe. Man schreibt aus Bern, 29. Mai: ,Letzten Donnerstag in der Morgenfrühe ist der gefeierte Schriftsteller Charles Sealsfield auf seinem Landhaus in der Steingrube bei Solothurn nach langwieriger Krankheit mit Tode abgegangen. Die letzten Worte des Sterbenden waren: Wie geht es drüben?' Bekanntlich war Sealsfield Bürger der Vereinigten Staaten von Nordamerika, welche jedoch nur sein Adoptiv-Vaterland waren. ,Über seine Herkunft, seine Jugend und übrigen Lebensverhältnisse', sagt einer der Solothurner Freunde in der ,Solothurner Zeitung', ,schwebt ein geheimnisvolles Dunkel'; doch ist es ... ziemlich gewiss, dass er ein geborener Österreicher, namens Seefeld, ist. Bei der schweizerischen Volkszählung von 1860 schrieb er sich ein: Charles Sealsfield, geboren 1797, Bürger der Vereinigten Staaten von Amerika."

Einige Tage nach diesem Hinweis in der „Brünner Zeitung" ist in den „Brünner Neuigkeiten" vom 2. Juli dies zu lesen: „Znaim, 30. Juni (Enthüllungen über Sealsfield). Der neuestens in der Schweiz verstorbene und in den Zeitungen erwähnte Pseudonyme Charles Sealsfield ist in dem nächst Znaim gelegenen Dorfe Poppitz geboren, sein eigentlicher Name ist Karl Postl. Er besuchte hier das Gymnasium, trat in den Kreuzherren-Orden in Prag, kam nach dem Tode des Propstes in Pöltenberg in den 20er-Jahren als Sekretär des Kreuzherren-Ordens hierher." Den „Brünner Neuigkeiten" ist weiter zu entnehmen, dass Karl Postl aus ungeklärten Gründen in die Schweiz flüchtete, „wo sich seine Spur verlor und alle weiteren Nachforschungen erfolglos blieben. Seine noch am Leben befindliche Schwester, die Schullehrerin in Poppitz, soll die Haupterbin sein … Das Testament Sealsfields enthält die merkwürdige Bestimmung, dass der Hauptteil seines sehr beträchtlichen Vermögens einer Familie Postl in Poppitz (Mähren), zufallen soll, den Nachkommen eines Anton Postl, der in den Jahren 1810 bis 1820 eine Landökonomie betrieben habe und Vater von sieben Kindern gewesen sei. Diese zwei Jünglinge (?) haben folgende Eigenschaften zu besitzen: Sie müssen eheliche Nachkommen des Anton Postl sein, dürfen aber nicht über zwanzig und nicht unter fünfzehn Jahre alt sein. Dieselben sind angehalten, sowie ihre Lust und Tauglichkeit konstatiert ist, nach den Vereinigten Staaten von Amerika auszuwandern und sich dort eine neue Existenz zu gründen … Sollten mehr als zwei Glieder der Familie Lust zur Auswanderung zeigen, so entscheidet das Los. Wenn nur einer geeignet oder gewillt ist, so fällt ihm das Vermögen einzig zu …"

Die Geschwister Sealsfield oder Postl lebten damals in Mähren und Niederösterreich. Johann Postl war Gutsverwalter in Goldegg bei St. Pölten, und eine Schwester heiratete den Schullehrer von Poppitz.

Dass Karl Postl, beziehungsweise Charles Sealsfield, eine Unterschlagung begangen habe und deswegen geflohen sei, erwies sich als bloßes Gerücht. Postl soll bei seiner Flucht kein Geld aus dem Ordensstift bei sich geführt haben.

Geboren wurde Karl Postl, wie man aus den Pfarrbüchern von Poppitz schließlich erfuhr, am 3. März 1793.[41]

Bei diesem geheimnisvollen Charles Sealsfield, um den meine Gedanken hier in Südmähren kreisen, handelt es sich also um Karl Postl
aus Poppitz nächst Znaim.

Hier in Znaim herrscht reges Leben, viele Österreicher kommen
über die nahe Grenze, um hier einzukaufen. Noch sind die tschechischen Waren günstig zu erwerben, das nutzen preisbewusste Österreicher weidlich aus. Sie kaufen so ziemlich alles, was in Autos nach Österreich zu schaffen ist. Käse, Wurst, Pullover, Bäckereien, Spielzeug,
alte Uhren und andere Waren gehen über die Grenze. Über diese Hob-
byschmuggler habe ich in meinem Buch über Schmuggler bereits geschrieben, nachdem ich solche Käufer aus Wien in der ersten Zeit nach
der Aufhebung der starren Grenzen nach Böhmen oder Ungarn beglei-
tete. Ich erlebte österreichische „Jäger und Hamster", die sich alles, was
billig zu erwerben war, unter den Nagel rissen, wie man auf gut Wie-
nerisch zu sagen pflegt. Dazu gehörte auch, was sich diese Leute in den
Gasthäusern auftischen ließen. Sie aßen den fettesten Schweinsbraten
und tranken den teuersten Sekt.

Hier in Znaim, einer schönen alten Stadt, sind noch prachtvolle
Häuser zu bewundern, die den Zweiten Weltkrieg gut überstanden haben. Es gab hier in Tschechien weniger vernichtende Kriegshandlungen
mit großen Bombardements und Flächenbränden. Nach dem Krieg
aber mussten viele Altösterreicher mit Sack und Pack fliehen. Sie waren
Opfer eines verheerenden Krieges und den Peinigungen von Tschechen
ausgesetzt, die ihren aufgestauten Hass entluden.

## DIE BERÜHRUNG VON HEIMAT UND FREMDE —
## KARL RENNER

Durch Jahrhunderte haben Tschechen und Deutsche hier friedlich nebeneinander gelebt. Karl Renner, der 1950 verstorbene Bundespräsident,

stammte ebenfalls aus Mähren. In seiner Autobiografie „An der Wende zweier Zeiten" schreibt er hinsichtlich des Kontaktes von Deutschen und Tschechen Folgendes:

*„Heimat und Fremde berührten sich in meinem Vaterhaus noch in einer ganz besonderen Weise. Bis zu meinem zwölften Lebensjahre saß zur Schulzeit fast täglich an unserem Tische auch ein Fremder, der uns doch nicht fremd war. Anderthalb Wegstunden entfernt liegt jenseits der Thaya das erste tschechische Dorf Eibis. Der Landessitte gemäß gaben meine Eltern jeden Knaben, nachdem er drei oder vier Jahre in der Volksschule des Ortes deutschen Unterricht genossen hatte, auf Wechsel zu einer bäuerlichen Familie in Eibis und nahmen dafür einen Knaben dieser Familie zu sich. Es traf sich glücklicherweise so, dass auch die Eibiser Familie, mit der wir tauschten, gleich kinderreich war und also vorerst für unsere Bedürfnisse reichte. Der tschechische Bub nannte natürlich meine Eltern Vater und Mutter, wie unsere Knaben die tschechischen Eltern Otec und Matka. Jedes hatte so zugleich einen tschechischen und einen deutschen Vater, eine tschechische und eine deutsche Mutter und sprach auch nicht anders von ihnen als mit diesen Bezeichnungen. Jedes Mal zog, wenn man dort Kirchtag hatte, die ganze deutsche Familie nach Eibis und umgekehrt. Gänse und Hühner, Ei- er- und Mehllade mussten bei diesem Anlass daran glauben, jeder tat sein Bestes. Zeitlebens blieben die Familien und die einzelnen Tauschkinder die besten Freunde ..."*

Diese Einrichtung, Kinder des „Fremden" für einige Zeit aufzunehmen, schaffte eine Atmosphäre der Toleranz, wobei jedoch gewisse Distanzen gewahrt blieben. So hält Renner fest, dass „Wechselheiraten" zwischen Deutschen und Tschechen so gut wie nicht vorkamen.[42] Dennoch verstand man sich und feierte gemeinsam Feste. Eine wichtige rituelle Funktion hat übrigens das gemeinsame Mahl, denn dabei, wie auch Renner es beschreibt, kommen sich die Herzen näher, man zeigt Verständnis für den anderen und ist bereit, sich auf das Leben des anderen einzulassen. Als Deutsche und Tschechen aufhörten, miteinander zu essen, zu trinken und zu reden, verschwand auch beinahe schlagartig das gegenseitige Verständnis. Anders sind die Grausamkeit und das Unrecht nicht zu erklären, die an den Altösterreichern in Tschechien begangen wurden.

Bevor ich an der Grenze angelangt bin, halte ich an einem alten Friedhof, der von einer weiß getünchten Mauer mit roten Dachziegeln umgeben ist. Ich sehe mir die Gräber an, lese nur tschechische Namen und finde erst im hinteren, älteren Teil die Gräber der ehemaligen Deutschen. Ihre Grabtafeln mit den Inschriften sind erhalten geblieben, und ich lese Namen, die aus dem benachbarten Niederösterreich oder aus Wien stammen könnten. Es spricht für die Pietät der Bewohner dieser Gegend, dass sie die Gräber erhalten haben und so beließen, wie sie waren. Die Gräber sehen allerdings verwildert aus, und eine Gruft ist sogar teilweise offen. Ich spreche ein kurzes Gebet im Gedenken an diese Toten und füge dem die Hoffnung bei, dass so etwas wie die Vertreibung der alteingesessenen Bauern nicht mehr vorkommen möge. Friedliches Beisammensein, wie es Renner geschildert hat, macht allen das Leben leichter. Rassismus und Nationalsozialismus sind die Todsünden dieses Jahrhunderts. In stillem Gedenken an all diese Opfer besteige ich mein Fahrrad und bin bald an der österreichischen Grenze. Autos stehen Schlange neben zwei ausrangierten Baufahrzeugen am Straßenrand auf tschechischer Seite.

Ich zeige dem Zollbeamten meinen Pass, und schon bin ich in Österreich. Heute Abend wird meine Reise ihr Ende gefunden haben und die Wette gewonnen sein, wenn ich diesen letzten Tag auf dem Fahrrad gut hinter mich bringe. Von der Grenze bis Wien sind es nur mehr 70 Kilometer. In spätestens vier Stunden sollte ich mein Ziel erreicht haben.

Unmittelbar nach der Grenze erblicke ich in einer Seitenstraße ein großes, steinernes Kreuz, an dem ich die Inschriften studiere. Es soll an das Elend der Vertriebenen erinnern, deren Unglück furchtbar gewesen sein muss, und auch hier spreche ich ein Gebet.

## NAPOLEON UND DAS WEINVIERTEL

Auf der Bundesstraße führt der Weg nach Horn und weiter über Hollabrunn bis Wien. Ich fahre zum Teil auf der alten Straße, neben der auf der Schnellstraße die Autos flitzen. Die Gegend hier, das Weinviertel, lässt die Seele atmen, der Blick verliert sich in der Weite der Felder und sanften Hügel. Große Geschichte wurde hier geschrieben.

Bereits in der Jungsteinzeit siedelten hier Menschen, deren Namen vergessen sind und von deren Leben nur noch Tonscherben und die Grundrisse ihrer Häuser Zeugnis geben. Letztere kann man gut an den sogenannten dunklen Pfostenlöchern im hellen Lössboden erkennen, nachdem der Boden entsprechend abgetragen ist. Diese Löcher haben ihre dunkle Farbe von den Holzpfosten, die in der Erde steckten, langsam vermoderten und zu Humus wurden. Während meines Urgeschichtsstudiums habe ich an Ausgrabungen im Weinviertel teilgenommen, und damals wurde mir bewusst, welch kurzes Gastspiel der Mensch auf dieser Erde gibt und wie schnell die Jahrhunderte vergehen.

Napoleon zog 1809 durch diese Gegend und schlug hier die österreichischen Heere endgültig, nachdem er bei Aspern und Esslingen durch die Armeen Erzherzog Karls eine Niederlage erlitten hatte. Einige Tage später feierte er bei Deutsch-Wagram und Hollabrunn den endgültigen Sieg über Österreich. Einen Sieg, der für Napoleon in Bezug auf seine weiteren Kriegszüge durch Europa wichtig war und über den die Österreicher nicht gerne reden. Für sie ist der eher bedeutungslose Sieg bei Aspern wichtig, der zeigte, dass Napoleon nicht unbesiegbar war. Dieser Sieg hatte eine ungeheure Symbolkraft. Schon damals feierte der norddeutsche Dichter Theodor Körner, der später im Kampf gegen Napoleon fiel, die Österreicher als große Helden, die im Namen Deutschlands gesiegt hatten. Deshalb ist am Sockel des Erzherzog-Karl-Denkmals auf dem Wiener Heldenplatz zu lesen: „Dem beharrlichen Kämpfer für Deutschlands Ehre", eben weil er bei Aspern Napoleon besiegt hatte.

In Paris, am Arc de Triomphe und im Invalidendom, in dem sich der Sarkophag Napoleons befindet, ist jedoch nichts von Aspern zu lesen. Dafür ist auf dem Marmorbogen, auf dem der Sarkophag steht, neben Jena und anderen Städten auch Wagram verzeichnet. Oben im Arc de Triomphe erblickt der Besucher aus Österreich das Wort „Hollabrunn", das neben anderen Ortsnamen an die Siege Napoleons erinnert. 1805, auf seinem Weg nach Austerlitz, hatte Napoleon bei Hollabrunn die Österreicher besiegt.

Vielleicht zogen hier, wo ich jetzt radle, einst auf unbefestigten Landstraßen die Soldaten des großen Bonaparte. Ich lasse Hollabrunn hinter mir, nähere mich Stockerau und suche den Weg zur Donauinsel. Die Schleusen der Neuen Donau sind geöffnet, also muss es in letzter Zeit Hochwasser gegeben haben. 164 Kilometer bin ich von Iglau hierhergefahren. Nun bin ich also wieder in Wien. Ich habe es geschafft, ich habe keine 20 Tage für meine Reise benötigt. Die Wette habe ich also gewonnen. Diese Gedanken sind es, die mich begleiten, während ich nach Wien hineinradle. Es ist schon gegen zwanzig Uhr, als ich, vom Staub der Straße nach einer ausgiebigen Dusche befreit, zum Telefon greife und die drei freundlichen Herren anrufe, mit denen ich vor Beginn meiner Radtour zusammengesessen bin.

Fröhlich kann ich berichten, dass ich nun, nach 18 Tagen auf dem Sattel meines Fahrrades, nach Wien zurückgekehrt bin und das sogar zwei Tage vor der vereinbarten Zeit. Die drei freuen sich mit mir, in einer Stunde werden wir uns im Gasthaus „Spatzennest" bei der Ulrichskirche im 7. Bezirk Wiens treffen.

# Rückblickende und zusammenfassende Gedanken zu den Fremden und Wandernden

Jetzt, wo ich in der Heimat bin, wandern meine Gedanken noch einmal zu den Typen von Fremden und Wandernden, den Reisenden von Ort zu Ort, über die ich versucht habe nachzudenken.

Schon am zweiten Tag meiner Reise lernten wir den **Fremden als Gast** kennen. Die alten Griechen unterschieden genau zwischen dem „xenos" und dem „barbaros".

Der „xenos" ist der Fremde, der gastfreundlich empfangen wird, dieselbe Sprache spricht, geachtet wird und demgegenüber gewisse Pflichten bestehen. Auch der Bettler kann auf Gastfreundschaft treffen, indem man ihm eine kleine Gabe zukommen lässt. In anderen Kulturen konnte er etwas Göttliches oder Heiliges haben, woran das „Vergelt's Gott" als Antwort des Bettlers erinnert.

Ein „xenos" war der tschechische Bursch, der bei der Familie Renner, wie ich ausgeführt habe, leben durfte. Ein „xenos" war auch Sealsfield vulgo Postl, der seine enge Heimat verließ und in den Vereinigten Staaten freundliche Aufnahme fand.

Der Anspruch des „xenos" auf eine wohlwollende Behandlung macht das heute modische Wort „Xenophobie" für Fremdenfeindlichkeit zu einem irreführenden Ausdruck. Eigentlich müsste es „Barbarophobie" heißen, denn der „barbaros" war bei den Griechen der **Fremde als Feind,** der eine fremde Sprache sprach und meist in feindlicher Absicht kam. Man missachtete ihn, weil er gänzlich anders, ungewollt und also zu verjagen war. Einem Fremden dieser Art erging es meist schlecht, vor allem dann, wenn er nicht als gleichwertiger Mensch angesehen wurde.

Der zweite Wiener Bezirk Leopoldstadt verdankt seinen Namen Kaiser Leopold I., der zu Beginn des 17. Jahrhunderts die Juden aus dem Gebiet des zweiten Bezirkes verjagte. Aus Dankbarkeit dem Kaiser gegenüber nannten Wiener Bürger diesen Bezirk nun Leopoldstadt, was als Zeugnis klassischer Fremdenfeindlichkeit gewertet werden kann.

Wurde der fremde Besucher als jemand eingestuft, der die Ordnung des „braven Bürgers" stören könnte, war sein Aufenthalt von unangenehmen Begleiterscheinungen bis zu direkter Gefahr gekennzeichnet. So durften in vergangenen Zeiten nur jene Fremden in Städten an Markttagen verkaufen, die für das Betreten der Stadt auch entsprechend gezahlt hatten.

Einen Höhepunkt erreichte die Fremdenfeindlichkeit in Lourdes. Dort hatte jeder Bürger unter bestimmten Umständen das Recht, dem Fremden, der sich ohne Erlaubnis in der Stadt aufhielt, eine Scheibe Fleisch aus dem Leib zu schneiden.[43]

Fremden, die nicht gastfreundlich aufgenommen wurden, konnte es schlecht ergehen, und es bleibt zu hoffen, dass im Fremden zunehmend der „xenos" gesehen wird, wie ihn die alten Griechen verstanden.

Der **Fremde als Flüchtling** hat seine ursprüngliche Lebenswelt und Kultur aus persönlichen Gründen verlassen. Der oben erwähnte Charles Sealsfield ist für diesen Typ ein gutes Beispiel. Enttäuscht vom damaligen politischen System in Österreich unter Metternich, setzte er sich in die USA ab. Sealsfield machte sich selbst zum Fremden in seiner Heimat Österreich, als er über die Weltmeere zog und sich einen neuen Namen zulegte. Flüchtlinge und Emigranten sind Fremde dieser Art, nämlich dann, wenn sie in ihrer Heimat bedroht und verfolgt werden. Sie verlieren die Verbindung zu ehemaligen Mitmenschen und werden in der neuen Lebenswelt als „xenoi" oder „barbaroi" eingestuft.

Am 17. Tag machte ich in Mělník Station und berichtete vom „fürstlichen Hofmohren" Angelo Soliman. Er ist das beste Beispiel für den

**Fremden zum Vorzeigen** oder den **Fremden als Exoten.** Er ist interessant, weil er vollkommen anders ist als die Menschen seiner neuen Umgebung, in die er entweder gebracht wird, wie unser edler Herr Soliman, oder die er sich selbst sucht, wie zum Beispiel exotische Zirkuskünstler und Bardamen.

Das Wort „exotisch" zeigt deutlich, was gemeint ist. Es kommt aus dem Griechischen und heißt so viel wie „ausländisch", im Sinne von interessant und bemerkenswert, keineswegs fremdenfeindlich. Ein Exot ist jemand, der Interesse und Aufmerksamkeit erweckt und wegen seines Fremdseins beachtet wird, da er Aufmerksamkeit im angenehmen Sinn erregt. Dabei ist er, wie unser „Hofmohr" Angelo Soliman, durchaus hochgeachtet, zumindest zu Lebzeiten.

Auf der anderen Seite gehören zu diesem Typus aber auch jene Menschen, die wegen ihrer Absonderlichkeit zu Schaustücken wurden, wie Kleinwüchsige, Riesen, Frauen mit Bärten und dergleichen. Sie sind eigentlich nicht fremd, da sie aus derselben Welt kommen, in der sie als „Schaustücke" auftreten, aber ihr Anderssein macht sie zum Außenseiter in dieser Gruppe, zum Exoten.

Die Fremden dieses Typus sind nur so lange interessant, wie sie vereinzelt auftreten. Ein „Hofmohr" ist spannend und erregt Aufsehen, fällt aber nicht auf, wenn hundert Afrikaner neben ihm das Straßenbild beleben, dasselbe gilt für kleinwüchsige Menschen.

Anders ist es beim **Fremden als Charismatiker,** also dem, der durch sein Fremdsein eine besondere Ausstrahlung, ein Charisma hat. So erscheinen zum Beispiel Händler, Künstler oder Gelehrte außerhalb ihres Landes als hochachtbar, was durch das Sprichwort: „Der Fremde gilt erst etwas im anderen Land" unterstrichen wird. Man ist bereit, angesehene Fremde zu Schiedsrichtern oder überhaupt zu Richtern zu machen, da man von ihnen erwartet, dass sie unparteiisch sind.[44]

Ich denke, dass ich mit diesen unterschiedlichen Erscheinungsformen die Vielfalt der Fremden, auf die es mir ankommt, darstellen konnte.

Im Grunde suchen wir alle das Fremde, indem wir dem Alltäglichen entfliehen, an unsere Grenzen gehen. Der Mensch lebt in einem ständigen Wechsel zwischen der Absicht, Grenzen aufzubauen, und dem Versuch, Grenzen zu überwinden. Diese Dialektik schafft Kultur.

Diese Gedanken kommen mir als Radfahrer auf meiner Tour, auf der ich ständig ein Fremder bin und die Rollen wechsle.

Einmal, wie in Dresden, bin ich der unliebsame Fremde, den man nicht ins Hotel aufnehmen will, ein anderes Mal, wie in Hamburg, bin ich der willkommene Fremde, dem man einen vollen Tisch und ein gemütliches Lager anbietet. Ein weiteres Mal, an der Universität Kassel, war ich der Exot aus Österreich, der als Universitätsprofessor die weite Strecke von Linz auf dem Fahrrad zurücklegte. Schließlich durfte ich mich an der Bewunderung erfreuen, die mir in Wietzendorf zuteil wurde. Ich war zum Charismatiker geworden, der wie ein Pilger auf dem Fahrrad durch die Lande zieht und der deshalb einige Erfahrung besitzt.

Der Fremde ist immer eine Mischform. So kann ein Handlungsreisender auch jemand sein, der des Vergnügens wegen unterwegs ist. Odysseus war sowohl Eroberer als auch Forschungsreisender und Heimkehrer.

**Eroberer** sind Reisende, die in militärischem Aufzug oder nomadisierend den Ort wechseln. So war das größte Reich, das je ein Mensch befehligte, das Reich des Nomadenfürsten Dschingis Khan, das im 13. Jahrhundert vom Gelben Meer bis zum Mittelmeer reichte.

Nomadische Erobererkulturen sind nicht selten von vernichtenden Folgeschäden begleitet. Unter dem Vorwand, Land für Menschen und grasende Tiere zu brauchen, werden andere Länder überfallen und Gebiete angeeignet. Auch die nationalsozialistische Diktatur hat ihre militärischen Eroberungszüge bisweilen mit Hinweis auf nomadische Traditionen zu rechtfertigen gesucht, wie beispielsweise mit dem Hinweis auf die Völkerwanderung germanischer Stämme. Klassische erobernde Reisende waren die Römer, die weit durch Europa zogen. Ein prächtiges Reise- und Kriegstagebuch stammt von Julius Cäsar, der einfühlsame Beschreibungen von Gallien lieferte. Für Eroberer ist es wichtig, gute Straßen für ihre Soldaten zu bauen. Das wussten die Römer ebenso wie die Deutsche Wehrmacht es wusste, und sie bauten Straßen beziehungsweise Autobahnen die weithin durch die Gebiete Europas führten. Mit den Straßen entwickelten sich Kulturen, da sie Wandernden jeder Art die Möglichkeit boten, von Ort zu Ort zu ziehen. Den Soldaten folgten die Marketenderinnen, die Gelehrten und die Abenteurer. Vielleicht hat es niemals mehr so großartige, kunstvoll gebaute und sorgfältig gepflegte Straßen gegeben wie im römischen Kaiserreich. Immerhin war die römische Kaiserzeit die wohl einzige Epoche der Geschichte, in der 300 Jahre lang einigermaßen Friede herrschte.

In dieser Zeit wurden grandiose Straßen gebaut, die zum Entstehen nördlicher Kulturen beitrugen. Diese Straßen verbanden Rom mit Ländern in allen Himmelsrichtungen, ihre Schönheit ist an der heute noch erhaltenen Via Appia zu ersehen.

Die Straßen waren nicht nur für das Militär gedacht, sondern standen auch Postwagen und Reisenden zur Verfügung. Man reiste zu Fuß, zu Pferd, aber auch in zwei- und vierrädrigen Wagen. Man war bereits schnell unterwegs. Die römische Stadtpost legte bei längeren Reisen, die Aufenthalte mit eingerechnet, fünf Meilen, das sind 7,5 Kilometer, in der Stunde zurück. Das führt ungefähr zu der Distanz, die ich mit dem Fahrrad an einem Tag unter Aufbietung aller Kräfte zurücklegen kann.

Für gewöhnlich nahmen reiche Römer auf Reisen Sklaven und Mägde mit. Cäsar reiste sogar mit einem transportablen Mosaikfußboden.

Sänften, Vorläufer des Schlafwagens, Zelte und sogar Badewannen machten die Reise zu einem luxuriösen Erlebnis.

Unter der Bezeichnung „Reisende Eroberer" lassen sich auch die Seefahrer einordnen, die im Namen ihrer Herrscher auf fernen Inseln und Kontinenten deren Fahnen hissten. Zu diesen Eroberern gehörte James Cook. Seiner Schiffsmannschaft gehörten die Deutschen Reinhold und Georg Forster an, die erste Beschreibungen naturkundlicher und kulturwissenschaftlicher Art von Hawaii lieferten.

Als eine Art Begleiterscheinung der Eroberer könnte man die **Schlachtenbummler** bezeichnen. Sie zogen mit den Kriegsscharen, um die Kämpfenden zu unterstützen. Schlachtenbummler waren in diesem Sinn auch die mitziehenden Dirnen, Feldärzte, Berichterstatter und jene, die gewisse Dienerfunktionen hatten, sei es, dass sie sich um die Pferde kümmerten oder sich sonst wie nützlich machten. Nicht zuletzt gehörten auch jene dazu, die mitreisten, um die Kämpfenden lautstark anzufeuern. Solch anfeuernde Menschen gab es in früheren Zeiten vor allem dann, wenn es in ritterlicher Weise zu Zweikämpfen zwischen den *Hauptkämpfen* kam. Diese Tradition wird von heutigen Fußballfans fortgeführt, die die „Kampfmannschaft" begleiten. Durch kriegerische Symbole und Kriegsgeschrei geben sie den Fußballmatches Farbe, aber sie lassen sie auch zu kriegsähnlichen Aktionen werden.[45] Auch **Geschäftsreisende, wie Händler und Hausierer,** folgten den Armeen, um Handelsgüter zu bringen oder zu holen.

Aber Händler nahmen auch das Abenteuer auf sich, in fernen Ländern mit diesen Waren zu handeln. Die Straßen der Karawanen durch die Wüsten Afrikas künden von der Verwegenheit reisender Kaufleute, die als Erste in das Innere Asiens vordrangen, wie die Venezianer Marco Polo, sein Vater und sein Onkel. Sie gelangten im 13. Jahrhundert an den Hof des Kublai Khan. Marco Polo verfasste darüber ein ganzes Buch, allerdings glaubte ihm damals niemand seine Geschichten und bei Karnevalsumzügen in Venedig wurde noch lange nach Marco Polos Tod eine Figur mitgetragen, die man als „Meister, der Millionen Märchen erzählt" bezeichnete. Dieser „Meisterlügner" sollte Marco Polo sein.

Händler waren Kulturträger, die Gegenstände von einem Ort zum anderen brachten. So fanden Archäologen bei ihren Ausgrabungen in Hallstatt, hier handelt es sich um die Kultur um 800 v. Christus, Dolche aus Mykene. Man fand auch in Österreich Feuersteingeräte, die aus dem Norden eingehandelt worden sein mussten.

Die heutigen Händler bauen damit auf einer alten Tradition auf, die von der Deutschen Hanse und schließlich von den Besuchern moderner Messen weitergeführt wird.

Zu den Geschäftsreisenden gehörten auch jene Fahrenden, die als Hausierer jeder Art, wie Gaukler, Dirnen, Bärentreiber und Schaubudenbesitzer, dem staunenden Publikum gegen Geld etwas anboten. Auch die klassischen Sänger sind zu nennen, die unterwegs waren, um durch Gesang zu Speise, Trank und Geld zu kommen. Diese fahrenden Sänger haben eine lange Geschichte, und die wohl ältesten Berichte über diese Leute stammen von den Sumerern.

Als **Wandermusikanten** erzählten sie von Göttern und Helden, zogen von Haus zu Haus, von Stadt zu Stadt, um ihre Lieder vorzutragen. Dafür gab es einen guten Braten, einen kräftigen Trunk und Applaus. Wir wissen davon durch Tontafeln aus der Zeit um 2000 v. Chr., auf denen über diese Leute erzählt wird.[46] Auch **Piraten, Schmuggler und ähnliche Leute** sind Reisende, allerdings ist ihr Leben durch Kriminalität, Kämpfe, Ärgernisse, Gefahren und manchmal Gewalt verbunden. Aber auch eine gewisse Romantik umgibt diese „Helden der kleinen Leute", vor allem dann, wenn sie gegen die Interessen mächtiger Herren rebellierten. Einer, der bis heute große Verehrung genießt, ist der norddeutsche Pirat Klaus Störtebeker.

Geschäftsreisende im speziellen Sinn sind dagegen Diplomaten, die die Interessen ihres Staates und seiner Bürger vertreten. Historisch erfüllten Händler, wie z. B. Marco Polo und die Herren der Westindischen Handelskompanie, zugleich diplomatische Funktionen und bildeten insofern eine Mischung aus verschiedenen Typen des Reisenden.

Bettler und Vagabunden, deren Heimat die Landstraße ist, sind mit dem Ziel unterwegs, von freundlichen Menschen Dinge zu erhalten, die sie zum Überleben benötigen. Von den herumziehenden Gauklern und Sängern unterscheiden sie sich dadurch, dass sie keine Künste oder Ähnliches anzubieten haben. Sie hoffen den Augenblick befriedigen zu können, die Zukunft erscheint als ungewiss und gefährlich. Während meiner Studien bei den Stadtstreichern wurde mir dieses Charakteristikum bewusst, und ich möchte hier eine kleine Geschichte einbringen.

Vor einigen Jahren radelte ich von Wien nach Straßburg und nahm meinen Weg entlang der Flüsse Donau, Altmühl, Neckar und Rhein. Im Gebiet um Nördlingen, auf einer einsamen Straße, erblickte ich vor mir einen mit ruhigen Schritten einherwandernden, nachlässig gekleideten Herrn. Als ich mich ihm näherte, merkte ich, dass er mit sich selbst redete. Er war sich offensichtlich selbst genug, benötigte keinen Kumpan, um seine Sorgen und anderes zu erzählen. Ich schaltete mich in das Selbstgespräch ein, und es entwickelte sich eine freundliche Unterhaltung, während der ich mein Fahrrad schob. Er hielt mich offenbar für einen Kollegen, denn nach einiger Zeit erklärte er mir, wo der beste „Stich" sei, um erfolgreich betteln zu können. Er bezog sich dabei auf eine Gegend in Schwaben.

Vagabunden sind also Reisende, die auf der ständigen Suche nach einem „gelobten" Ort sind, einem Ort, an dem es sich für kurze Zeit angenehm leben lässt.

Gerade in schlechten Zeiten sind sie unterwegs und füllen die Straßen, die für sie zur Heimat werden und sie zu Bauern und anderen freundlichen Leuten führen, bei denen sie um ein Stück Brot und ein Nachtlager betteln.

In den schlechten Jahren vor dem Zweiten Weltkrieg wurden für diese Leute Herbergen eingerichtet, wo sie als „arme Reisende" billig Unterkunft fanden. Allerdings waren sie den Sesshaften verdächtig, und so wurden die sogenannten Vagabundagegesetze geschaffen, die in Österreich bis in die 70er-Jahre des vorigen Jahrhunderts in Kraft waren.

Danach konnten Vagabunden in sogenannten Arbeitshäusern, gefängnisähnlichen Anstalten, oft jahrelang festgehalten werden, wenn sie nicht nachweisen konnten, einem ordentlichen Beruf nachzugehen. In der Ganovensprache hieß diese Verurteilung zum wenig freundlichen Aufenthalt im Arbeitshaus das „Binkl" (oder „Binkerl"). Je nachdem, ob man für zwei oder vier Jahre verdonnert worden war, sprach man vom „kleinen" oder „großen Binkl".

Auch die obdachlosen Stadtstreicher gehören zu diesem Typus, denn sie sind zumeist aus ihren Dörfern in die Anonymität der Großstadt gezogen, um hier vagabundierend zu überleben.

Es gibt auch **Reisende auf der Flucht**, die ihre Welt verlassen, weil sie von anderen Menschen oder in ihrem Heimatland Arges zu befürchten haben oder weil sie auf der Suche nach einem besseren Leben sind. Seit der Antike sind Gruppen von Menschen unterwegs, um ein „gelobtes Land" zu finden, in dem sie in Frieden leben können und in dem „Milch und Honig" fließen. Heute sind es vor allem Menschen aus Ländern der Armut, die nach Europa und in andere reiche Länder und Kontinente ziehen, entweder weil sie politisch verfolgt werden oder aus wirtschaftlichen Gründen. Flüchtlinge machen sich vorrangig in Zeiten revolutionären Umbruchs auf den Weg in die Emigration, um ohne Demütigung, Verfolgung und in Sicherheit leben zu können.

Ein anderer Typ sind die **Lernenden auf Reisen, die Scholaren, Studenten und Wanderburschen.** Um den Horizont zu erweitern, um neue Fähigkeiten zu erwerben und ganz allgemein, um in der Fremde etwas zu lernen, das von Nutzen sein kann, waren seit jeher vor allem junge Leute unterwegs. In einem alten Gedicht heißt es in diesem Sinn:
*„Wer stets daheim bleibt*
*wie ein Schneck,*
*der bleibt ein unerfahrner Geck;*
*wer aber wandert in der Jugend,*
*der lernet Weisheit, Kunst und Tugend. "*
Die frühen Studenten, die Scholaren, nahmen lange Märsche auf sich, um zu den Universitäten zu gelangen. Sie zogen über die Alpen nach Padua oder nach Prag und Wien, wo die Universitäten großes Ansehen genossen. Wer sich bilden wollte, war also gezwungen, seine Heimat zu verlassen. Das taten zunächst die arabischen Studenten, dann die Studenten Mitteleuropas. Die herumziehenden Studenten, man nannte sie Vaganten, hatten keinen guten Ruf, denn sie standen bei ihren Wanderungen in engem Kontakt zu kleinen Ganoven, Bettlern, Dirnen und anderem fahrenden Volk. Sie haben wunderbare Dichter hervorgebracht, die in ihren Liedern das bunte Leben der fahrenden Studenten beschrieben.

Ein später Vagant war der Magister der Pariser Universität, François Villon, der ob seiner Zuhälter- und Ganovenlieder berühmt wurde.

Vor dem Hintergrund einer Weltkultur, die keine nationalen Grenzen kannte, und des Aufblühens der Städte waren Scholaren und Magistri in Bewegung. In Bologna studierte man die Rechte, in Salerno die Medizin und in Paris die Theologie. Die Lieder der Vaganten geben einen Einblick in dieses Leben. Sie sind uns aus der im Jahre 1803 im Stift Benediktbeuern entdeckten Handschrift, der sogenannten „Carmina Burana", überliefert. Es handelt sich dabei um Trink-, Liebes- und Spielerlieder des 12. und 13. Jahrhunderts.

Auch Paracelsus gehörte diesen herumziehenden Menschen an. Die Tradition der alten Vagantenkultur wurde von den Studenten im 19. Jahrhundert weitergeführt.

Zu diesen fahrenden Studenten oder Scholaren gesellten sich die Handwerksburschen, die schon seit dem Mittelalter auf ihren Wanderschaften weit herumkamen.

Letzteren verwandt sind die **Forschungsreisenden**, nämlich jene Leute, die sich nach einem mehr oder weniger bestimmten Plan auf die Reise begeben, um Entdeckungen zu machen.

Die Geschichte der Forschungsreise ist alt. Bereits Cäsar war eine Mischform aus Eroberer und Forschungsreisendem, der eifrig bemüht war, etwas über das Leben in Gallien zu erfahren.

Verwandt mit den vorhergehenden Typen sind auch die **Wallfahrer**, die bisweilen keinen guten Ruf genossen. Auch bei der Wallfahrt geht es um ein Geschäft, allerdings um ein höchst sakrales. Wallfahrer gibt es schon seit der Antike, als eine Unzahl von Heiligtümern schon früh Pilger anlockte.

Man zog, meist in Scharen, zu heiligen Quellen, heiligen Hainen oder zu Tempeln wundertätiger Götter. Zu beachten ist, dass die Wallfahrtsorte, eben weil viele Menschen zusammenkamen, schon sehr früh zu Orten wurden, an denen man gute Geschäfte mit Andenken und heiligen Dingen machen konnte. Manche Jahrmärkte dürften sich aus solchen Pilgerstätten entwickelt haben.

Während des Mittelalters hatten verschiedene Wallfahrtsorte einen unterschiedlichen Rang für das Seelenheil der Besucher, den der Papst bestimmte. In der ersten Reihe standen Rom, Jerusalem und Santiago de Compostela. Aus den Wallfahrten nach Jerusalem entwickelten sich später übrigens die Kreuzzüge, die eigentlich nichts anderes waren als kriegerische Wallfahrten mit Eroberungsabsichten.

Eine andere Mischform sind Händlerreisen und Wallfahrten, die auch gleichzeitig eine Färbung von **Vergnügungs- und Urlaubsreisen** hatten, wenn es dabei zu allerhand Ausschweifungen kam. So machten bei den Fahrten zum Agnesbründl in Wien zu Beginn des 19. Jahrhunderts Dirnen ein recht gutes Geschäft. In diesem Sinn sind Dirnen eben auch als Geschäftsreisende zu sehen. Auch heute dürften Wallfahrten nicht selten als Gelegenheiten gesehen werden, um einander näherzukommen. So erzählte mir ein alter Bauer, dass früher Mädchen und Burschen aus bäuerlichen Familien kaum miteinander in Kontakt kommen konnten und dass sie daher gerne zu bestimmten Kapellen Wallfahrten unternommen haben. Angeblich, um zu beten, tatsächlich aber, um sich dort zu vergnügen. Eine Marienkapelle in Spital am Pyhrn bezeichnet dieser Bauer sogar als „Zeugungsanstalt".

Die alten Pilgerzüge, die aus langen Fußmärschen bestanden, boten vielen die Möglichkeit, einigermaßen gesichert und geschützt auf Vergnügungsreisen zu gehen, zu einer Zeit, in der es von Räubern und Dieben auf den Landstraßen nur so wimmelte.

Vergnügungsreisende sind auch Urlaubsreisende. Immer wenn sich ein Mensch für eine Weile von seiner Umwelt erholen will, begibt er sich auf Wanderschaft oder eben auf Urlaub. Von den alten Eskimos wird berichtet, dass sie ein halbes Jahr in engem Kontakt miteinander lebten. Sie trafen sich in Schwitzhäusern und verbrachten die meiste Zeit in bevölkerten Zelten. Während der restlichen Zeit des Jahres zogen sie es aber vor, allein und jagend unterwegs zu sein. Dabei hatten sie wohl Zeit, sich von ihren Bekannten und Freunden zu erholen.[47]

Urlaubsreisen sind auch die Reisen in die Alpen, um auf die Berge zu steigen. Nur wenige Leute stiegen in früheren Zeiten zum Vergnügen auf Berge.

Einer, dem es Lust bereitete,l auf einen Berg zu wandern, war der italienische Dichter Petrarca, der den Mont Ventoux bei Avignon bestieg und darüber in schönen Worten berichtete. Heute lebt eine ganze Fremdenverkehrsindustrie von den Urlaubern in den Bergen.

Zu den Urlaubsreisen zählen auch die Reisen in die Bäder. Die Badeorte, wie Karlsbad und Bad Gastein zum Beispiel, entwickelten ein buntes Leben, an dem sich feine Leute beteiligten, auch in der Hoffnung auf ein Liebesabenteuer.

Während es früher vor allem die Tempel und Wallfahrtskirchen waren, die Reisende anlockten, sind es heute die diversen Kunststätten, Gedenkstätten und Naturerscheinungen. Aber auch diese gab es bereits in der Antike. So wurde in einem Tempel in Sparta den frühen **Touristen** das „Ei der Leda" gezeigt und in Lindos stellte man eine Schale aus Elektron aus, die angeblich der Originalabguss des Busens der schönen Helena gewesen sei. In einem Tempel in Phokis wurde sogar ein Lehmklumpen gezeigt, der von jenem Lehm stammte, aus dem Prometheus den Menschen gebildet hat. Manche frühen Urlauber wanderten in den Kaukasus, um den Berg zu sehen, an dem Prometheus angeschmiedet gewesen sein soll.

Der Vollständigkeit halber sei auch der **Reisende in Liebessachen** angeführt, obwohl er genauso gut unter dem Typus des Vergnügungsreisenden behandelt werden könnte.

Die Reisenden in Liebessachen haben eine besondere Geschichte, sowohl als Hochzeiter als auch als kühne Verführerinnen und Verführer, wie ihn der große Casanova repräsentierte. In Ehrfurcht sei auch der Damen gedacht, die im Tross der Heerzüge mitreisten, um die Soldaten zu erfreuen, oder jener, die zu großen Festen, Kongressen oder Konzilen der Kirche reisten, um Politikern, frommen Bischöfen und anderen feinen Herren mit ihren Liebesdiensten zur Verfügung zu stehen. Wohl sind diese Damen auch Geschäftsreisende, aber genauso passen sie hierher.

Es gibt auch Vagabunden, die nicht durch Not oder sonst einen Druck zur Wanderung gezwungen sind. Oder Reisende, die als **Intellektuelle** oder **Rebellen** das Wandern als Symbol der Freiheit oder als Reaktion auf engstirniges Denken begreifen. In diesem Sinn zogen rebellische Studenten des 19. Jahrhunderts, die Gebrüder Grimm, Hoffmann von Fallersleben und andere Menschen von weitem Geist durch die Gegend. Das Erbe Hoffmanns von Fallerslebens sind nicht nur Kinder- und Wanderlieder, wie „Alle Vöglein sind schon da", „Summ, summ, summ, Bienchen summ herum" und das „Deutschlandlied", das Lied eines frei umherziehenden Mannes, der sich an keine Grenzen halten wollte, sondern auch ein Vokabular der Gaunersprache und Gedichte, die in dieser verfasst wurden.

In dieser romantischen Tradition befindet sich auch die Jugendbewegung nach dem Ersten Weltkrieg, vor allem die Wandervögel mit ihrer Lagerfeuerromantik und ihren Liedern, in denen sie das Leben der Vagabunden priesen. Auch in der Hippiebewegung der 1970er-Jahre finden sich romantisierende Elemente der alten Kultur der Vagabunden.

Einen speziellen Typ der Reisenden bildeten **Verbannte** und **Gefangene**, Menschen, die mit Gewalt gezwungen wurden, ihre Heimat zu verlassen, und jene, die gegen ihren Willen von einem Ort zum anderen gebracht wurden. Verbannte waren jene aufrechten österreichischen Protestanten, die unter der „frommen" Kaiserin Maria Theresia nach Siebenbürgen vertrieben wurden. Verbannt wurden übrigens auch die Wiener Freudenmädchen unter besagter Dame, die im Banat unter Zwang eine neue Heimat fanden. Dorthin wurden etwa zur selben Zeit übrigens auch Wilderer aus Oberösterreich gebracht.

Man könnte also fast mutmaßen, dass aus der Verbindung von Wiener Dirnen und oberösterreichischen Wilderern jene Leute stammen, die gegen Ceaușescu den Aufstand begonnen haben, da dieser in Temesvar, dem Hauptort des Banat, begann. Irgendwann erzählte ich einem Herrn diese Geschichte, der das nicht hören wollte, und entgegnete, Leute aus Ungarn würden heute noch die Banater damit ärgern zu sagen: „Ihr stammt ja ohnehin nur von den Wiener Huren ab."

Ein weiterer Typ des Reisenden ist der **Heimkehrer**. In ihm lebt die Freude des Wiedersehens mit Familie und Freunden, die für ihn Heimat schlechthin sind. Der schon mehrfach erwähnte Odysseus ist der klassische, heimkehrende Reisende, der über die Meere in sein Königreich Ithaka zu gelangen versuchte und nach vielen Jahren auch ankam. Allerdings erschien er als Bettler an seinem Königshof und der Schweinehirt Eumaios erkannte ihn nicht. Sehr wohl aber sein alt gewordener Hund Argos, der mit dem Schweif wedelte, seinen Kopf zur Seite legte und starb.

Heimkehrer sind die nach dem Krieg heimflutenden Soldaten und all jene, die nach langer Zeit der Abwesenheit wieder in ihre Heimat zurückkehren, entweder als erfolgreicher Geschäftsmann oder als gescheiterter Zeitgenosse.

Mit der Erfindung des Autos ist etwas weltgeschichtlich Einmaliges eingetreten. Noch nie gab es so viele Menschen, die gleichzeitig unterwegs sind und sich gegenseitig behindern wie **Automobilisten** und **Reisende im Stau**. Auf alten Ansichtskarten Wiens ist zu sehen, wie Leute gemütlich über die Straße schlendern und einige wenige Kutschen an ihnen vorbeifahren. Mit der Autokultur hat sich das Stadtbild wesentlich verändert und dieselben Straßen sind verstopft. Träge wälzt sich die Autoschlange durch die Straßen der Stadt und auf den Autobahnen über Land, nicht bloß für einige Momente, sondern in unregelmäßiger, aber steter Dichte.

Noch etwas ist einmalig: Der Reisende ist durch die Karosserie des Autos vollkommen abgehoben von der Umwelt und anderen Reisenden. Dies scheint sich auf seine Verhaltensformen auszuwirken, wenn Autofahrer meinen, sich gegenüber Fußgängern und Radfahrern willkürlich verhalten zu können. Typisch für das moderne Reisen im Auto ist übrigens auch, dass es hingenommen wird, nicht weiterzukommen und im Stau zu stehen. Es gibt so etwas wie eine Stau-Kultur, die darin besteht, für die Zeit des Stillstandes im Verkehr Beschäftigungen zu suchen, wie Gesellschaftsspiele, Lesen, Computerspiele oder Ähnliches. In einem fröhlichen Gegensatz dazu befindet sich der Radfahrer, der in meinen Augen tatsächlich noch am ehesten an die Tradition der alten Wanderer anknüpft.

Ich denke, die wesentlichen Typen der Reisenden damit genannt zu haben. Allerdings handelt es sich, wie eingangs erwähnt, um konstruierte oder reine Typen, denn tatsächlich überschneiden sich die einzelnen Formen der Reisenden.

Abschließend und um die Typologie zu krönen, möchte ich mich mit dem **Reisenden als Künstler** beschäftigen, das kann auch der Forschungsreisende oder der Vergnügungsreisende sein. Zu einem wahren Künstler wird ein Reisender dann, wenn er eben die Reise zu einer Kunst erhebt. Klassische Vorläufer dieses Typus sind die sogenannten Apodemiker früherer Jahrhunderte.

Die Apodemik, die Reisekunst, bestand darin, durch Reisen zu lernen. Dabei ging es nicht um das Ziel, wie bei den Scholaren, die zu einer Universitätsstadt strebten, sondern um das Erlebnis des Reiseweges.

1577 veröffentlichte der bayerische Arzt Hilarius Pyrckmair einen „Commentariolus de arte apodemica seu vera peregrinandi ratione". Hier taucht das Wort „Apodemik" zum ersten Mal auf und bleibt bis Ende des 18. Jahrhunderts in Gebrauch. Bei der Apodemik geht es um die Bildungsreise im besten Sinn, denn man verlangt vom Reisenden, dass er nicht blind durch die Gegend reist, sondern die schönsten und wichtigsten Dinge in sich aufnimmt. Dies bedarf einiger Kunst. In einem anderen Buch, das auch 1577 erschien und mit „Methodus Apodemica" betitelt ist, gibt ein gewisser Theodor Zwinger Anweisungen zum Reisen.[48] Diese Apodemiker oder Reisekünstler waren gescheite Leute und rieten bereits dazu, ein genaues Reisetagebuch zu führen, so wie auch ich das bei meinen Radtouren handhabe. Es ist bemerkenswert, dass man sich in den Büchern zur Apodemik, deren Anzahl immer größer und deren Inhalt komplizierter wurde, wieder auf Horaz berief, der in seiner „Ars poetica" den Vorzug des Auges vor dem Ohr rühmt. Es kommt also darauf an, was man selbst gesehen hat. Im Sinne von Horaz preise ich daher eine echte Feldforschung, bei der der Forscher gut beobachtet und sich beim Schreiben Mühe macht, als einen Akt der Poesie.

Um möglichst viel über fremde Welten zu erfahren, rät einer der glänzendsten Apodemiker, der Empirist Francis Bacon, häufig die Quartiere zu wechseln und sich auf neue Leute einzulassen. Schließlich ermuntern die Apodemiker die Reisenden, auch die Ungelehrten zu befragen, denn von diesen erfahre man Dinge, die nicht in den Büchern stünden.

# Der Radfahrer als Reisekünstler

Während ich zum „Spatzennest" im 7. Wiener Gemeindebezirk gehe, kommen mir noch ein paar Gedanken zum „radelnden Tourenfahrer", als der ich mich sehe. Als Tourenfahrer befinde ich mich in der besten Tradition der alten Reisekünstler, der Apodemiker. Wohl bin ich ebenso Vergnügungs- und Forschungsreisender, aber mir geht es vor allem darum, über Dinge am Rande der Straße, die meine Aufmerksamkeit erregen, durchaus im Stile der alten Apodemiker nachzudenken und ein mehr oder weniger genaues Reisetagebuch zu führen. Auch hierin dürfte ich mich in der Tradition des Arztes Paracelsus befinden, der viel über die Dinge geschrieben hat, die ihm am Beginn des 16. Jahrhundert begegnet sind. Paracelsus war zu Fuß unterwegs. Er sympathisierte mit dem fahrenden Volk, von dem er für seine medizinische Kunst laut eigener Aussage viel lernen konnte. Ich bin mir sicher, Paracelsus wäre mit dem Fahrrad unterwegs gewesen, wenn es dieses damals schon gegeben hätte. Der große, von Legenden umwobene und vagabundierende Arzt Dr. Theophrastus von Hohenheim, genannt Paracelsus, propagierte den Fußmarsch. Er bezeichnete sich selbst als „Scholar in Gottes Weltuniversität".

So nenne auch ich mich auf meiner Visitenkarte. Ich bin noch immer der Meinung, dass erst der rechte Wanderer und Radfahrer einen wirklich guten Zugang zu den Menschen finden kann, der ihm hilft, menschliche Kulturen begreifen zu lernen.

So habe ich meine Studien über Bergbauern und Wilderer als Wanderer in Begleitung meines Dackels Sokrates durchgeführt.

Ich sehe mich als Radfahrer auch in der besten Tradition der alten, herumziehenden und heiter lebenden Studenten des Mittelalters, über die ich oben erzählt habe.

Vor einiger Zeit schrieb ich in diesem Sinne einen Artikel mit dem Titel „Die Würde des Radfahrers", der in der Zeitschrift für Volkskunde erschien. Darin vertrat ich die Ansicht, dass der gute Forscher, wenn er mit dem Fahrrad unterwegs ist, eine bessere Beziehung zu Land und Leuten herstellen kann als ein forschender Autofahrer.

Man begibt sich in die Fremde, wird zum Fremden, um bei der Rückkehr den staunenden Freunden besondere Dinge erzählen zu können. Es waren gerade die Erzählungen über fremde Kulturen und fremde Welten, die immer Eindruck machten. Bereits im Altertum tischten weit gereiste Leute wunderbare Märchen und fantastische Lügen auf. Sogar Kolumbus soll allen Ernstes erzählt haben, dass er lebende Sirenen aus dem Meer auftauchen sah. Der typische Reisefabulierer und Fantast ist der bekannte Lügenbaron Münchhausen.

Trotz der Lügen und Märchen, die verwegene Reisende, zu denen auch Sindbad der Seefahrer gehörte, verbreiteten, genossen Reisende höchstes Ansehen. An diese Tradition knüpfen moderne Urlaubsreisende an, wenn sie uns von hohen Bergen oder entlegenen Inseln Ansichtskarten in die Heimat senden.

# Die Einlösung der Wette – das Symposion im „Spatzennest"

Im „Spatzennest", dem noblen Beisel, ist ein Tisch reserviert. Das Wort Beisel, ein altes wienerisches Wort, stammt eigentlich aus der Gaunersprache und leitet sich von dem jiddischen „bais" für „Haus" oder im weiteren Sinn für „übles Wirtshaus" ab. In ein Beisel wäre früher ein ordentlicher Bürger niemals gegangen, heute jedoch strahlt das Beisel so etwas wie Wiener Gemütlichkeit aus. Der Ausdruck Beisel hat also einen Bedeutungswandel erfahren. Ich denke an den früheren Wirt des „Spatzennestes", Karl Hradetzky, der mit seiner Frau Zita dieses „Nobelbeisel" gegründet und zu einer herrlichen Gaststätte gemacht hat, in dem ich gerne Stammgast war. Im „Spatzennest" war ich um 1983 auch mit dem berühmten deutschen Soziologen und Kulturanthropologen René König einige Male zu Gast. Professor König war vom Krenfleisch, das Frau Zita bestens zubereitete, und dem guten Bier, das ihm der Wirt kredenzte, hoch begeistert. Leider gibt es dieses „Spatzennest" nicht mehr.

Wir nehmen Platz, freuen uns über das Wiedersehen und die um Jahre Jüngeren nicken mir anerkennend zu. Wir bestellen Bier und zu meinem Glas werde ich von Richard eingeladen, wie er betont, da ich die Wette gewonnen habe.

Das alte Symposion der Antike begann regelmäßig mit der Festlegung des Mischverhältnisses von Wasser und Wein, dann erst begannen die Gespräche. Ähnlich ist es auch hier, nur trinken wir Bier und nicht Wein. Nach einem kräftigen Schluck beginne ich zu erzählen: von meiner Fahrt nach Kassel, dem Ärger mit dem kaputten Radschlauch, vom Erdäpfelessen in Hamburg, von der freundlichen Wirtin mit dem Namen Lindnerova in Mělník bei Prag, von der Lindenwirtin, von den Kreidefelsen in Rügen, von Charles Sealsfield, dem stolzen Bürger der Vereinigten Staaten von Nordamerika, der bei Znaim das Licht der Welt erblickte, von Napoleon, den Alleen in Mecklenburg, vom fahrenden Volk, von jungen Dirnen an der Straße bei Teschen, die mich als Radfahrer keines Blickes gewürdigt haben, und von anderen spannenden Begebenheiten.

Es ist lange nach Mitternacht, als uns der freundliche Wirt noch etwas zu trinken bringt und die Sperrstunde erwähnt, die schon begonnen habe. Auch er ist meinen Erzählungen gefolgt. Auf das Wohl Richards, seiner zwei Kumpane und des netten Wirtes, der sich dieses Mal nicht an die Sperrstunde hält, erhebe ich mein Glas mit dem isotonischen Getränk Bier.

# Verwendete und weiterführende Literatur

Ave-Lallemant, F. Ch., Das deutsche Gaunertum, Wiesbaden 1858

Bauer, M., Das Herbergswesen in früherer Zeit, in: Sittengeschichte des Hafens und der Reise, Wien/Leipzig 1927

Bauer, W. A., Angelo Soliman, der hochfürstliche Mohr, Wien 1922 (von Monika Firla-Forkl wurde dieses Buch 1993 mit einer kulturwissenschaftlichen Einleitung wieder aufgelegt)

Becker, H., Außenseiter, Frankfurt a. M. 1981

Birt, T., Aus dem Leben der Antike, Leipzig 1919

Boehncke, H., Johannsmeier, R., Das Buch der Vaganten – Spieler, Huren, Leutbetrüger, Frankfurt a. M. 1987

Bruder Berthold von Regensburg, Predigten, II. Band

Brandt, O. H. (Hg.), Chronik des Konzils von Konstanz 1414–1418, Leipzig o. J.

Chiera, E., Sie schrieben auf Ton – was die babylonischen Schrifttafeln erzählen, Zürich 1941

Fischer, H. E., Sittengeschichte des Hafens, in: Sittengeschichte des Hafens und der Reise, 1927

Girtler, R., Vagabunden der Großstadt, Wien 1982

Ders., Der Adler und die drei Punkte, Wien 1983

Ders., Aschenlauge – der Wandel des bergbäuerlichen Lebens, Linz 1988

Ders., Vaganten, Studenten, die Kultur des Alkohols und das Ideal der Freiheit, in: Einst und Jetzt, 1991

Ders., Schmuggler – von Grenzen und ihren Überwindern, Linz 1992

Ders., Über die Grenzen – ein Kulturwissenschaftler auf dem Fahrrad, Linz 1992

Ders., Der Strich – Erotik der Straße, Wien 1994

Ders., Randkulturen – Theorie der Unanständigkeit, Wien 1995

Ders., Die Lust des Vagabundierens – eine Pilgerreise mit dem Fahrrad nach Assisi, Wien 2001

Grimm, J. u. W., Deutsches Wörterbuch, Band 27, 1991

Hampe, T., Die fahrenden Leute in der deutschen Vergangenheit, Leipzig 1902

Hahnke, G. von, Tragödie des fahrenden Volkes, erschienen in: Der Komet, Nr. 3421, Pirmasens 1957

Heigl, F., Der Vergnügungspart, Salzburg 1987

Hobsbawm, E. J., Die Banditen, Frankfurt a. M. 1972

Hoffmann von Fallersleben, Liber Vagatorum, in: Weimarisches Jahrbuch, Hannover 1856

Jütte, R., Abbild und soziale Wirklichkeit des Bettler- und Gaunertums zu Beginn der Neuzeit, Köln 1988

Kisch, P., Nachruf für Abraham, in: Deutsche Hochschulwarte, 11. Jg., 1922

Lang, R., Intonas – von studentischen Texten und Weisen, Wien 1992

List, R., Karl Postl-Sealsfield – Leben und Werk, St. Pölten 1940

Lothar, R., Der Bürger auf Reisen, in: Sittengeschichte des Hafens und der Reise, 1927

Marcel Mauss, Die Gabe, Frankfurt a. M. 1968

Oppermann, Ch., Die Flamänder von Prag am Schipkapass, in: Einst und Jetzt, 32. Band, München 1987

Paracelsus, Vom glückseligen Leben, hg. v. K. Biegger, Salzburg 1933

Pohl, H. G., Internationales Handbuch für Kontaktlinguistik (Manuskript)

Popper, K. R., Gegen die großen Worte, in: Popper, K. R. (Hg.), Auf der Suche nach einer besseren Welt. München 1990

Renner, K., An der Wende zweier Zeiten, Wien 1946

Scheuer, O., Das moderne Hotel, in: Sittengeschichte des Hafens und der Reise, Wien/Leipzig 1927

Simmel, G., Der Fremde, in: Das individuelle Gesetz, Philosophische Exkurse, Frankfurt a. M. 1968

Stagl, J., Die Apodemik oder „Reisekunst" als Methodik der Sozialforschung vom Humanismus bis zur Aufklärung, in: Mohammed Rassem und Justin Stagl (Hg.), Statistik und Staatsbeschreibung der Neuzeit, vornehmlich im 16.–18. Jahrhundert, Paderborn 1980

Steiger, G., Aufbruch. Urburschenschaft und Wartburgfest, Jena (DDR) 1967

Valentinitsch, H., Fremd und arm im Zeitalter des Barock. Zur Sozialdisziplinierung von Unterschichten und Randgruppen in der Steiermark, in: Lust und Leid, barocke Kunst, barocker Alltag, hg. v. Kulturreferat der Steiermärkischen Landesregierung, 1992, S 275 ff.

Vosahlíková, P., Auf der Walz, Erinnerungen böhmischer Handwerksgesellen, Wien 1994

Veblen, Th., Theorie der feinen Leute, Köln/Berlin 1958

Weber, M., Wissenschaft als Beruf, in: Gesammelte Aufsätze zur Wissenschaftslehre, Frankfurt a. M. 1922

Wille, W., Die Sittenlehre in Denksprüchen der Deutschen, Kassel 1781

# Anmerkungen

1 Vgl. J. u. W. Grimm, Deutsches Wörterbuch, Band 27, 1991, S. 1662 f.

2 Max Weber, Wissenschaft als Beruf, in: Gesammelte Aufsätze zur Wissenschaftslehre, Frankfurt a. M. 1922, S. 602.

3 Paracelsus, Vom glückseligen Leben, hg. v. K. Biegger, Salzburg 1993, S. 289 f.

4 Vgl. R. Girtler, Schmuggler – Von Grenzen und ihren Überwindern, Linz 1992.

5 Hobsbawm, E. J., Die Banditen, Frankfurt a. M. 1972, S. 10 ff.

6 Siehe dazu: G. Steiger, Aufbruch. Urburschenschaft und Wartburgfest, Jena (DDR) 1967.

7 Roland Girtler, Der Strich – Erotik der Straße, 1994.

8 Ave-Lallemant, 1858, S. 180.

9 Helfried Valentinitsch, Fremd und arm im Zeitalter des Barock, Zur Sozialdisziplinierung von Unterschichten und Randgruppen in der Steiermark, in: Lust und Leid. Barocke Kunst, barocker Alltag, Kulturreferat der Steiermärkischen Landesregierung (Hg.), 1992, S. 275 ff.

10 A. a. O., S. 282.

11 Siehe dazu: R. Girtler, Der Strich – Erotik der Straße, Wien 1994.

12 Zit. bei: Max Bauer, Das Herbergswesen in früherer Zeit, in: Sittengeschichte des Hafens und der Reise, Wien/Leipzig, S. 191 ff.

13 M. Bauer, a. a. O., S. 194.

14 A. a. O.

15 Theodor Birt, Aus dem Leben der Antike, Leipzig 1919, S. 70.

16 Bruder Berthold von Regensburg, Predigten, 11. Band, 225,8.

17 M. Bauer, a. a. O., S. 202 f.

18 Otto H. Brandt (Hg.), Chronik des Konzils von Konstanz 1414–1418, Leipzig o. J., S. 143.

19 Oskar Scheuer, Das moderne Hotel, in: Sittengeschichte des Hafens und der Reise, Wien/Leipzig 1927, S. 233.

20 Zit. in: Franz Heigl, Der Vergnügungspark, Salzburg 1987, S. 11.

21 A. a. O., S 12.

22  Vgl. dazu: T. Hampe, Die fahrenden Leute in der deutschen Vergangenheit, Leipzig 1902.

23  Siehe dazu: G. von Hanke, Tragödie des fahrenden Volkes, erschienen in: Der Komet, Nr. 3421, Pirmasens 1957.

24  Siehe dazu: R. Girtler, Randkulturen – Theorie der Unanständigkeit, Wien 1995.

25  H. E. Fischer, Sittengeschichte des Hafens und der Reise, 1927, S. 13 ff.

26  A. a. O., S. 21 f.

27  Siehe z. B. H. E. Fischer, Sittengeschichte des Hafens und der Reise, 1927, S. 13 ff.

28  A. a. O., S. 44.

29  A. a. O., S. 48.

30  Vgl. dazu H. Becker, Außenseiter, Frankfurt a. M. 1981, S. 133 ff.

31  Schäffer, 1793, a. a. O., S. 245 ff.

32  A. a. O., S. 256.

33  Vgl. dazu mein Buch: Der Adler und die drei Punkte, Wien 1985.

34  Dazu siehe das Buch von Raimund Lang, „Intonas – von studentischen Texten und Weisen", 1992, in dem über die „Lindenwirtin" ab Seite 47 einiges nachgelesen werden kann.

35  R. Lang, a. a. O., S. 51.

36  A. a. O., S. 53.

37  Siehe dazu: Christian Oppermann, Die Flamänder von Prag am Schipkapass, in: Einst und Jetzt, 32. Band, München 1987, S. 165 ff.

38  Abgedruckt in der Zeitschrift „Deutsche Hochschulwarte", 1922, II. Jg., S. 129.

39  Siehe dazu näher: Wilhelm A. Bauer, Angelo Soliman, der hochfürstliche Mohr – Ein exotisches Kapitel Alt-Wien, hg. und eingeleitet von Monika Firla-Forkl, Berlin 1993 (Erstausgabe des Originaltextes von W. Bauer 1922, Wien). Hervorragend ist übriges die Einleitung, in der die Herausgeberin den historischen Hintergrund dieser Geschichte darlegt.

40  Zu dieser Thematik hat H. D. Pohl einen Aufsatz im Internationalen Handbuch zur Kontaktlinguistik geschrieben.

41  Dazu lässt sich mehr aus dem Heftchen von Rudolf List: „Karl Postl-Sealsfield – Leben und Werk", St. Pölten 1940, erfahren.

42  Karl Renner, An der Wende zweier Zeiten, Wien 1946, S. 45 f.

43  Rudolf Lothar, Der Bürger auf Reisen, in: Sittengeschichte des Hafens und der Reise, 1927, S. 288.

44  Vgl. dazu Georg Simmel, Der Fremde, in: Das individuelle Gesetz, Philosophische Exkurse, Frankfurt a. M. 1968.

45  Vgl. dazu R. Girtler, Randkulturen – Theorie der Unanständigkeit, Wien 1995.

46  Siehe dazu: Edward Chiera, Sie schrieben auf Ton – was die babylonischen Schrifttafeln erzählen, 1941, S. 85 ff.

47  Vgl. Marcel Mauss, Die Gabe, Frankfurt a. M. 1968.

48  Näheres zur Apodemik siehe den schönen Aufsatz von Justin Stagl, 1980.

Abb. 1: Bei Warnemünde an der Ostsee

Abb. 2: Girtlers Fahrrad auf der Fähre bei Warnemünde

Abb. 3: Ein neues Käsegeschäft – zum Ärger früherer DDRler – in Warnemünde

Abb. 4: Auf Rügen, beim Kreidefelsen am Königsstuhl

Abb. 5: Roland Girtler vor dem Haus von Ernst Moritz Arndt auf Rügen

Abb. 6: Fahrrad vor einem DDR-Denkmal für den „heiligen Marx"

Abb. 7: Vagabund und Girtlers Fahrrad bei Berlin

Abb. 8: Weidezaun aus der Zeit der DDR auf Rügen bei Kühlungsborn

Abb 9: Man bietet mir vor
Dresden einen Apfel an ...

Abb. 10: Ehemaliges Gasthaus Zur Lindenwirtin am Weg nach Mělník

Abb. 11: Im Schloss in Lissa an der Elbe, in dem Franz Girtler um 1780 als Verwalter tätig war

Abb. 12: An der tschechischen Grenze bei Znaim